高职汽车检测与维修专业资源库合作建设教材

汽车电气故障诊断与修复

Qiche Diangi Guzhang Zhenduan yu Xiufu

中国交通教育研究会职业教育分会
汽车运用工程专业委员会　组织编写
上海景格科技股份有限公司　技术支持
官海兵　张光磊　主　编
潘开广　胡雄杰　副主编

人民交通出版社股份有限公司
China Communications Press Co.,Ltd.

内 容 提 要

本书为中国交通教育研究会职业教育分会汽车运用工程专业委员会组织编写的高职汽车检测与维修专业资源库合作建设项目配套教材,主要内容包括:汽车电源系统、汽车起动系统、汽车灯光系统、汽车信号系统、汽车仪表系统、汽车电动车窗系统、汽车中央门锁系统、汽车电动后视镜系统、汽车电动座椅系统、汽车刮水及清洗系统、汽车防盗系统、汽车安全气囊系统、汽车空调系统、汽车倒车雷达系统、汽车音响及导航系统、汽车车载网络系统、通信系统。

本书可作为高等职业学校汽车维修类专业核心教材,也可作为汽车维修人员在职培训及自学指导用书。

图书在版编目（CIP）数据

汽车电气故障诊断与修复／官海兵,张光磊主编.
—北京:人民交通出版社股份有限公司,2017.1
高职汽车检测与维修专业资源库合作建设教材
ISBN 978-7-114-13433-3

Ⅰ.①汽…　Ⅱ.①官…　②张…　Ⅲ.①汽车—电气设备—故障诊断—高等职业教育—教材②汽车—电气设备—故障修复—高等职业教育—教材　Ⅳ.①472.41

中国版本图书馆 CIP 数据核字(2016)第 264067 号

书　　名:汽车电气故障诊断与修复
著 作 者:官海兵　张光磊
责任编辑:戴慧莉
出版发行:人民交通出版社股份有限公司
地　　址:(100011)北京市朝阳区安定门外外馆斜街 3 号
网　　址:http://www.ccpress.com.cn
销售电话:(010)59757973
总 经 销:人民交通出版社股份有限公司发行部
经　　销:各地新华书店
印　　刷:北京市密东印刷有限公司
开　　本:787×1092　1/16
印　　张:19.25
字　　数:435 千
版　　次:2017 年 1 月　第 1 版
印　　次:2017 年 1 月　第 1 次印刷
书　　号:ISBN 978-7-114-13433-3
定　　价:42.00 元

(有印刷、装订质量问题的图书由本公司负责调换)

（3）单向离合器打滑的检查。将检测的单向离合器夹紧在台虎钳上,并将一花键轴插入到单向离合器的花键套筒内,用扭力扳手夹紧花键轴,向离合器压紧的方向（逆时针）旋转,如图2-34所示。在使用规定的扭力转动的情况下,单向离合器应能承受规定的力矩而不打滑。

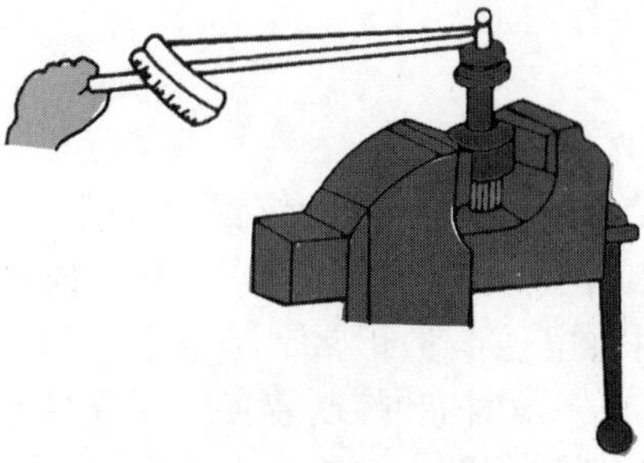

图2-34　单向离合器打滑的检查

3. 起动机空转故障检修

1）故障现象

将点火开关置于"起动"挡,起动机只是空转,不能带动发动机运转。

2）诊断思路

起动机空转,说明起动机的供电电路是正常的,起动机电磁开关也是正常的,但只是空转,说明故障很可能是在传动机构上。因此,主要检查起动机的传动机构。

3）故障诊断

（1）起动机空转时,有较轻的摩擦声音,起动机驱动齿轮不能与飞轮齿圈啮合而产生空转,即驱动齿轮还没有啮合到飞轮齿圈中,电磁开关就提前接通,说明主回路的接触盘行程过短,应拆下起动机,进行起动机接通时刻的调整。

（2）起动机空转时,有严重的碰擦轮齿的声音,说明飞轮齿圈或起动机驱动齿轮严重磨损,应拆下起动机进一步检查,根据实际情况更换驱动齿轮或飞轮齿圈。

（3）起动机空转时,速度较快但无碰齿声音,说明起动机单向离合器打滑,即驱动齿轮已经啮入飞轮齿圈中,但不能带动飞轮旋转,只是起动机电枢轴在空转,应更换单向离合器总成。

任务小结

（1）起动机的传动机构主要由驱动齿轮、单向离合器和拨叉等组成。其中驱动齿轮与曲轴的飞轮齿圈相啮合,将电动机的转矩单方向传递给曲轴。

（2）目前小型汽车上广泛使用的单向离合器是滚柱式单向离合器,该类型的离合器结构简单,工作可靠。

（3）起动机传动机构一旦出现故障,会造成起动机空转的故障。

（4）对传动机构主要检查以下内容:

①驱动齿轮的运转情况。

②驱动齿轮和花键及飞轮齿圈的磨损情况。

③单向离合器外壳与驱动齿轮的运转情况。

（5）检修起动机空转故障时,主要检查驱动齿轮的啮合时刻和单向离合器是否存在打滑现象。

子任务3 起动机控制装置的检测

📖 任务描述

车主黄先生反映,将车辆点火开关置于起动位置,起动机不运转,发动机不能起动。维修人员实车检测,得到的结果与车主反映的情况相同。首先怀疑蓄电池电量不足,但按下汽车喇叭,喇叭的声音正常,说明蓄电池电量正常。基本上可以判定故障是起动机本身的问题。汽车起动机由直流电动机、传动机构和控制装置三部分组成,当出现起动机不能起动的故障时,基本上是起动机控制装置的问题。

起动机中的控制装置是控制电动机主电路的接通与切断,同时控制驱动齿轮与飞轮齿圈的啮合与分离,还要保证在发动机正常工作情况下,不能接通电动机主电路。当控制装置出现问题时,会产生电动机主电路不能接通,因而无法产生电磁转矩,从而带动发动机运转。起动机的控制装置主要由电磁开关、继电器和点火开关等组成,可能产生故障的位置是电磁开关、起动机继电器的相关电路上。

现在你需要学习检测起动机控制装置的方法。

📖 学习目标

(1)掌握起动机控制装置的组成、各部件的位置及作用;

(2)能够对控制装置进行进检测和维修;

(3)会运用所学知识和经验,为客户提供汽车起动机日常维护的建议;

(4)具备信息查询和手册使用的基本能力;

(5)能够按照企业5S要求和安全生产规范进行操作;

(6)能与同学密切合作,规范安全地完成学习活动;

(7)养成自主学习的习惯,培养规范操作的工作作风及环保意识。

建议学时:4学时。

📖 知识准备

一、控制装置的作用

现代汽车上起动机的控制装置使用最多的是电磁操纵控制装置。电磁控制装置在起动机上又称为电磁开关,它的作用是控制驱动齿轮与飞轮齿圈的啮合与分离,并控制电动机主电路的接通与切断。在现代汽车上,起动机均采用电磁式控制电路,电磁式控制装置是利用电磁开关的电磁力来操纵拨叉,实现驱动齿轮与飞轮齿圈的啮合或分离。

二、控制装置的组成

电磁控制装置主要是电磁开关,如图2-35所示。电磁开关由吸引线圈、保持线圈、复位

弹簧、活动铁芯、接触片等组成。其中,接线柱 C
(端子 50)与点火开关相接,通过点火开关再接
电源,接线柱 30 直接与蓄电池的正极相连。电
磁开关的吸引线圈和保持线圈绕在同一个铁芯
上,两线圈的公共端接到起动机的接线柱 50 上,
吸引线圈的另一端接电动机主接线柱相接(与端
子 C 相接),而保持线圈的另一端直接搭铁。

图 2-35　电磁开关的结构

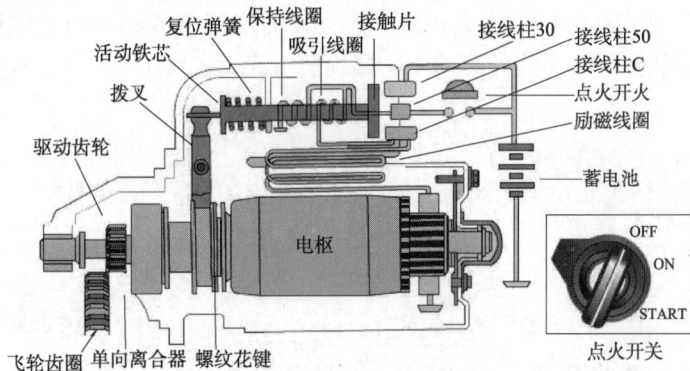

三、控制装置的基本工作原理

起动机控制装置(电磁开关)的基本工作过
程要结合实际的控制电路进行分析,下面以图 2-36 为例进行说明。当起动电路接通后(接
通点火开关),电磁开关通电,其电路为:

(1)蓄电池正极→点火开关→起动机接线柱 50→保持线圈→搭铁→蓄电池负极。

(2)蓄电池正极→点火开关→起动机接线柱 50→吸引线圈→接线柱 C→励磁绕组→电
刷→换向片→电枢绕组→换向片→电刷→搭铁→蓄电池负极。

图 2-36　无启动继电器的控制电路

此时流经吸引线圈和保持线圈的电流方向相同,产生的电磁力克服复位弹簧弹力,使活
动铁芯向右移动,推动接触片移向接线柱 50 和接线柱 C 的触点,同时又通过拨叉带动驱动
齿轮移向飞轮齿圈并与之啮合,在驱动齿轮与飞轮齿圈进入啮合后,接触片正好将两个主触
点接通,接通电动机的主电路,电动机开始转动。在驱动齿轮进入啮合之前,由于经过吸引
线圈的电流经过了电动机,所以电动机在这个电流的作用下会产生缓慢旋转,以便于驱动齿
轮与飞轮齿圈的啮合。在两个主接线柱触点接通之后,蓄电池的电流直接通过主触点和接
触片进入电动机,使电动机进入正常运转,此时吸引线圈被短路,因此,无电流通过,主触点
接通的位置靠保持线圈来保持。发动机起动后,松开点火开关,由于接触片与主触点是保持
接合状态,此时蓄电池继续给电磁开关供电,其电路为:

蓄电池正极→接线柱 30→接触片→吸引线圈→保持线圈→搭铁→蓄电池负极。

由于流经吸引线圈与保持线圈的电流方向相反,产生的电磁力相互抵消,电磁开关在复
位弹簧的作用下,使活动铁芯迅速回位,切断了电动机的主电路,同时驱动齿轮在拨叉的作
用下与飞轮齿圈脱离啮合,起动过程完成。

四、起动系控制电路

起动系的控制电路指除起动机本身电路以外的起动系电路,起动系的控制电路随车型的不同而有所不同,大体上可以分为无启动继电器的控制电路、带有启动继电器的控制电路和带有保护继电器的控制电路。

1. 无启动继电器的起动控制电路

1）电路组成

桑塔纳轿车采用 QD1225 型起动机,其起动机的控制电路采用的是无启动继电器的控制电路,如图 2-37 所示。在其控制电路中,点火开关"30"接线柱接电源,由红/黑色导线从点火开关上"50"接线柱送至中央线路板 B8 结点,再通过中央线路板 C18 结点,引到起动机电磁开关"50"接线柱。用黑色导线连接蓄电池正极与起动机"30"接线柱。

2）工作过程

如图 2-37 所示,将点火开关 1 拨到第二挡,其"30"接线柱与"50"接线柱接通,使起动机的电磁开关通电,起动机进入工作状态。其电路为:蓄电池正极接线柱→红色导线→中央线路板的单端子插座 P 接线柱→中央线路板内部线路→中央线路板单端子插座 P 接线柱→红色导线→点火开关"30"接线柱→点火开关→点火开关"50"接线柱→中央线路板 B8 接线柱→中央线路板内部线路→中央线路板"C18"接线柱→起动机"50"接线柱→进入电磁开关。

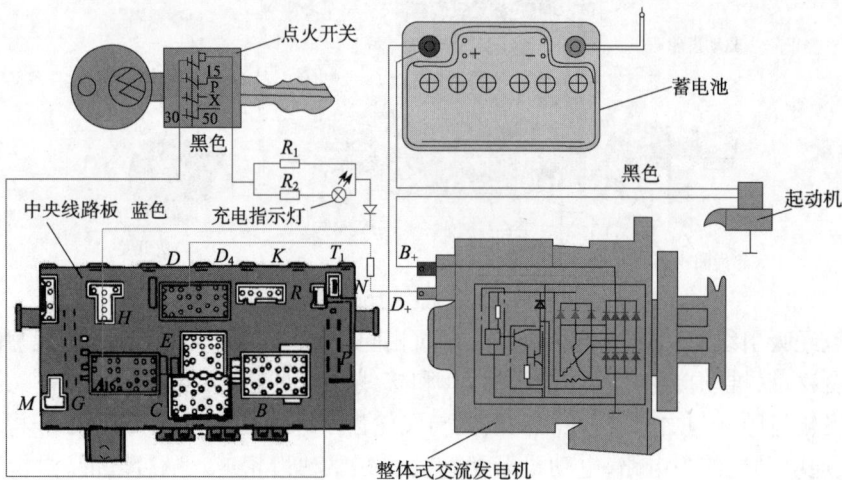

图 2-37　桑塔纳系列轿车起动机控制线路

2. 迈腾汽车起动机控制电路

1）电路组成

迈腾汽车起动机控制线路如图 2-38 所示,起动机的电磁开关由供电继电器 J682 和启动继电器 J710（供电继电器 2）两个继电器控制。从图 2-38 可以看出,供电继电器的电源来自车载电源控制装置 J519,而车载电源控制系统又从发动机防盗系统、自动变速器挡位状态取得信号,当防盗系统未正常发出起动信号、自动变速器挡位不在 P/N 位时,启动继电器 J682 不能输出电流。因而 J710 也不能输出电流,因此发动机不能起动,从而实现对起动机电磁开关的控制。

2）工作原理

发动机起动时,在自动变速器置于 P 位,防盗系统发出起动信号状态下,将点火开关置于起动挡(P4 挡),起动继电器 J710 电磁线圈通电,继电器动合触点闭合,电源的电流便经继电器的触点通往起动机电磁开关的起动机接线柱,电磁开关通电后,接通起动机的主电路,带动发动机运转。

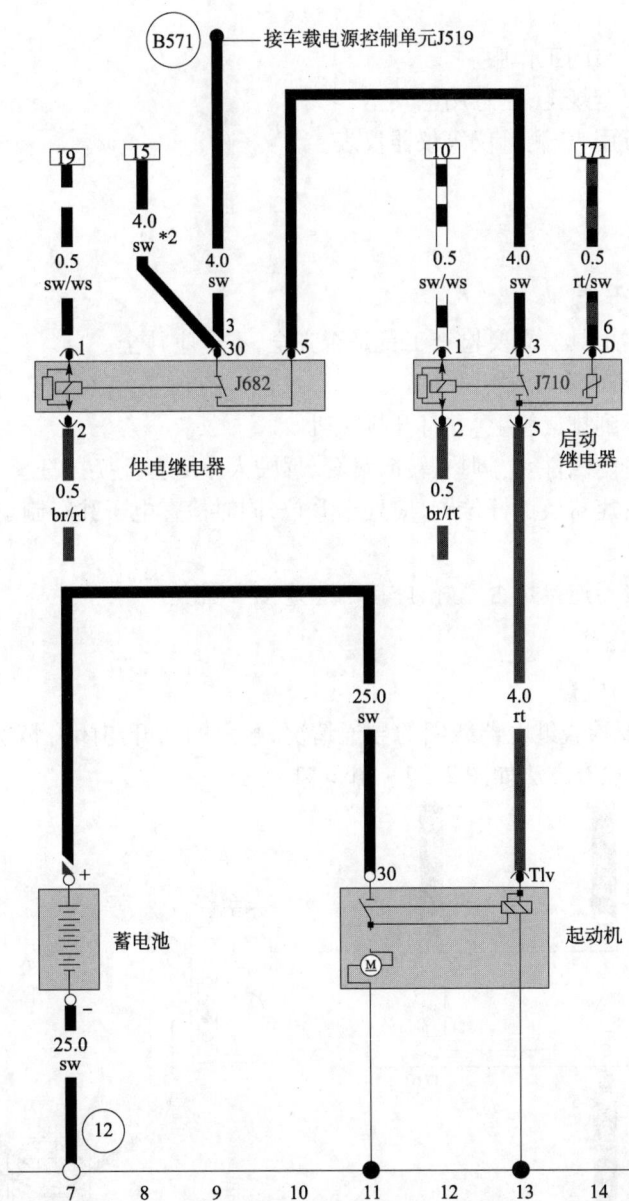

图 2-38　迈腾汽车起动机控制电路

操作指引

1. 组织方式

(1)场地设施:举升机 1 台,装有废气抽排系统和消防设施的场地。

(2)设备设施:自动挡迈腾轿车。

(3)工量具:迈腾汽车拆卸工具、诊断仪 VAS5052A、数字万用表等。

2. 操作要点

(1)穿戴干净整洁的工作服。

(2)遵守场地安全规定,注意用电安全。

(3)正确使用万用表、测量仪等仪器仪表。

任务实施

1. 检测前准备工作

(1)清点及清洁工具。主要检查工具是否齐全,不全应补全。

(2)用木楔或胶楔塞车,固定车辆。

(3)将排烟管插到排气管上,并打开排风机。

(4)套上驾驶室内四件套:脚垫、转向盘套、驾驶人座椅套及换挡杆套。

(5)检查汽车变速器换挡杆位置,应处于 P 位,同时检查电子驻车制动开关,使其处于驻车状态。

(6)查看各插接器连接是否完好,虚接的应连接牢固。

2. 控制装置的检修

1)启动继电器的检查

启动继电器主要检查继电器线圈的导通情况、触点的断开与闭合情况和通电时触点的导通情况等内容,其检查方法如图 2-39 ~ 图 2-41 所示。

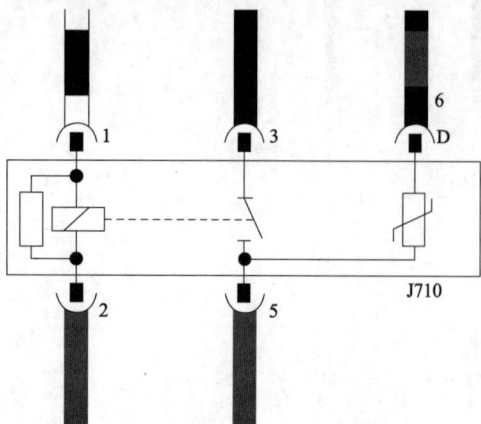

图 2-39　启动继电器 J710 结构

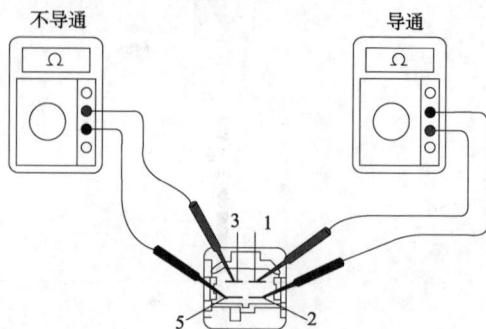

图 2-40　启动继电器导通情况检测

2）电磁开关的检查

电磁开关检查的内容包括活动铁芯的运动情况、吸引线圈与保持线圈的导通情况、电磁开关接触片的导通情况等内容,可在电磁开关解体情况下进行检查,具体的方法如图 2-42 ~ 图 2-45 所示。

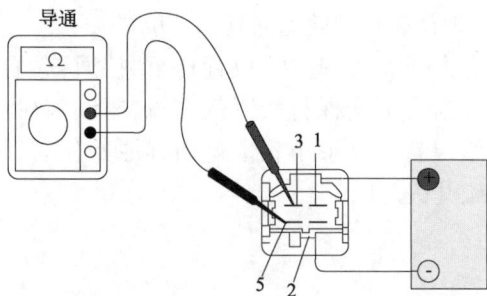

图 2-41　通电检查启动继电器的工作情况

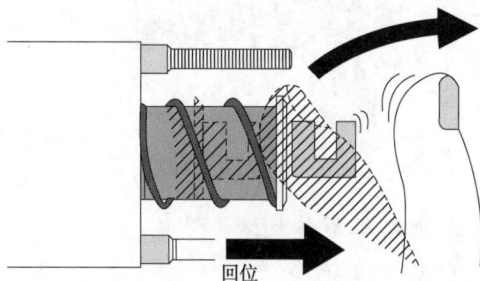

图 2-42　活动铁芯的检查

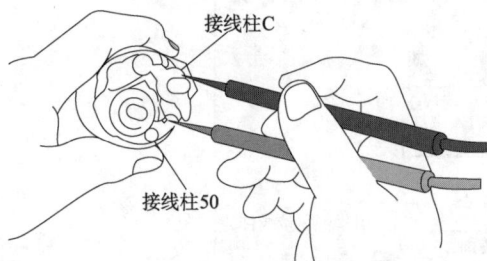

图 2-43　吸引线圈开路检查

图 2-44　保持线圈开路检查

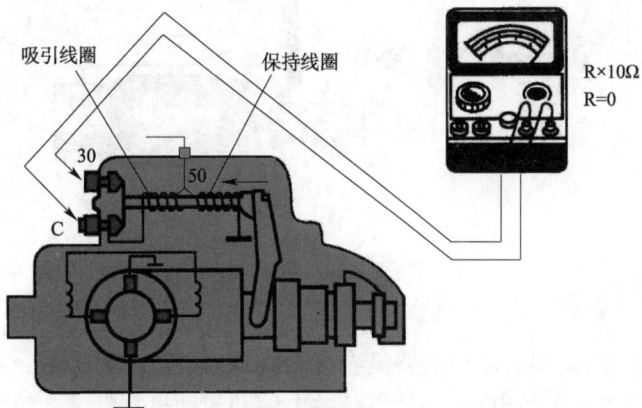

图 2-45　电磁开关接触片的检查

解体检查结束之后,按照起动机装复的步骤进行装复。在装复之后,应进行性能测试。

3）检查驱动齿轮间隙

驱动齿轮的间隙是通过检查驱动齿轮的伸出量来确定的,检测方法如图 2-46 所示。在电磁开关处于保持状态下,测量驱动齿轮和止动环之间的间隙,将测量的结果与标准值比较。如果间隙超出规定值范围,需更换电磁开关总成。

4）驱动齿轮返回测试

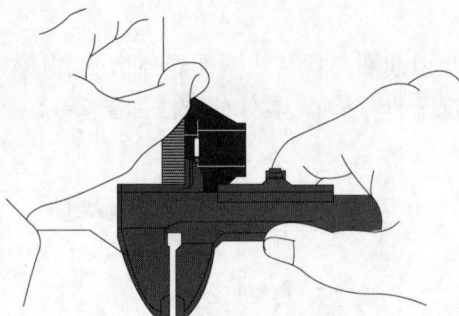

图 2-46　检查驱动齿轮的伸出量

检查驱动齿轮是否能返回其原始位置,检查的方法如图 2-47 所示。

（1）保持线圈测试后当驱动齿轮伸出时,从起动机体断开搭铁线。

（2）确认驱动齿轮返回其原始位置。

把点火开关从"起动"位置转至"接通"位置,此时将会断开流向保持线圈的电流,驱动齿轮应返回原始位置。如果小轮未返回其原始位置,请更换电磁开关总成。

3. 起动机不转故障检修

1）故障现象

将点火开关置于起动挡。起动机驱动齿轮不向外伸出,起动机不运转。

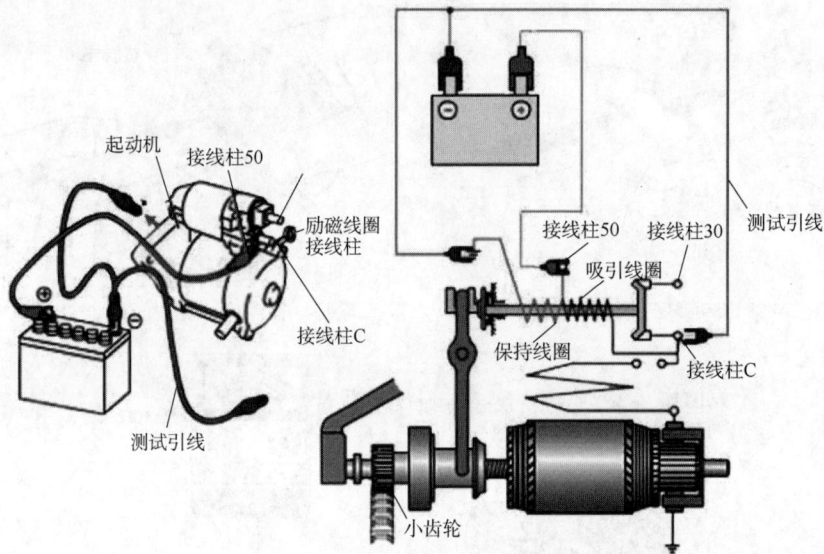

图 2-47　驱动齿轮的返回测试

2）诊断思路

由于起动机不运转,说明起动机电路没有接通或者蓄电池电力不足,也有可能是起动机自身的故障。应该检查蓄电池电量、起动机相关电路和起动机自身。

3）检修方法

（1）判断蓄电池是否正常。按喇叭或开前照灯,若喇叭响声变小或前照灯灯光暗淡,说明蓄电池容量过低或电源导线接触不良;也可以在点火开关位于"起动"挡时,测量蓄电池两端的电压,不应低于9.6V。

（2）若蓄电池电压正常,检查接蓄电池的正极线、搭铁线、继电器各接线柱连接线,若接线柱有脏污或松脱,应清洁或紧固。

（3）若电路正常,则应判断故障在启动继电器、电磁开关或电动机处。

用螺丝刀或导线短接启动继电器的"3"与"5"两接线柱,若起动机运转正常,故障在启动继电器,否则,故障在电磁开关或电动机。

用螺丝刀或导线短接起动机电磁开关上的"30"和"C"两个接线柱,若起动机不运转,说明电动机有故障,应解体检修。若起动机运转,说明电动机正常,故障在起动机的电磁开关。应对电磁开关进行检修。

任务小结

(1)起动机控制装置主要由电磁开关、启动继电器等组成,电磁开关控制直流电动机的主电路的接通与驱动齿轮和飞轮齿圈的啮合时刻,启动继电器主要控制蓄电池流向起动机直流电动机的电流。

(2)电磁开关主要由吸引线圈和保持线圈组成,通过电路接通的不同时刻,自动实现对电动机主电路的控制和驱动齿轮与飞轮齿圈的啮合与分离。

(3)有的启动继电器还有保护功能,主要通过发电机的中性点电压来控制继电器的电路,在发动机没有起动之前,能够接通电动机的主电路,待发动机正常运转后,能够自动切断起动机控制装置的电路,同时防止发动机正常工作由于误操作再次接通起动机电路的可能。

(4)起动机控制装置的检测主要包括下列项目:
①启动继电器两个线圈导通情况。
②电磁开关活动铁芯的运转情况。
③电磁开关吸引线圈与保持线圈的导通情况。
④电磁开关接触片与触点接触情况。
⑤驱动齿轮与飞轮齿圈啮合后和端盖之间的间隙。
⑥驱动齿轮返回情况。

(5)检修起动机不运转故障时,首先要判断蓄电池是否电量充足;再判断故障是电磁开关还是启动继电器和连接电路;再判断故障是连接电路还是启动继电器。

学习任务三 前照灯不亮故障诊断与修复

任务概述

为了保证汽车在各种条件下安全行驶,尤其是夜间行车时为驾驶人提供良好的视觉环境,以及引起周边车辆和行人的注意,在汽车上装有各种照明、信号、仪表和报警装置,汽车灯具按照用途可分为照明灯、信号灯或指示灯,称为汽车灯系。

随着汽车工业的发展和车辆行驶速度的不断提高,汽车灯系成为汽车非常重要的安全部件,汽车照明质量日益受到人们的重视。为适应不断提高的汽车照明要求,汽车光源也不断从真空白炽灯、充气白炽灯向卤钨灯、气体放电灯发展。车灯控制方式由开关控制向电子控制和智能化发展。

前照灯在使用过程中会因灯泡老化、反射镜变暗、照射位置不正而导致发光强度不足或照射位置不符合要求,从而影响行车安全。

保证汽车灯光系统良好的技术状况对于安全行车十分重要。因此,必须定期对汽车灯光系统进行检查、维护与调整和检测,及时更换已损坏的零部件,以便及时发现和排除故障,确保灯光系统的工作性能良好,保证行车安全。

主要学习任务

1 前照灯故障诊断与修复

2 前照灯检测与调整

子任务1 前照灯故障诊断与修复

任务描述

一辆一汽大众生产的2010款迈腾轿车,装备1.8TSI发动机,仪表出现灯光报警提示,打开近光开关,左侧近光灯暗亮5s熄灭,右侧近光灯显示正常。

根据迈腾灯光控制功能原理和电路图可知,当前照灯开关处于远近光挡或 AUTO 挡时,同时变光开关位于近光灯工作位置被 J527 转向柱电控单元识别,中央电控单元 J519 通过对以上信息的分析产生近光灯开启的控制指令,点亮近光灯。

单从右侧近光灯不亮分析,可能产生的故障的原因有:J519 内部电路控制线路故障,导致无正常工作电压输出;J519 电控单元外围执行控制线路(包括右前照灯近光灯泡或前照灯内近光灯泡连接线束)存在线路故障;电控单元识别指定故障后进行了功能关闭;近光信号输入故障。现在需要你对控制线路进行进一步检测。

学习目标

(1)能够读懂照明系统电路原理图;

(2)能够根据相关资料确定照明系统电路、部件组成及技术参数;

(3)会分析前照灯不亮等故障产生的原因;

(4)会制定相应的诊断流程,能够按照合理的思路和规范地操作检测及修复前照灯不亮故障。

(5)会正确拆卸和安装前照灯;

(6)具备信息查询和手册使用的基本能力;

(7)能够按照企业 5S 要求和安全生产规范进行操作;

(8)能与同学密切合作,规范安全地完成学习活动;

(9)养成自主学习的习惯,培养规范操作的工作作风及环保意识。

建议学时:3 学时。

知识准备

一、照明系统的基本组成

汽车照明系统由照明灯和信号灯两部分组成。照明灯主要用作照明道路、交通标志、行人及其他车辆等,包括前照灯、雾灯、倒车灯、牌照灯等。信号灯用作显示车辆的存在和传达车辆行驶状态,包括转向灯、制动灯等。

二、前照灯功用

前照灯又称前大灯。用于夜间行车时,照亮车前的道路和物体,确保行车安全。同时也可发出远光和近光交替变换的灯光信号,避免夜间超车和会车时使对方驾驶人炫目。

三、前照灯

1.前照灯基本要求

(1)前照灯应保证车前有明亮而均匀的照明,使驾驶人能辨明车前 100m 以内路面上的任何障碍物。随着汽车行驶速度的提高,汽车前照灯的照明距离也相应要求越来越远。

(2)前照灯应具有防止炫目的装置,以免夜间两车迎面相遇时,使对方驾驶人炫目而造成交通事故。

2. 前照灯光学系统结构

前照灯的光学组件由灯泡、反射镜和配光镜三部分组成。

1）灯泡

（1）普通充气灯泡。其灯丝是用钨丝制成。为了减少钨丝受热后的蒸发，延长灯泡寿命，制造时将玻璃泡内空气抽出，再充以约86%的氩和约14%的氮的混合气体。

（2）卤钨灯泡。在相同功率下，卤钨灯的亮度为白炽灯的1.5倍，寿命比白炽灯长2~3倍。

（3）氙气灯泡。氙气灯由小型石英灯泡、变压器和电子单元组成。

氙气灯灯泡的玻璃用坚硬的耐温耐压石英玻璃（二氧化硅）制成，灯内充入高压氙气，接通电源后，通过变压器，在几微秒内升压到2万V以上的高压脉冲电加在石英灯泡内的金属电极之间，激励灯泡内的物质（氙气、少量的汞蒸气、金属卤化物）在电弧中电离产生光亮。

2）反射镜

反射镜的作用，是将灯泡的光线聚合并导向前方，如图3-1所示。

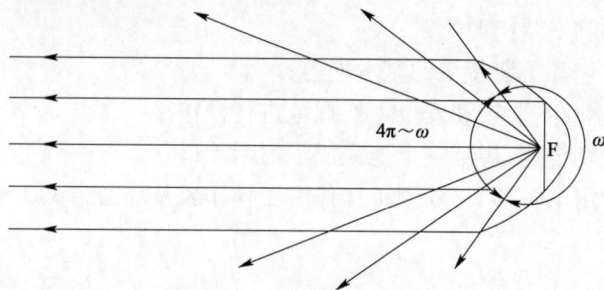

图3-1　反射镜工作原理

灯丝位于焦点上，灯丝的绝大部分光线向后射在立体角范围内，经反射镜反射后变成平行光束射向远方，使光度增强几百倍至上千倍，达到$2 \times 10^4 \sim 4 \times 10^4$cd以上，从而使车前150m甚至400m内的路面照得足够清楚。

3）配光镜

配光镜，又称散光玻璃。它是用透光玻璃压制而成，是很多块特殊的棱镜和透镜的组合，其几何形状比较复杂，外形一般为圆形和矩形，其作用是将反射镜反射出的平行光束进行折射，使车前路面和路缘具有良好而均匀的照明，如图3-2所示。

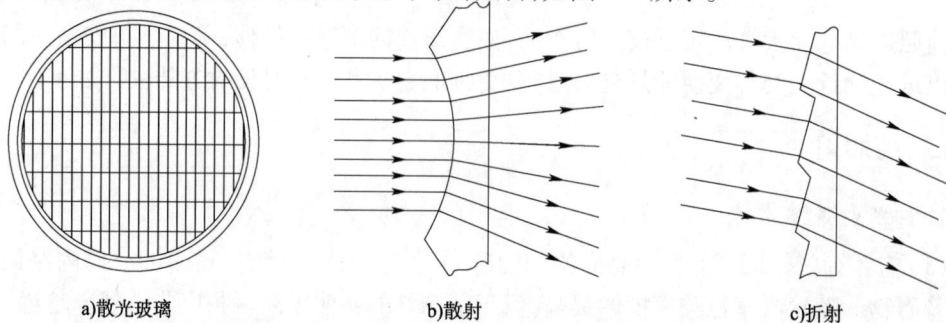

a）散光玻璃　　　　b）散射　　　　c）折射

图3-2　配光镜工作原理

4）前照灯的防炫目措施

为了避免前照灯的强光线使对面来车驾驶人产生炫目,而造成交通事故,并保持良好的路面照明,在现代汽车上普遍采用双丝灯泡的前照灯。其中一根灯丝为远光灯丝,光度较强,灯丝放在反射镜的焦点上;另一根灯丝为近光灯丝,光度较弱,位于焦点的上方或前方。当夜间行驶无迎面来车时,可通过控制电路接通远光灯丝,使前照灯光束射向远方,便于提高车速。当两车相遇时,接通近光灯丝,前照灯光束倾向路面,使车前50m内路面照得十分清晰,从而避免了迎面来车驾驶人的炫目现象。

（1）双丝灯泡。双丝灯泡的远光灯丝位于反射镜的焦点上,而近光灯丝则位于焦点的上方并稍向右偏移,其工作原理如图3-3所示。

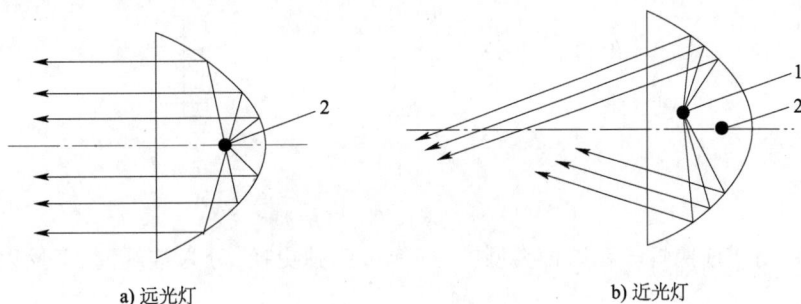

a) 远光灯　　　　　　　　　　　　b) 近光灯

图3-3　双丝灯泡原理图
1-近光灯丝;2-远光灯丝

（2）采用带遮光罩的双丝灯泡。在近光灯丝的下方装有遮光罩,当使用近光灯时,遮光罩能将近光灯丝射向反射镜下部的光线遮挡住,无法反射,提高防炫目效果,如图3-4所示。

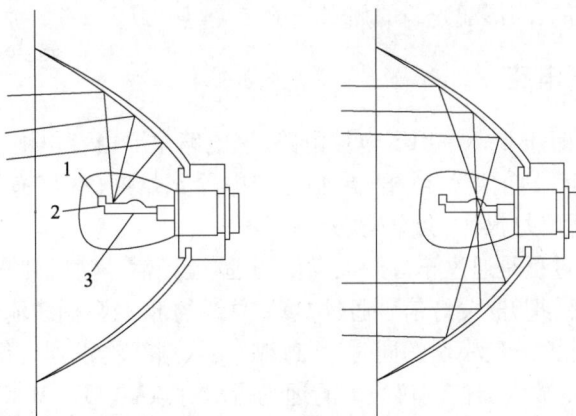

图3-4　带遮光罩双丝灯泡
1-近光灯丝;2-遮光罩;3-远光灯丝

（3）采用非对称光制式防炫灯。这是一种新型的防炫目前照灯,安装时将遮光罩偏转一定的角度,使其近光的光形分布不对称,将近光灯右侧光线倾斜升高15°,如图3-5所示。

5）前照灯的类型

（1）封闭式前照灯。在这种类型中,灯泡、反光镜和灯罩制为一体。这种结构的优点是可以完全避免反射镜受到污染,当灯丝烧坏后,需要更换前照灯总成,成本较高。

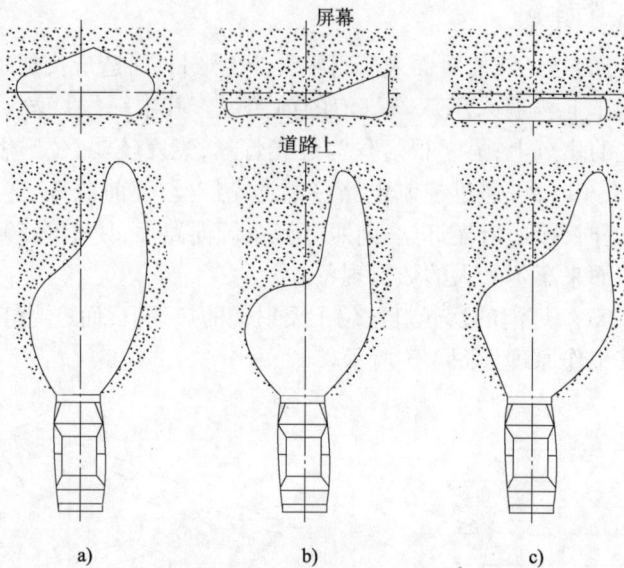

图 3-5 非对称光制式防炫灯

（2）半封闭式前照灯。在这种类型中,灯泡可单独更换,分为常规型、多反射镜式、投射式等。

①常规型前照灯。这是一种可替换灯泡的形式,使用普通白炽灯和卤素灯两种形式的前照灯。其优点是一旦灯丝烧断只需更换灯泡即可,缺点是密封性不良。

②多反射镜式前照灯。它有一个无色灯罩和形状复杂(混合抛物线形状)的反光镜。

③投射式前照灯。其反射镜近似于椭圆形状,具有两个焦点。第一焦点处放置灯泡,第二焦点是由光线形成的,凸形配光镜的焦点与第二焦点一致。

四、前照灯控制电路

普通前照灯电路即非 CAN - BUS 电控电路,该电路主要由蓄电池、灯光组合开关(灯光开关、变光开关)、继电器(前照灯继电器、变光继电器)、熔断丝、灯泡等组成。前照灯的操作分为近光灯操作、远光灯操作、会车(变光)灯操作。

电控前照灯控制过程是通过车灯开关发出的远/近光信号输送到车身控制模块,车身控制模块经过接受、处理,把开/关灯信号通过 CAN 总线的 K/L 数据线输送到智能电源分配模块,信号输送到智能电源分配模块的同时,通过 M/N 数据线输送到一体化仪表和 A/C 放大器,一体化仪表和 A/C 放大器控制仪表上的远光指示灯点亮。IPDM E/R 通过远光继电器、熔断丝和 R/T 线控制远光灯点亮;通过近光继电器、熔断丝和 Q/S 线控制近光灯点亮。

1. 电路图的简单识读

电路基本构成:电源、用电器、开关、熔断丝、继电器和线束等。

电路特点:双电源、低直流电压、并联连接、单线制、负极搭铁。

汽车线束特点:导线颜色、粗细各不相同。

阅读电路图的方法:从前到后(简单电路),即电源→用电器→搭铁。

从用电器开始(复杂电路),即电源←用电器→搭铁。

2. 无前照灯继电器和变光继电器电路分析

1) 近光灯状态

灯光控制开关移动到"HEAD(LOW)"位置时,近光灯点亮,电流走向如图3-6所示。

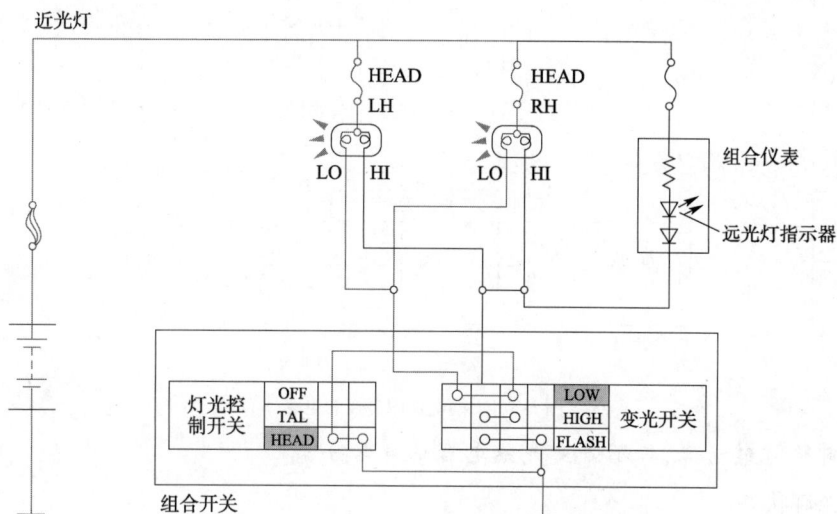

图3-6　无继电器近光电路

2) 远光灯状态

当灯光控制开关移到"HEAD(HIGH)"位置时,远光灯点亮,并且组合表上的远光指示灯点亮,电流走向如图3-7所示。

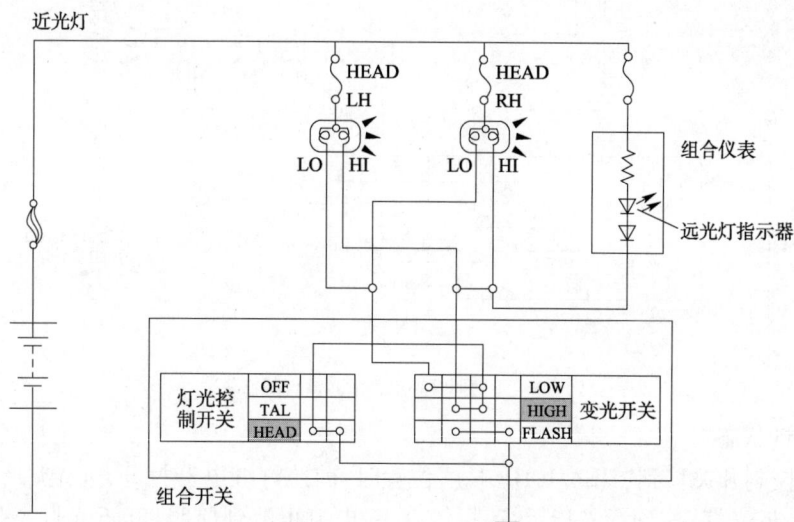

图3-7　无继电器远光控制电路

3) 前照灯闪光状态

灯光控制开关移动到"FLASH"位置时,远光灯点亮,电流走向如图3-8所示。

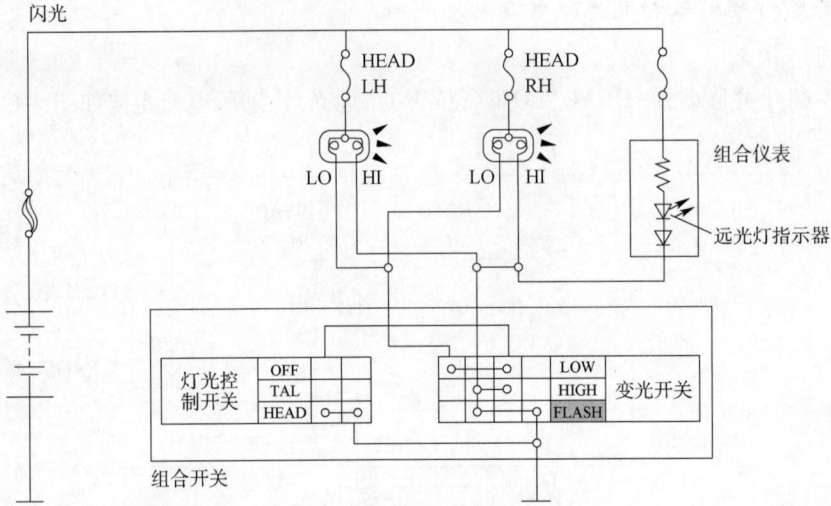

图 3-8　无继电器闪光控制电路

3. 带前照灯继电器，但不带变光继电器的电路分析

1）近光灯状态

灯光控制开关移动到"HEAD（LOW）"位置时，前照灯继电器打开，近光灯点亮，电流走向如图 3-9 所示。

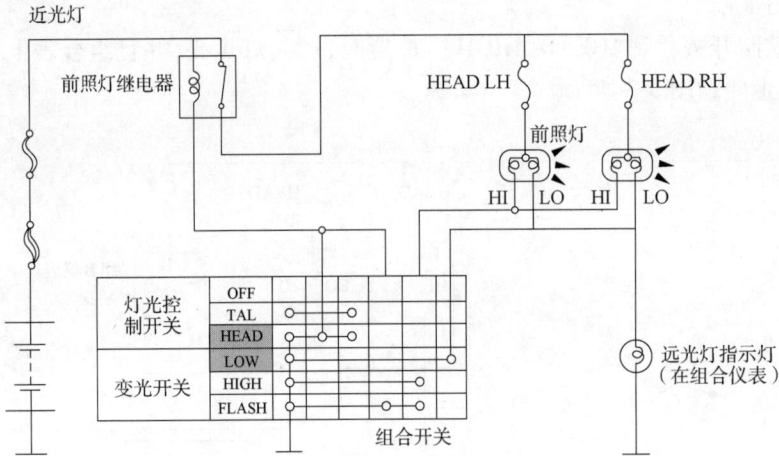

图 3-9　带前照灯继电器近光灯控制电路

2）远光灯状态

当灯光控制开关移到"HEAD（HIGH）"位置时，前照灯继电器打开，远光灯点亮，同时电流从前照灯（近光灯）流到远光指示灯，指示灯亮，电流也流到前照灯（近光灯），但是由于它们的电流小，它们不点亮，如图 3-10 所示。

3）前照灯闪光状态

灯光控制开关移动到"FLASH"位置时，前照灯继电器打开，远光灯点亮，电流走向如图 3-11 所示。

图 3-10　带前照灯继电器远光控制电路

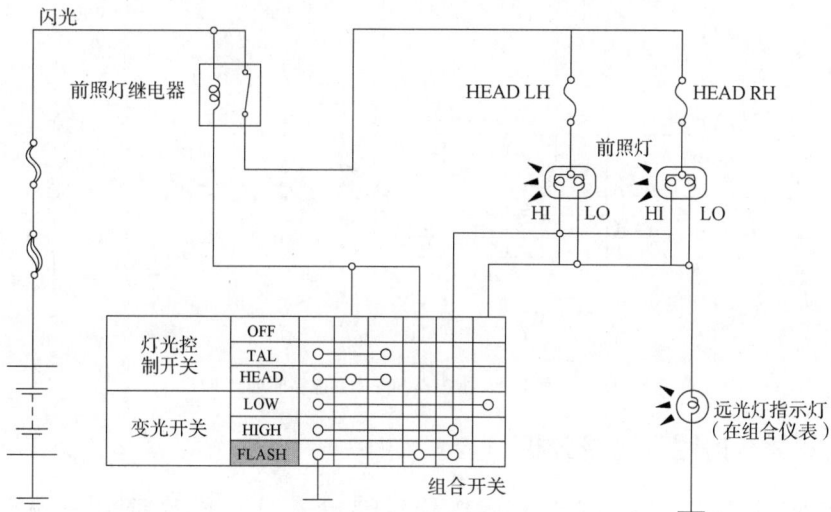

图 3-11　带前照灯继电器闪光电路

4. 既有前照灯继电器,又有变光继电器的电路分析

1)近光灯操作状态

灯光控制开关移动到"HEAD(LOW)"位置时,前照灯继电器打开,前照灯(近光灯)点亮,电流走向如图 3-12 所示。

2)远光灯操作状态

当灯光控制开关移到"HEAD(HIGH)"位置时,前照灯继电器和变光继电器均打开,远光灯点亮,组合仪表上的远光灯指示灯也点亮,电流走向如图 3-13 所示。

3)前照灯闪光操作状态

灯光控制开关移动到"FLASH"位置时,前照灯继电器和变光器继电器打开,远光灯点亮,电流走向如图 3-14 所示。

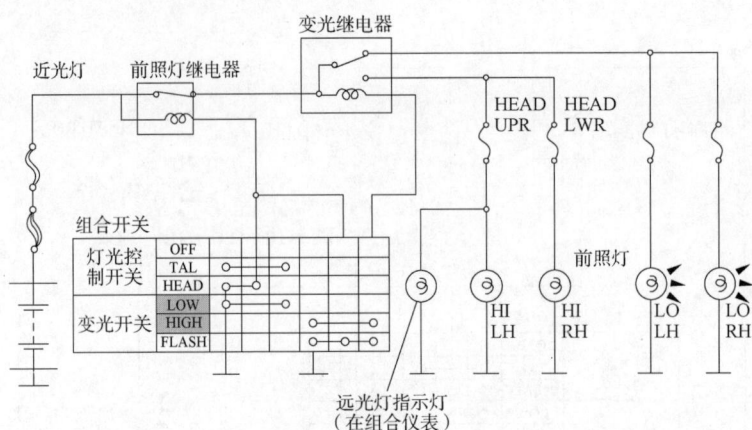

图 3-12　带前照灯继电器和变光继电器的近光电路

图 3-13　带有前照灯继电器和变光继电器的远光电路

五、迈腾轿车前照灯电路分析

以左前近光灯为例:打开点火开关,操作 E1(灯光开关)至近光灯挡时,电流从蓄电池正极到 SC13 熔断丝,通过 E1 开关到 J519(车载电网控制单元),当 J519 接收到 E1 开关的信号时,J519 给左前近光灯 M29 供电,电流通过灯泡搭铁回路,近光灯点亮。电路图如图 3-15 ~ 图 3-17 所示。

六、前照灯常见故障现象及原因

1. 前照灯不亮

1)故障原因

前照灯熔断丝烧断;电源线松动或脱落;搭铁线搭铁不良或接插件接触不良;车灯开关或变光开关有故障。

2)诊断排除方法

诊断时,应根据不同的故障现象采取不同的诊断方法,以提高故障诊断和排除速度。

图 3-14　带有前照灯继电器和变光继电器的闪光电路

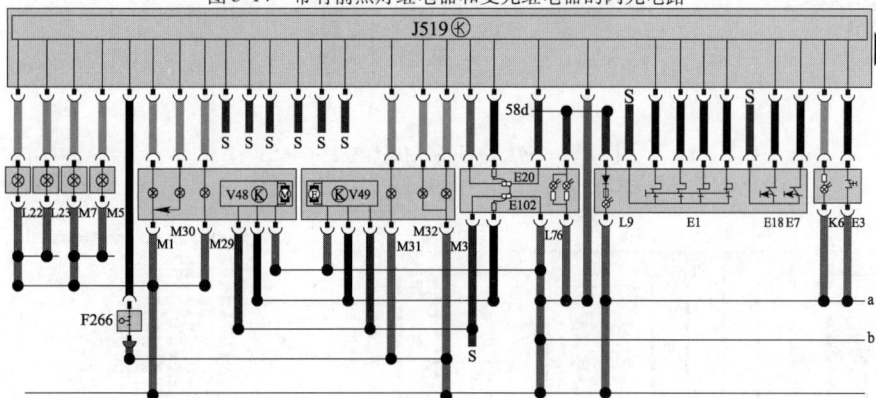

图 3-15　一汽大众迈腾外灯功能图

D1-防盗锁止系统读取单元;E1-车灯开关;E2-转向信号灯开关;E3-危险警报灯开关;E4-前照灯远近光切换和光信号喇叭开关;E7-前雾灯开关;E18-后雾灯开关;E20-开关和仪表照明调节器;E22-间歇运行模式车窗玻璃刮水器开关;E34-后车窗玻璃刮水器开关;E38-车窗玻璃刮水器间歇运行调节器;E44-车窗玻璃清洗泵开关(自动清洗装置和前照灯清洗装置);E102-照明距离调节器;E415-进入及起动许可开关;F-制动灯开关;F4-倒车灯开关;F266-发动机罩接触开关;J285-带显示单元的组合仪表控制单元;J362-防盗锁止系统控制单元;J386-驾驶人侧车门控制单元;J387-前排乘员侧车门控制单元;J393-舒适系统中央控制单元;J519-车载电网控制单元;J527-转向柱电子装置控制单元;J533-数据总线诊断接口;J764ELV(电子转向柱锁止)控制单元;K1-远光灯指示灯;K4-停车灯指示灯;K6-闪烁报警装置指示灯;K13-后雾灯指示灯;挂车运行指示灯;K65-左转向信号灯指示灯;K94-右转向信号灯指示灯;K170-灯泡故障指示灯;L9-车灯开关照明灯;L22-左前雾灯灯泡;L23-右前雾灯灯泡;L46-左后雾灯灯泡;L76-按钮照明灯;L131-车外后视镜中转向信号灯灯泡(驾驶人侧);L132-车外后视镜中转向信号灯灯泡(前排乘员侧);M1-左停车灯灯泡;M2-右尾灯灯泡;M3-右停车灯灯泡;M4-左尾灯灯泡;M5-左前转向信号灯灯泡;M6-左后转向信号灯灯泡;M7-右前转向信号灯灯泡;M8-右后转向信号灯灯泡;M9-左制动灯灯泡;M10-右制动灯灯泡

　　(1)一个灯不亮。不论远光还是近光,如果只有一个灯不亮,故障往往是该灯丝或其熔断丝烧断所致,如果灯丝和熔断丝正常而灯不亮,说明该灯线路断路或接触不良,检查排除即可。

08.2012

图 3-16　一汽大众迈腾前照灯控制电路图

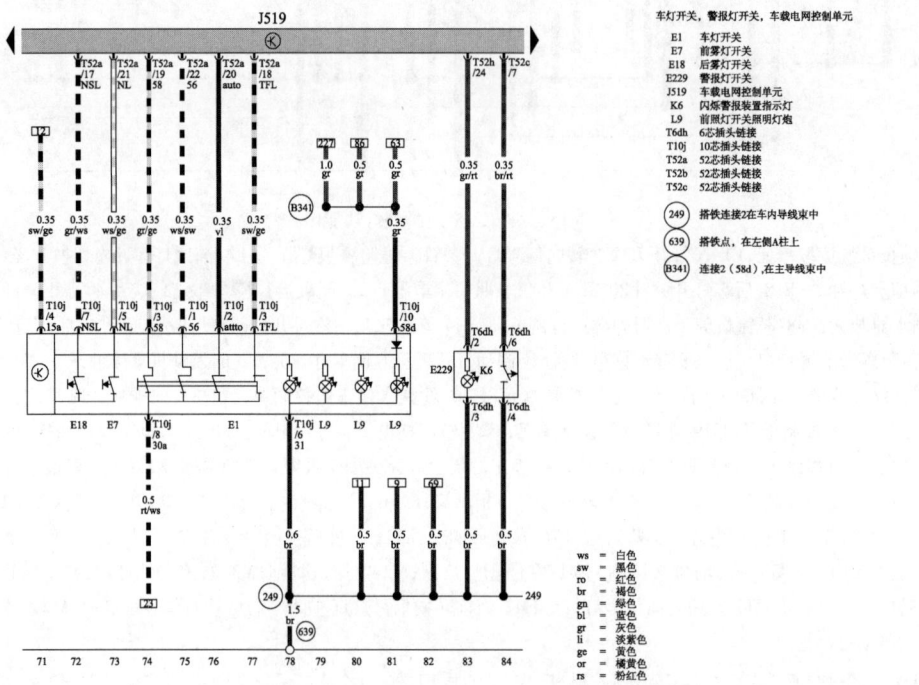

图 3-17　一汽大众迈腾前照灯开关电路图

（2）远光灯或近光灯都不亮。如果远光灯或近光灯都不亮,故障往往是变光开关有故障或变光开关上的远光灯或近光灯接线脱落或熔断丝烧断,如果变光开关及其接线和熔断丝正常而灯不亮,再检修灯丝和线路。

（3）前照灯都不亮。如果远光灯和近光灯都不亮,故障往往是变光开关或其电源线有故障。应首先检查仪表灯是否正常,如果仪表灯工作正常,说明车灯开关的电源线正常。将点火开关接通(必要的话)、车灯开关置于 2 挡(前照灯接通)位置,检查变光开关上的电源线接线柱电压是否正常,若电压为零,说明车灯开关至变光开关之间的线路断路或车灯开关有故障;若电压正常,可以短接变光开关试验,灯亮,说明变光开关损坏,应更换;否则检查变光开关后的线路和灯丝,必要时给予修理和更换。

2. 前照灯灯光暗淡

1）故障原因

蓄电池容量不足,端电压降低;发电机不发电或发电量不足,输出电压低;散光玻璃或反射镜上有尘埃;电线接头松动和锈蚀,使电阻增大;灯丝蒸发、功率降低。

2）诊断排除方法

诊断时,应根据不同的故障现象采取不同的诊断方法。

（1）个别灯暗淡。如果只有一个灯暗淡,故障往往是该灯丝功率偏低或其线路接触不良,可更换灯泡对比检查,若更换灯泡后,亮度正常,表明原灯泡有故障,否则,检修线路。

（2）一个前照灯的远光灯和近光灯都比较暗淡。如果一个前照灯的远光灯和近光灯都比较暗淡,故障往往是该灯反射镜、配光镜表面脏污或灯丝功率偏低或搭铁线搭铁不良。如果一个前照灯的远光灯和近光灯都非常暗淡,故障往往是该灯搭铁线断路。如果将该灯良好搭铁后,亮度正常,表明原来搭铁线断路或搭铁不良,重新接好搭铁线;否则,检查灯泡和反射镜、配光镜,必要时进行清洁或更换。

（3）前照灯都比较暗淡。如果前照灯都比较暗淡,故障往往是电源电压偏低或前照灯性能降低或线路接触不良。应首先检查电源电压是否正常,如果偏低,检查充电系统;否则检查前照灯及其线路接触情况,视情修理。

3. 前照灯灯丝经常烧坏

1）故障原因

电压调节器有故障或线路连接错误,导致发电机输出电压过高。

2）诊断排除方法

检修充电系统,使发电机在各种情况下输出电压都不超过规定值。

操作指引

1. 组织方式

（1）场地设施:举升机 1 台,装有废气抽排系统和消防设施的场地。

（2）设备设施:自动挡迈腾轿车。

（3）工量具:迈腾灯光系统拆卸工具 1 套、诊断仪、万用表等。

（4）耗材:熔断丝、线束等。

2. 操作要点

(1)穿戴干净整洁的工作服。

(2)遵守场地安全规定,注意用电安全。

(3)正确使用万用表、诊断仪等工量具。

(4)在检测灯光线束时,严禁用力拉扯线束。

任务实施

1. 左侧近光灯不亮的故障检测与修复

1)故障现象

M29 左侧近光灯不亮。操作 E1 开关,M29 不亮,其他灯泡工作正常,如图 3-18 所示。

2)故障现象分析

根据故障现象分析,故障可能范围:

(1)M29、开关及其相关线路故障。

(2)J519 供电及其相关线路故障。

(3)J519 局部故障。

3)检测与诊断

(1)使用万用表电压挡测量 6 对 7 号脚,判断灯泡侧是否有 12V 供电(通过测量 6 对 7 号脚,可以判断灯泡是否存在故障,如经检测有 12V 供电,而此时灯泡不亮,则说明灯泡的供电及搭铁正常,灯泡损坏)。如果测得 6 号脚对 7 号脚没有电压,不能判断是灯泡故障,需进一步测量判断。

(2)使用万用表电压挡测量 6 号脚搭铁电压,如经检测为 12V,则灯泡供电正常,故障可能是灯泡及其线路故障。继续测量 7 号脚搭铁电压如为 12V,则灯泡供电未见异常,最后再测 8 号脚搭铁电压如为 0V,说明 7 到 8 号脚线路存在断路。如果测量 6 号脚、7 号脚搭铁电压都为 0V,则灯泡

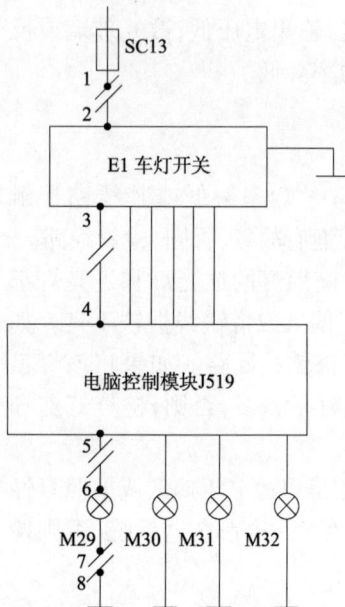

图 3-18 左侧近光灯不亮

供电异常,故障可能存在于:

①M29 供电及其相关线路。

②J519 供电及其相关线路。

③J519 局部故障。

(3)使用万用表电压挡测量 5 号脚搭铁电压,如为 12V,则说明 J519 的 5 号脚供电正常,故障可能在 5 号脚到 6 号脚之间的线路。测量 5 号脚搭铁电压,如为 0V 则说明 J519 输出端异常,故障可能在 J519 相关线路或 J519 故障,需进一步检测。

(4)使用万用表电压挡测量 4 号脚搭铁电压,如为 12V 则说明 J519 的供电正常,输出端异常,故障原因为 J519 故障。测量 4 号脚搭铁电压,如为 0V 则说明 J519 的 4 号脚供电异常,故障可能在开关及其线路故障,需进一步检测。

(5)使用万用表电压挡测量 3 号脚搭铁电压,如为 12V 则说明开关供电正常,故障原因

在 3 号脚端子到 4 号脚端子之间的线路。测量 3 号脚搭铁电压,如为 0V 则说明开关的 3 号脚端子供电异常,故障可能在开关相关电路,需进一步检测。

（6）使用万用表电压挡测量开关 2 号脚搭铁电压,如为 12V 则说明开关损坏。测量开关 2 号脚搭铁电压,如为 0V 则说明开关供电异常,故障可能在开关到供电线路之间的线路,需进一步检测。

（7）使用万用表电压挡测量 1 号脚搭铁电压,如为 12V 则说明了 1 号脚到 2 号脚断路。

（8）使用万用表电压挡测量 2 号脚搭铁电压,如为 12V,再测量 3 号脚搭铁电压,如为 0V 则说明了 2 号脚到 3 号脚断路。

（9）使用万用表电压挡测量 3 号脚搭铁电压,如为 12V,再测量 4 号脚搭铁电压,如为 0V 则说明 3 号脚到 4 号脚断路。

（10）使用万用表电压挡测量 4 号脚搭铁电压,如为 12V,再测量 5 号脚搭铁电压,如为 12V 则说明 J519 工作未见异常。

（11）使用万用表电压挡测量 6 号脚搭铁电压,如为 0V 则说明 5 号脚到 6 号脚断路。

（12）使用万用表电压挡测量 6 号脚搭铁电压,如为 12V,再测量 6 号脚对 7 号脚电压,如为 12V 则说明灯泡损坏,需进一步检测。

（13）使用万用表电压挡测量 6 号脚搭铁电压,如为 12V 则说明灯泡供电正常,故障可能在灯泡及其线路。再测量 7 号脚搭铁电压,如为 12V 则说明灯泡供电未见异常,最后测量 8 号脚搭铁电压,如为 0V 则说明 6 号脚到 7 号脚断路。

2. 迈腾 B7L 轿车前照灯的解体及更换

迈腾 B7L 前照灯总成结构如图 3-19 所示。

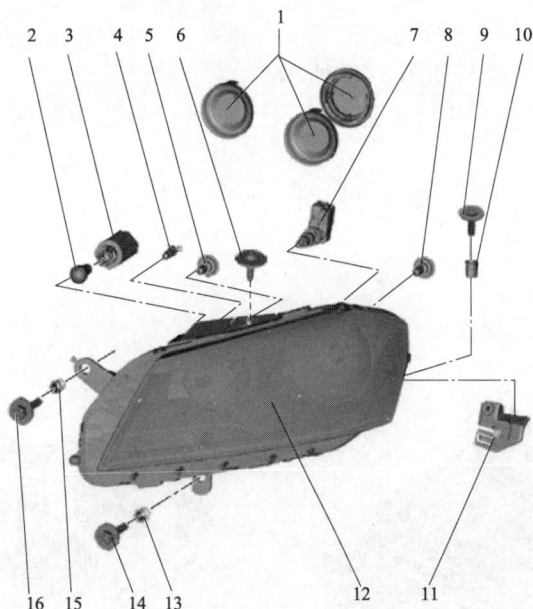

图 3-19　迈腾前照灯总成结构

1-盖罩;2-左前转向灯灯泡;3-灯座;4-左停车灯灯泡;5-左远光灯灯泡;6-上部紧固螺钉;7-前照灯照明距离调节左伺服电动机;8-左近光灯灯泡;9、14、16-紧固螺栓;10、13、15-调节套;11-前照灯支架;12-前照灯

1）拆卸带卤素灯泡的前照灯

拆卸、安装所需专用工具和维修设备：扭力扳手 V. A. G1410 和十字螺丝刀 T30 − T10248，如图 3-20 所示。

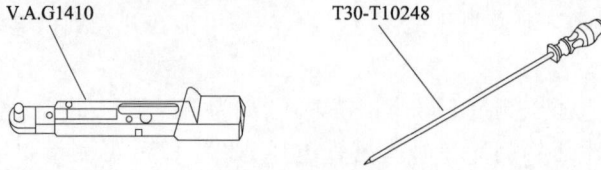

图 3-20　迈腾前照灯拆卸专用工具

拆卸步骤：

（1）关闭点火开关和所有用电器，并脱开位于 0（预锁止位置）位中的点火钥匙。

（2）解锁并脱开前照灯背面的插头连接，如图 3-21 箭头所示。

（3）拆卸前保险杠盖板。

（4）旋出前照灯下部和内部的两个紧固螺栓，如图 3-22 箭头所示。

图 3-21　拔下插头图

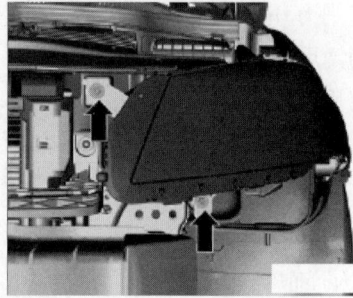

图 3-22　拆下紧固螺栓

（5）旋出上部紧固螺钉 2，如图 3-23 所示。

（6）用十字螺丝刀 T30-T10248 通过车身上的开口旋出后部的紧固螺钉 1，如图 3-23 所示。

（7）向前从车身开口处取出前照灯。

2）前照灯灯泡的更换

（1）更换近光灯泡。

①沿箭头方向旋转盖罩并取下，如图 3-24 所示。

图 3-23　拆下紧固螺钉

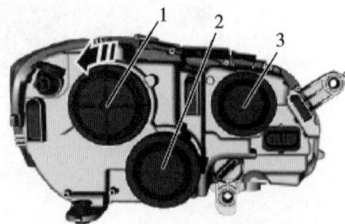

图 3-24　前照灯总成

②固定卡1用于卡住反光罩中的近光灯灯泡2,拆卸近光灯灯泡时,先不要拔下插头连接插头3,沿箭头方向按压连接插头3,直至感觉灯泡松开为止,如图3-25所示。

③根据已连接的导线长度,向后从反光罩中拔出连接插头3与近光灯灯泡2,如图3-25所示。

④沿箭头方向笔直的从灯座1中拉出近光灯灯泡2,如图3-26所示。

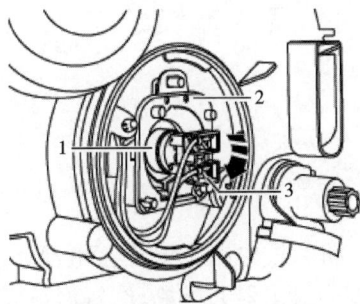

图3-25　前照灯总成后盖　　　　　图3-26　近光灯或远光灯灯泡

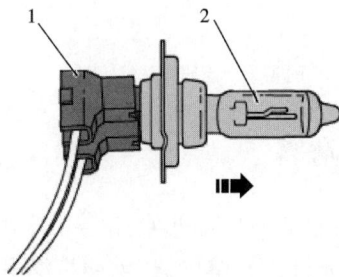

（2）更换远光灯灯泡。

①拔下盖罩3,如图3-24所示。

②沿箭头方向按压连接插头3,直至感觉灯泡松开为止,如图3-25所示。

③根据已连接的导线长度,向后从反光罩中拔出连接插头3与远光灯灯泡2,如图3-27所示。

④沿箭头方向笔直的从灯座1中拉出近光灯灯泡2,如图3-26所示。

（3）近远光灯泡的安装注意事项。

近远光灯的安装采用拆卸倒序进行,安装时必须注意下列事项:

①在安装盖罩时应注意安装位置是否正确。

②要防止水分进入前照灯,如果有水渗入前照灯,会导致损坏。

③在安装灯泡时不要接触灯泡玻璃。手指会在灯泡玻璃壳体上留下油脂痕迹,在打开灯时油脂蒸发,并使灯泡玻璃壳体变得模糊不清。

④检测前照灯安装位置的间隙尺寸是否均匀。如果前照灯与车身间的间隙尺寸不均匀,必须进行下述调节（扭力扳手V. A. G1410）:

a. 关闭点火开关和所有用电器,并脱开位于0(预锁止位置)位中的点火钥匙。

b. 拧松前照灯下部和内部的两个紧固螺栓,如图3-22箭头所示。

c. 拧松上部紧固螺钉2,如图3-23所示。

d. 用十字螺丝刀T30-T10248通过车身上的开口拧松后部的紧固螺钉1,如图3-23所示。

e. 通过旋入和旋出调节套来调节前照灯是否与车身齐平,如图3-28箭头所示。

f. 重新检查前照灯的安装位置的间隙尺寸是否均匀,必要时重新校正。

g. 安装前保险杠盖板。

h. 检测前照灯的功能。

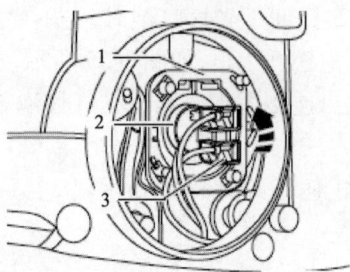

图 3-27　前照灯总成后盖　　　　　　　图 3-28　调节套

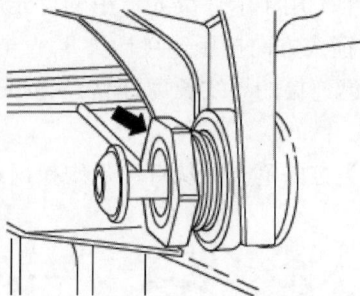

任务小结

（1）普通前照灯电路即非 CAN – BUS 电控电路。该电路主要由蓄电池、灯光组合开关（灯光开关、变光开关）、继电器（前照灯继电器、变光继电器）、熔断丝、灯泡组成。

（2）电控前照灯控制过程是通过车灯开关发出的远/近光信号输送到车身控制模块，车身控制模块经过接受、处理，把开/关灯信号通过 CAN 总线控制远近光灯点亮。

（3）无论是灯泡、线路故障还是控制单元故障，都有可能造成前照灯不亮、灯光昏暗等故障现象，造成前照灯不能正常工作。

（4）当迈腾汽车前照灯出现故障时，主要检测的内容有：

①M29、开关及其相关线路检测。

②J519 供电及其相关线路检测。

③J519 局部故障检测。

④搭铁线路检测。

（5）迈腾前照灯拆卸与安装，远近灯光灯泡的更换。

子任务2　前照灯检测与调整

任务描述

一辆 2008 年 8 月产迈腾 2.0T 轿车，车辆年检时前照灯亮度不合格，左侧前照灯为 8600cd，右前照灯为 25000cd。

造成灯光昏暗的原因往往有蓄电池电量不足，反射镜、配光镜表面脏污或灯丝功率偏低或搭铁线搭铁不良。请你对上述故障现象进行进一步检测分析。

学习目标

（1）能够熟悉汽车的评价指标，前照灯检测仪的结构和工作原理；

（2）掌握前照灯的检测方法；

(3)正确使用前照灯检测仪器设备,并用检测仪进行发光强度和光束位置的检测;

(4)根据检测结果进行分析,并能做必要的修复或调整;

(5)具备信息查询和手册使用的基本能力;

(6)能够按照企业5S要求和安全生产规范进行操作;

(7)能与同学密切合作,规范安全地完成学习活动;

(8)养成自主学习的习惯,培养规范操作的工作作风及环保意识。

建议学时:3 学时。

📖 知识准备

汽车前照灯必须有足够的发光强度和正确的照射方向。由于在行车过程中,汽车受到振动,可能引起前照灯部件的安装位置发生变动,从而改变光束的正确照射方向,同时灯泡在使用过程中会逐步老化,反射镜也会受到污染而使其聚光的性能变差,导致前照灯的亮度不足。这些变化都会使驾驶人对前方道路情况辨认不清,或在与对面来车交会时造成对方驾驶人炫目等,从而导致事故的发生。

一、汽车前照灯的检测术语

1.发光强度

发光强度是光源在一定方向范围内发出的可见光辐射强弱的物理量。单位:坎德拉(cd)。

2.照度

照度是物体单位面积上所得到的光通量,它表示不发光物体被光源照明的程度,为受光面明亮度的物理量。

二、前照灯光束照射技术要求

(1)机动车在检验前照灯的近光光束照射位置时,前照灯在距离屏幕10m处,光束明暗截止线转角或中点的高度应为$0.6H \sim 0.8H$(H 为前照灯基准中心高度),其水平方向位置向左向右偏差均不得超过100mm。

(2)四灯制前照灯其远光单光束要求在屏幕上光束中心离地高为$0.85H \sim 0.90H$,水平位置要求左灯向左偏不得大于100mm,向右偏不得大于170mm;右灯向左或向右偏均不得大于170mm。

(3)机动车装用远光和近光双光束灯时以调整近光光束为主,对于只能调整远光单光束的灯,调整远光单光束。

(4)机动车每只前照灯的远光光束发光强度应达到国家相关标准的要求,测试时,其电源系统应处于充电状态。

三、前照灯检测仪检测原理

前照灯检测仪,一般是采用具有把吸收的光能变成电流的光电池元件,按照前照灯主光轴照射光电池产生电流的比例,来测量前照灯的发光强度和光轴偏斜量的。

目前前照灯检测仪的类型有聚光式、屏幕式、自动追踪光轴式、投影式四种。

1. 投影式前照灯检测仪结构与工作原理

仪器主体由车架和受光箱两部分构成。受光箱用以接收被检前照灯的光束并进行检测。受光箱安装在车架上,可沿立柱由电动机驱动(或摇动手轮)上下移动,并可在地面上沿轨道左右移动,外形结构如图 3-29 所示。

图 3-29　灯光仪整体结构

由被检前照灯发出的光束经聚光镜会聚后,由反射镜反射到屏幕上。屏幕呈半透明状态,在屏幕上可看到光束的光分布图形。该图形近似于在 10m 屏幕上观察的光分部特性。屏幕上对称分布 5 个光检测器,如图 3-30 所示。NO.1 及 NO.2 用以检测垂直方向的光分布,其输出电流经转换成电压后,连接到垂直方向的指示表上。通过旋转上下刻度盘,使反光镜移动,从而使 NO.1 及 NO.2 输出信号相等,上下指示表指示为零。此时上下刻度盘指示出光轴偏移量的数值。NO.3 及 NO.4 用以检测左右方向的光分布情况,其原理同上。由左右刻度盘指示出光轴偏移量。NO.5 用以检测发光强度,其输出放大后由发光强度指示表指示发光强度数值。

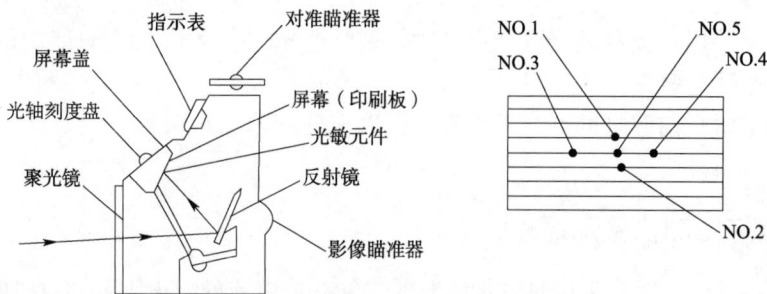

图 3-30　光接受箱内部结构图和硅光电池板

2. 自动跟踪光轴式前照灯结构与工作原理（单测远光）

仪器外形如图 3-31 所示。仪器主要由驱动机构及光接收箱构成。底箱内装左右方向驱动系统及垂直方向牵引系统,以驱动仪器整机作左右方向运动及牵引光接收箱作垂直方向运动。仪器可沿导轨左右移动整个设备。

在光接收箱内部有一透镜组件（图 3-32）。在光接受箱的正面装有上下左右 4 个光电池,用作光轴追踪。其原理,当上下光电池受到的光照度不同时,产生的偏差信号驱动上下传动部件中的电动机,牵引光接受箱向光照平衡的位置移动。同样,左右光电池的偏差信号驱动左右传动部件中的电动机,使仪器向左向右移动,直到光轴位置偏差信号为零时,灯光仪停止移动,灯光的光轴处于光接受箱的中心上。同时在透镜后面的四象限光电池受到前照灯光束经透镜聚光后,照射在这一光电池组的中央时,四光电池产生的偏差信号为零(上下表和左右表指示为零)。如果在仪器定位于主光轴位置时,通过聚光透镜的光束偏离中心位置,必然产生偏差信号。左右偏移的偏差信号驱动电动机,使透镜移动,以减

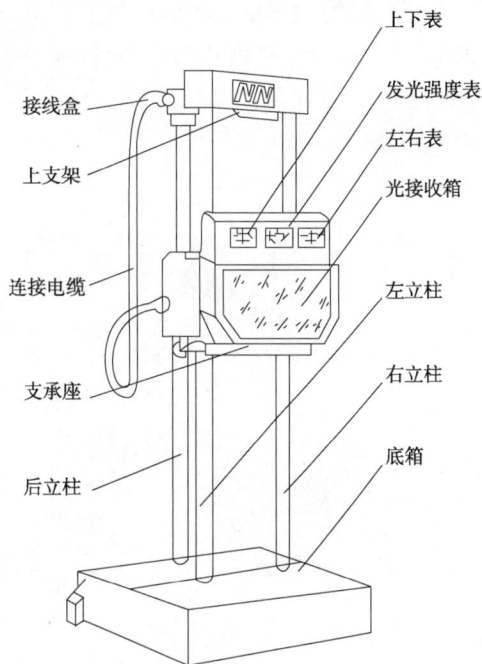

图 3-31　全自动前照灯检测仪外形结构

少这一偏差,亦即使得汇聚的光束向光电池组中心逼近。同样,上下偏移偏差信号则驱动透镜在垂直方向上作调整,以使光点能在垂直方向逼近光电池组的中心。透镜在两个方向的位移量由分别安装在两个方向的位移传感器经电路放大处理后,分别将偏移量显示在左右指示表上和上下指示表上并输出。发光强度在四象限光电池中心聚焦后由四象限光电池组与光照强度产生正比的电信号,经叠加后,再经过放大电路放大后送到发光强度指示表上指示并输出。

3. 采用 CCD 图像传感器的全自动前照灯远近光检测仪简介

常见的检测设备是在全自动远光检测仪基础上结合 CCD 图像传感器和先进的图像处理技术发展而来的。

NHD-6101 和 FD-103 型检测仪在透镜的前后安装有两个 CCD 摄像机,分别负责光轴的跟踪和前照灯配光性能和照射方向的分析,QD-1003 检测仪在透镜后安装有一个 CCD 摄像机用于前照灯配光性能和照射方向的分析,而光轴的跟踪仍沿用以前的光电池方法。有的检测仪的立柱上装有扫描光电管阵列,其作用是扫描汽车前照灯的大概位置,以便光接收箱快速定位。

1）前照灯光轴的定位原理

根据机动车前照灯远光或近光的配光特性、CCD 测量技术特点和聚光透镜的聚光特性,可以对进入仪器光接收箱未进行聚光的机动车前照灯远光光束进行拍摄,利用高性能计算

机和先进的图像处理技术对整个光斑进行量化分析处理,找出前照灯的光轴中心,通过控制系统控制驱动电动机,使光接收箱的光学中心和前照灯的远光(或近光)光束中心准确重合。当光接收箱的光学中心和前照灯的远光光束中心准确重合时[图 3-33a)],上下、左右电动机不动,仪器处于平衡状态;当光接收箱的光学中心和前照灯的远光光束中心不重合时[图 3-33b)],计算计会发出指令,使上下、左右电动机走动,直到光接收箱的光学中心和前照灯的远光光束中心准确重合。

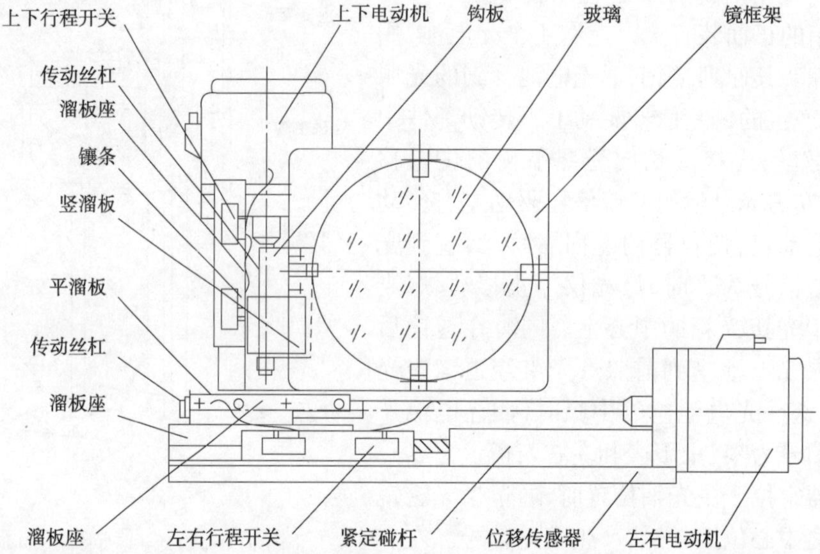

图 3-32　全自动前照灯检测仪的透镜组件

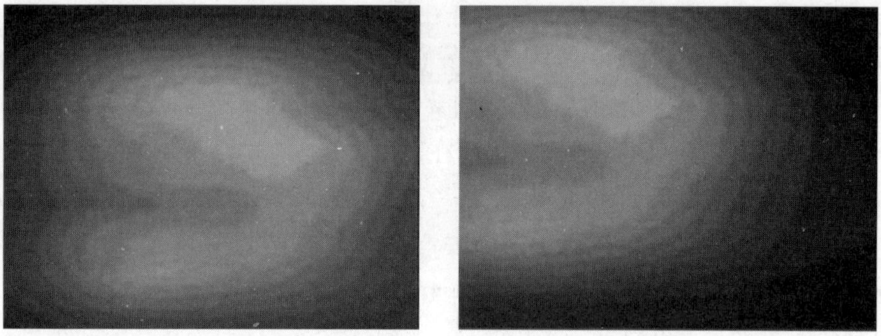

a)　　　　　　　　　　　　b)

图 3-33　远光光心未进行聚光时的灰度图像

2)偏角和发光强度的测量

对准光轴后,利用 CCD 对进入仪器光接收箱经过聚光镜聚光后,聚集在焦平面屏幕上的机动车前照灯远光光斑进行拍摄,利用高性能计算机和先进的图像处理技术对整个焦平面光斑进行量化分析处理,找出其光束中心,不同的偏角的光束其光学中心成像在焦平面上的位置也不同,不同发光强度的点,其在图像上的灰度也不同,发光强度越强的点,光斑越白,发光强度越小的点,光斑越暗。FD-103 型前照灯仪检测仪这样就可以测出机动车前照灯远光灯的角度和发光强度。当机动车前照灯远光的偏角为 0°时,远光(或近光)灯光束经过聚光透镜聚光后,其成像在焦平面光学中心也在焦平面的中心,其成像在焦平面的光分布图如图3-34a)所示。当机动车前照灯远光的偏角不为0°时,远光灯光束经过聚光透镜聚光后,其成像在焦平面光学中心也不在焦平面的中心,其成像在焦平面的光分布图如图3-34b)所示。

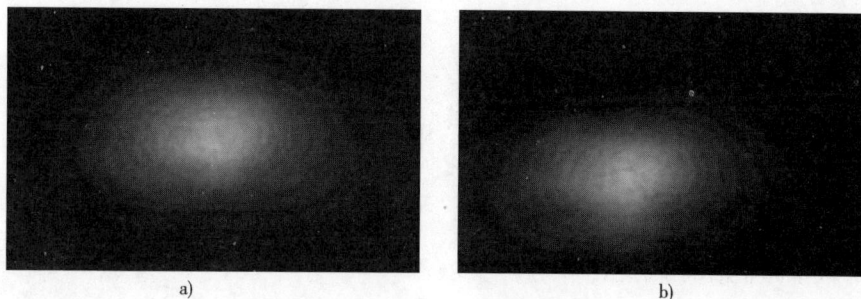

图3-34　聚光后焦平面的光分布图

汽车前照灯的近光为非对称式,即光形分布有一条明显的明暗截止线。非对称式配光有两种:一种是在配光屏幕上,明暗截止线的水平部分在 V-V 线的左半边,右半边为水平线向上成15°的斜线,如图3-35a)所示。另一种是明暗截止线右半边为水平线向上成45°斜线至垂直距离 25cm 转向水平的折线,由于明暗截止线呈 Z 形,亦称 Z 形配光,如图3-35b)所示。

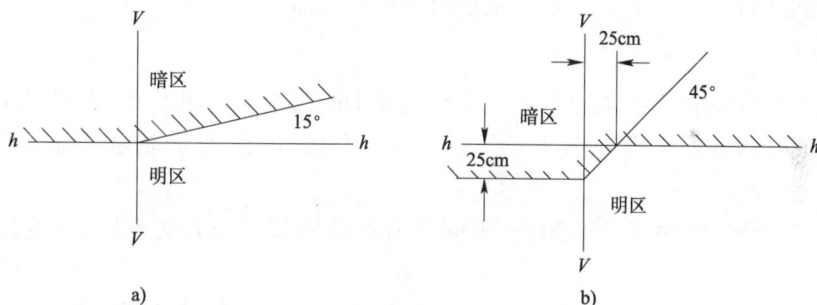

图3-35　非对称式配光示意图

四、前照灯检测标准

前照灯远光光束发光强度检测标准,见表3-1。

前照灯远光光束发光强度检测标准(单位:cd)　　　　　表3-1

机动车类型	检查项目			
	新注册车		在用车	
	两灯制	四灯制	两灯制	四灯制
最高设计时速小于70km/h的汽车	10000	8000	8000	6000
其他汽车	18000	15000	15000	12000

注:四灯制是指前照灯具有四个远光光束;采用四灯制的机动车其中两只对称的灯达到两灯制的要求时视为合格。

操作指引

1. 组织方式

(1)场地设施:举升机1台。

(2)设备设施:自动挡迈腾轿车1辆。

(3)工量具:迈腾轿车灯光调节工具1套、前照灯检测仪等。

(4)耗材:干净抹布。

2. 操作要点

(1)穿戴干净整洁的工作服。

(2)遵守场地安全规定,注意用电安全。

(3)正确使用调节工具、前照灯检测仪等工具。

任务实施

1. 检测前仪器及车辆准备

(1)测试仪受光面应清洁,轨道内无杂物。

(2)车辆轮胎气压符合标准规定,前照灯玻璃应清洁。

2. 检测程序

(1)车辆正直居中行驶,在前照灯离检测灯箱1m(或根据说明书要求的距离)处停车。

(2)车辆发动机处于怠速状态,置变速器于空挡,电源处于充电状态,开启前照灯远光。

(3)启动前照灯检测仪开始测量,不同型号的检测仪操作方法不同,请按说明书要求操作。

(4)在并列的前照灯(四灯制)进行检测时,应将与受检灯相邻的灯遮蔽。

(5)检测完毕,前照灯检测仪归位,车辆驶离。

3. 检测注意事项

(1)停车位置要准确,车身纵向中心线要垂直于前照灯受光面,否则主要会影响光束左右偏测量的准确性。

(2)初检与复检时尽量由同一检验员引车操作,驾驶人体重的变化会对光束上下偏测量的准确性和重复性造成影响,尤其对微型车影响较大。

(3)前照灯检测仪正在移动或将要移动时,严禁车辆通过。

(4)检测完毕后车辆要及时驶离,车身不得长时间挡住轨道。

4. 迈腾轿车前照灯检测与结果分析

1)所需专用工具和维修设备

前照灯调节装置 VAS 5046A(图3-36);前照灯调节装置 VAS 5047A;前照灯调节装置 VAS 5208A;前照灯调节装置 VAS 5209A。

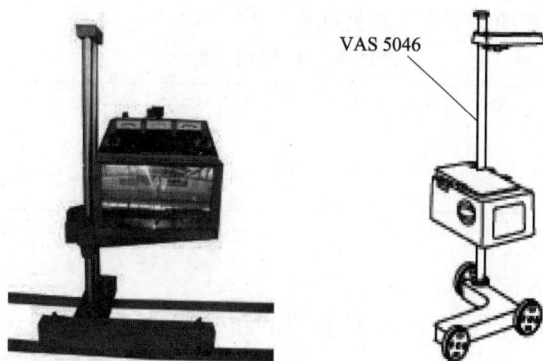

图 3-36　前照灯调节装置

2）检测与调整过程

（1）检测及调整条件。

①轮胎充气压力正常。

②不得损坏或弄脏散光玻璃。

③反光罩和灯泡正常。

④负荷必须按加载要求，车辆必须滑行几米，或者前后部多次弹跳，以使弹簧下沉。

⑤车辆和前照灯调节装置必须处于同一水平面上。

⑥前照灯调节装置必须已校正。

⑦必须设置倾斜尺寸。

附注说明：在前照灯调节装置上部的饰板上刻有倾斜度的"百分数"，必须根据这些说明调整前照灯，百分数以 10m 投影距离为基准。例如倾斜度为 1.0% 时相应的投影距离是 10cm。

（2）对于带有手动调节的卤素前照灯检测及调整条件。

①前照灯照明距离调节轮必须位于位置 0（图 3-37）。

检测时此开关应放到D挡

图 3-37　前照灯距离调节轮位置

②负荷要求——驾驶人座椅上有一个人或载重 75kg，车辆不得承载其他物品（空载）。

③空载——是指加满燃油（至少 90%）准备运行的汽车的质量，包括所有在运行中附带的装备部件（例如备用车轮、工具、汽车千斤顶、灭火器等）的质量。

④如果加注的燃油未达到至少 90% 的标准，必须如下加载负荷：在燃油表上读出油箱的

油位,借助表3-2得出附加质量,然后将负载放入行李舱。

燃油表油位附加质量   表3-2

燃油表油位	燃油表油位附加质量(单位:kg)	燃油表油位	燃油表油位附加质量(单位:kg)
1/4	30	3/4	10
1/2	20	全满	0

举例:如果将油箱加至一半,则必须在行李舱中放20kg的附加质量。最好用注水的油桶作为附加质量(加水5L的油桶质量约为5kg)。

(3)检查前照灯调节情况(用无15°调整线的新检查屏)。

①前照灯近光配光特性的观察。在仪器屏幕上显示的光斑,近似于10m屏幕上的光分布特性,请按下述步骤进行观察:

a.开启前照灯(近光),把仪器移动到被检前照灯前方、使灯光照射在仪器正面聚光镜上。

b.打开仪器后盖上影像瞄准器的盖子,从盖子的反射镜上可观察到被检前照灯影像落在影像瞄准器的正中央,这时表示仪器已对准了被检前照灯。

c.把光轴刻度盘(左右及上下)均转到1°位置(图3-38),开启前照灯近光,其光分布特性即透过仪器的屏幕呈现出来。

图3-38　把光轴刻度盘转到1°位置

②检查下列内容。

前照灯(图3-39):

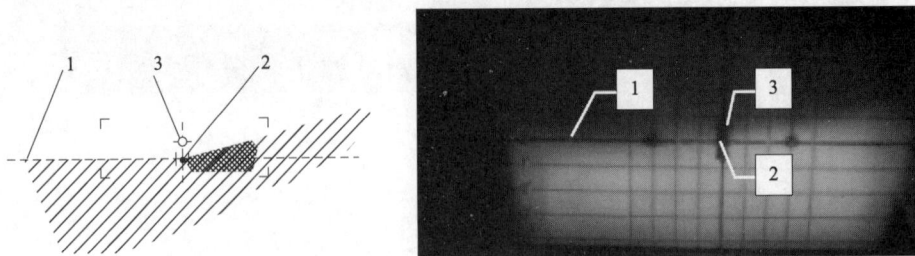

图3-39　前照灯检查
1-分隔线;2-转折点;3-中心标记

a.在近光灯接通时水平的明暗界线是否与检查面的分隔线1重合。

b.明暗界线的左侧水平部分与右侧增高部分之间的转折点2是否在垂直线上穿过中心标记3。光束明亮的核心部分必须在垂直线的右侧。

说明：

a.为较容易地测定转折点 2,反复遮挡住并放开前照灯左侧(从行驶方向看)的光线。紧接着再次检查近光灯。

b.根据规定调整了近光灯后远光灯的光束中心必须在中心标记 3 上。

c.用新的检查屏进行的调整同样适用于原有 15°调整线的检查屏。为避免出现错误调整,不允许再参照 15°调整线。

(4)检测结果分析。

①发光强度偏低,可能的原因有:

a.灯泡老化。

b.车辆用电设备负荷过大。

c.发电机技术性能故障,输出电压过低。

d.前照灯壳体脏污、老化等使光穿透能力变差。

e.灯泡插头或插座松动锈蚀等原因引起的电阻变大,导致实际工作电压变小而灯光不足。

f.导线、开关故障等。

②发光强度过大,可能的原因有:

a.使用了大功率的灯泡。

b.发电机技术性能故障,输出电压过高。

c.导线、开关等故障导致其工作电压过高。

③光线偏差过大,可能的原因有:

a.灯泡光线调整不当,按照维修手册和技术要求重新调整。

b.灯泡松脱或者固定不牢靠。

c.前照灯壳体安装固定不正确,使光线偏差过大。

d.前照灯框架或者汽车车身变形。

e.汽车悬架、轮胎、装载等故障使车辆发生偏斜。

5.前照灯调节

1)前照灯照明距离调节装置进行基本设置

(1)连接车辆诊断测试仪(图 3-40)。

(2)打开点火开关。

(3)选择"引导型功能"。

(4)进行车辆识别。

(5)选择随动转向灯和前照灯照明距离调节装置的控制单元 J745。

(6)选定"进行基本设置"并点击继续键▶确认。

(7)读取故障,如果故障记录为"0",则选择"完成"。

(8)注意显示的提示,然后选择"完成"。

(9)打开近光灯并点击"完成"确认。

2)调节右前照灯

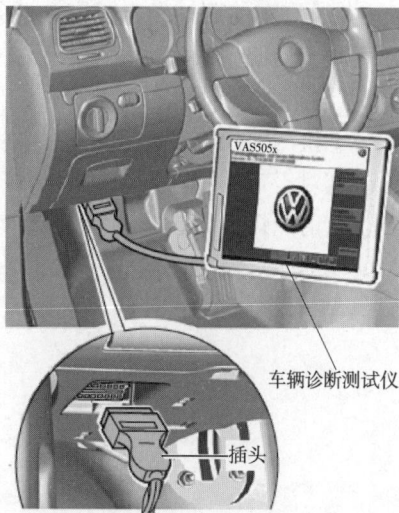

车辆诊断测试仪

插头

图 3-40　连接车辆诊断测试仪

（1）转动高度调节螺栓2，直至调整正确，如图3-41所示。

（2）转动侧面调节螺栓1，直至调整正确，如图3-41所示。

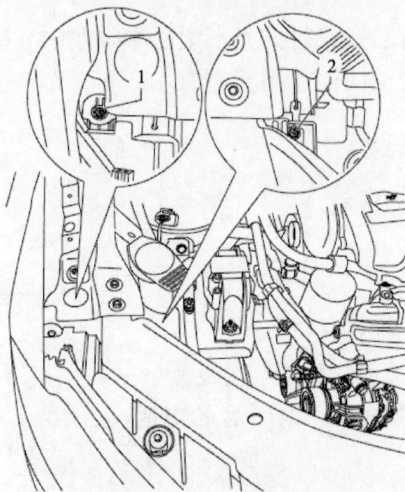

图3-41　调节右前照灯

1-侧面调节螺栓；2-高度调节螺栓

在车辆诊断测试仪中点击"完成"确认。匹配调节位置并清除故障存储器。

（3）点击"跳转"，"结束"推出"引导型功能"。

左前照灯的调节以相同顺序进行。左前照灯的调节螺栓与右侧呈对称分布。

任务小结

（1）汽车前照灯必须有足够的发光强度和正确的照射方向。发光强度和光束照射方向都要符合国家相关标准，否则会对安全行车带来严重隐患。

（2）汽车前照灯发光强度和照射方向由前照灯检测仪进行检测，主要检测前照灯的发光强度和光轴偏斜量。

（3）前照灯检测主要工作有：

①检测前仪器及车辆准备。

②对于带有手动调节的前照灯检测及调整条件。

③前照灯检测与检测结果分析。

④前照灯调节。

学习任务四　汽车转弯灯故障诊断与修复

任务描述

李先生驾驶一辆迈腾轿车正常行驶,仪表中转向指示灯亮起,显示左前转向灯故障。李先生急忙停车检查,打开左转向灯,果然前左转向灯不亮了。因为没到目的地,没办法只有继续往前行驶,在行驶过程中不断地试打开左转向灯,过了大约10min,指示灯熄灭,停车检查左前转向灯居然又亮了,恢复正常。一会又开始重复报警了,一会又正常了,这样不断重复着。请你利用所学知识和技能对转向信号灯线路和元件进行检测分析。

学习目标

(1)认识汽车信号系统组成、结构与功用;
(2)能够正确识读信号灯电路图;
(3)能够正确诊断与排除信号系统;
(4)会运用所学知识和经验,为客户提供汽车灯光系统日常维护的建议;
(5)具备信息查询和手册使用的基本能力;
(6)能够按照企业5S要求和安全生产规范进行操作;
(7)能与同学密切合作,规范安全地完成学习活动;
(8)养成自主学习的习惯,培养规范操作的工作作风及环保意识。
建议学时:6 学时。

知识准备

一、灯光信号

(1)转向信号灯:用于汽车转弯、变道时向周边机动车、非机动车和行人发出信号。
(2)危险报警灯:由转向信号灯提供危险或紧急信号。按下危险报警开关,所有转向信号灯同时闪烁。
(3)位灯,又称小灯、示廓灯等。前位灯示意车辆轮廓和存在,后位灯向后面的车辆或行人提供位置信息。
(4)制动灯:装在汽车后部,当汽车制动或减速时向后部车辆发出信号。

(5)倒车灯:用于夜间照明后面的路面情况及警示车辆和行人。

二、转向灯及危险警报灯电路

转向信号灯简称转向灯,在汽车起步、超车、掉头和停车时,左侧或右侧的转向信号灯会发出明暗交替的闪光信号,以示汽车改变行驶方向。汽车的转向信号灯大都采用橙色,转向信号灯的闪光频率应控制在 50~110 次/min 范围内,一般为 60~95 次/min。转向信号灯每侧至少两个(前、后转向信号灯),有的还有侧转向信号灯。转向信号灯由转向开关控制。

转向信号灯电路主要由转向信号灯、闪光器、转向灯开关等组成。转向信号灯的闪烁是由闪光器控制的。

许多汽车转向信号灯和示宽灯装在一起,采用双灯丝结构。功率高的是转向信号灯,以保证在示宽灯亮时,转向信号灯的闪烁仍然可以明显分辨。

1. 转向灯开关

转向灯开关控制装置,包括转向灯挡位切换机构、电控信号采集机构和转向灯制动复位机构。灯光组合开关由灯光控制开关、变光开关、雾灯开关、转向灯开关组成,如图 4-1 所示。

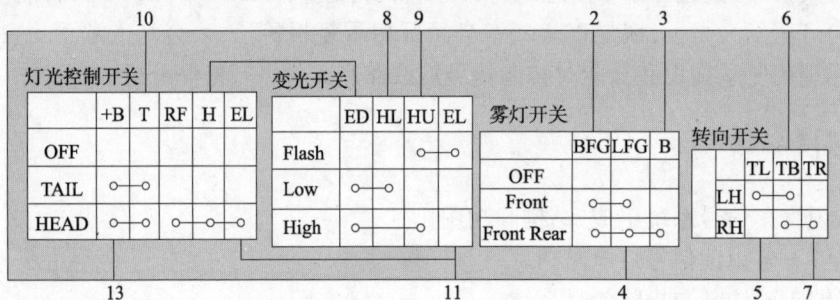

图 4-1　灯光组合开关

2. 闪光器

常见闪光器有三类:电容式、翼片式和晶体管式,如图 4-2 所示。

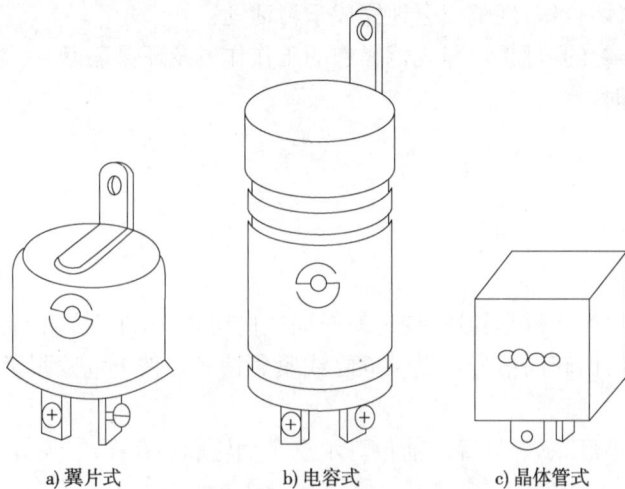

a) 翼片式　　　　b) 电容式　　　　c) 晶体管式

图 4-2　闪光器

1）电容式闪光器

电容式闪光器主要由继电器和电容组成，如图4-3所示。在继电器的铁芯上绕有串联线圈3和并联线圈4，利用电容器充放电时电流方向相反和延时的特性，控制继电器串联线圈3和并联线圈4所产生的电磁力的大小和方向，进而控制动断触点2的开闭状态，使转向信号灯因通过电流大小交替变化而闪烁。

工作原理：接通转向灯开关（左或右）后，串联线圈经触点、转向信号灯构成回路，且电流较大，产生较强磁场，吸动衔铁，使触点张开。此过程中，串联线圈通电时间极短，转向信号灯不亮。触点张开后电容器经串联线圈、并联线圈、转向灯开关、转向灯及转向指示灯构成充电回路，由于充电电流很小，此时转向灯与转向指示灯不亮。触点在串并联线圈的合成磁场（方向相同）作用下，仍保持张开状态。电容器充足电后，并联线圈电流消失，铁芯吸力减小，触点在复位弹簧作用下闭合，转向灯与转向指示灯亮；

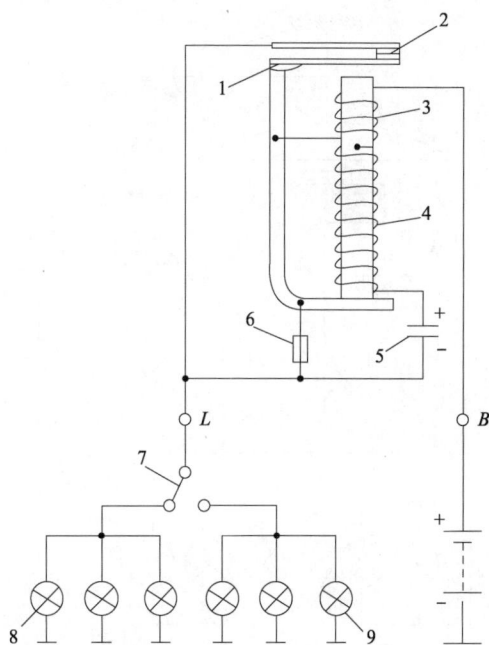

图4-3　电容式闪光器

1-弹簧片；2-动断触点；3-串联线圈；4-并联线圈；5-电容器；6-灭弧电阻；7-转向灯开关；8-转向信号灯；9-转向指示灯

同时，电容器经并联线圈及触点放电，由于串联线圈与并联线圈磁场方向相反，铁芯吸力极小，触点保持闭合状态。当电容器放电结束后，并联线圈电流消失，在串联线圈磁场作用下，触点再次张开，转向灯与转向指示灯变暗，电容器再次充电。如此周而复始，转向灯与转向指示灯不停地以此频率闪烁。

电容式闪光器具有监控功能，当一侧转向灯有一只或一只以上转向灯泡烧断或接触不良时，闪光器就使该侧转向灯接通时只亮不闪，以示该侧转向灯电路异常。

2）翼片式闪光器

翼片式闪光器是通过其热胀条通、断电时的热胀冷缩，使翼片产生变形动作控制触点开闭，使转向信号灯闪烁。翼片式闪光器又分为直热式和旁热式两种。

（1）直热翼片式闪光器。直热翼片式闪光器主要由翼片、热胀条、触点等组成，如图4-4所示。工作时，弹性翼片在热胀条（热膨胀系数较大的金属板条）的拉力下呈弓形，触点处于闭合状态。接通转向灯开关（左或右）后，转向灯与转向指示灯电路接通，灯亮。电路为：蓄电池正极→翼片→热胀条→触点→转向灯开关→转向灯及转向指示灯→搭铁→蓄电池负极。由于电流流经热胀条，热胀条伸长。翼片在自身弹力作用下伸直，活动触点随热胀条向上移动与固定触点分离，电路被切断，转向灯与转向指示灯熄灭。热胀条中电流消失后，冷却收缩，带动翼片再次呈弓形，活动触点下移与固定触点再次闭合，电路接通，转向灯与转向指示灯又亮。如此反复变化，产生了闪烁的转向信号，同时发出"啪嗒""啪嗒"响声。

（2）旁热翼片式闪光器。旁热翼片式闪光器与直热翼片式闪光器主要不同点在于热胀条上绕有电热丝，如图4-5所示。电热丝下端与热胀条相接，上端与静触点相连，匝间与热

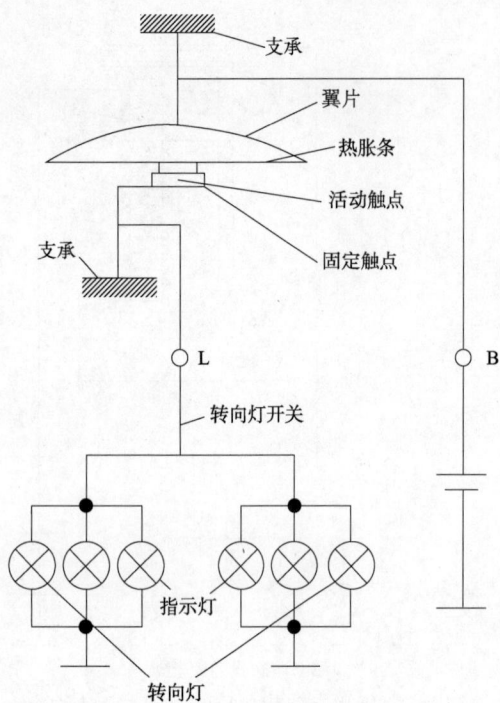

图 4-4　直热翼片式闪光器

胀条绝缘。工作时,翼片受热胀条拉力作用呈弓形,触点张开。转向灯开关闭合后,电热丝通电加热热胀条,使其膨胀伸长,翼片在自身弹力作用下伸直,使触点闭合,转向灯与转向指示灯亮。电热丝被触点短路,热胀条冷却收缩,翼片被拉呈弓形,触点再次张开,转向灯与转向指示灯变暗。电热丝再次通电。如此周期性动作,转向灯产生闪烁灯光信号。当电阻丝通电时,电流虽经转向信号灯构成回路,因为电流很小,转向灯不会亮。

3)晶体管闪光器

晶体管式闪光器有带继电器晶体管式闪光器(有触点)、无触点闪光器、集成电路闪光器等。

(1)带继电器的晶体管闪光器。带继电器的晶体管闪光器的工作原理如图 4-6 所示,它主要由晶体管开关电路和小型继电器组成。

当汽车打开右转向信号灯时,电流由蓄电池正极→电源开关 SW→接线柱 B→电阻 R_1→继电器的动断触点 J→接线柱 S→转向灯开关 K→右转向信号灯→搭铁→蓄电池负极,形成回路,右转向信号灯亮。当电流通过电阻 R_1 时,在电阻 R_1 上产生电压降,晶体管 VT 因正向偏压而导通,集电极电流通过继电器线圈 J,使继电器的动断触点立即打开,右转向信号灯随之熄灭。

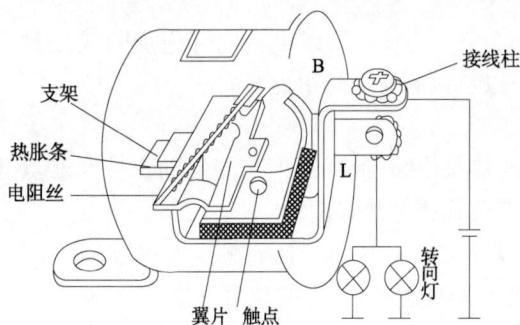

图 4-5　旁热翼片式闪光器

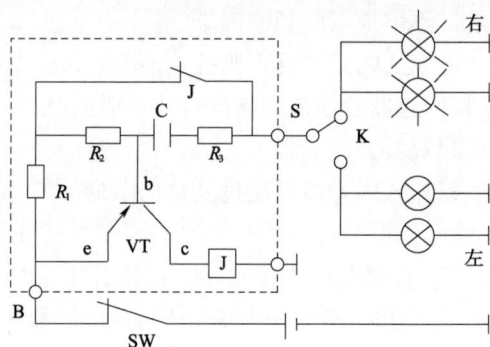

图 4-6　带继电器的晶体管闪光器

晶体管导通的同时,其基极电流向电容器 C 充电。电流由蓄电池正极→电源开关 SW→接线柱 B→晶体管的发射极 e→基极 b→电容器 C→电阻 R_3→接线柱 S→转向灯开关 K→右转向灯→搭铁→蓄电池负极,形成回路。随着电容器电荷的积累,充电电流逐渐减小,晶体管的集电极电流也随之减小,当电流减小,线圈中产生的电磁力不足以维持衔铁的吸合而释放时,继电器触点重又闭合,转向灯又再次发亮。这时电容器 C 通过电阻 R_2、继电器触点 J、电阻 R_3 放电。放电电流在 R_2 上产生的电压降为晶体管提供反向偏压,加速晶体管的截止。

当放电电流接近零时,R_1 上的电压降为晶体管 VT 提供正向偏压使其导通。这样,电容器不断地充电和放电,晶体管也就不断地导通与截止,控制继电器触点反复地打开、闭合,使转向信号灯闪烁。

（2）无触点闪光器。无触点闪光器的电路如图 4-7 所示。当转向灯开关打开时,晶体管 VT_1 的基极电流由两路提供,一路经电阻 R_2,另一路经电阻 R_1 和电容器 C,晶体管 VT_1 导通,复合晶体管 VT_2、VT_3 处于截止状态,由于 VT_1 的导通电流很小,仅 60mA 左右,故转向灯不亮。与此同时,电源对电容器 C 充电,随着电容器 C 两端电压的升高,充电电流逐渐减小,晶体管 VT_1 由导通变为截止。这时 A 点的电位升高,当其

图 4-7　无触点闪光器

电位达到 1.4V 时,晶体管 VT_2 导通,晶体管 VT_3 也随之导通,于是转向灯发亮。此时,电容器 C 经过电阻 R_1、R_2 放电,电容器放完电后,接着电源又对电容器 C 充电,晶体管 VT_1 导通,VT_2、VT_3 截止,转向灯熄灭,如此反复,使转向灯闪烁。

（3）集成电路闪光器。图 4-8 所示为上海桑塔纳汽车装用的集成电路闪光器的工作原理图。U243B 型集成块是一块低功率、高精度的汽车电子闪光器专用集成电路。U243B 的标称电压力 12V,实际工作电压范围为 9～18V,采用双列 8 脚直插塑料封装。内部电路主要由输入检测器 SR、电压检测器 D、振荡器 Z 及功率输出级 SC 四部分组成。

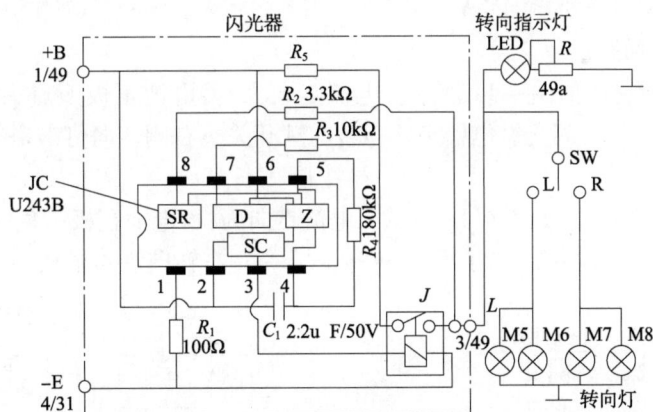

图 4-8　集成电路闪光器

输入检测器用来检测转向信号灯开关是否接通。振荡器由一个电压比较器和外接的电阻 R_4 和电容器 C_1 构成。内部电路比较器的一端提供了一个参考电压,其值由电压检测器控制,比较器的另一端则由外接的电阻 R_4 和电容器 C_1 提供一个变化的电压,从而形成电路的振荡。振荡器工作时,输出级的矩形波便控制继电器线圈的电路并使继电器触点反复打开和闭合。于是转向信号灯和转向指示灯闪烁,频率为 80 次/min。

如果一只转向灯烧坏,则流过取样电阻 R_S 的电流减小,其电压降减小,经电压检测器识别后,便控制振荡器电压比较器的参考电压,从而改变振荡频率,使转向指示灯的闪光频率

加快 1 倍,以提示驾驶人及时检修。当打开危险警报开关时,汽车的前、后、左、右转向信号灯同时闪烁作为危险警报信号。

三、转向信号灯电路分析

1. 大众汽车转向灯电路分析

图 4-9 所示为大众汽车转向灯控制电路。

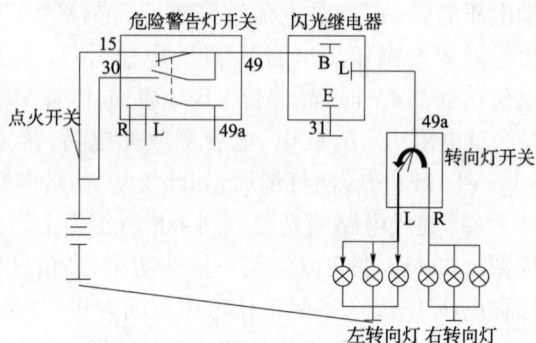

1)左转向灯回路

转向灯开关向左打,如图 4-10 所示。电流走向为:蓄电池正极→点火开关→危险警告灯开关动断触点 15、49→闪光继电器 B、L→转向灯开关→左侧转向灯→搭铁→蓄电池负极。

图 4-9　大众汽车转向灯控制电路

图 4-10　左转向控制电路

2)右侧转向灯回路

转向灯开关向右打,如图 4-11 所示。电流走向为:蓄电池正极→点火开关→危险警告灯开关动断触点 15、49→闪光继电器 B、L→转向灯开关→右侧转向灯→搭铁→蓄电池负极。

3)危险警告灯回路

按下危险警告灯开关,如图 4-12 所示。电流走向为:蓄电池正极→危险警告灯开关 30、49→闪光继电器 B、L→危险警告灯开关→49a、R、L→左右转向灯→搭铁→蓄电池负极。

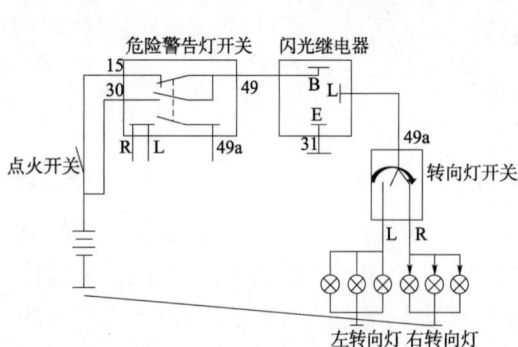

图 4-11　右转向灯控制电路

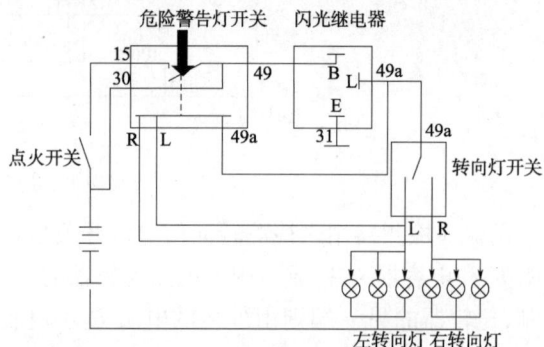

图 4-12　危险警告灯控制电路

2. 迈腾汽车转向灯电路分析

迈腾汽车转向灯工作原理如图 4-13 ~ 图 4-15 所示。

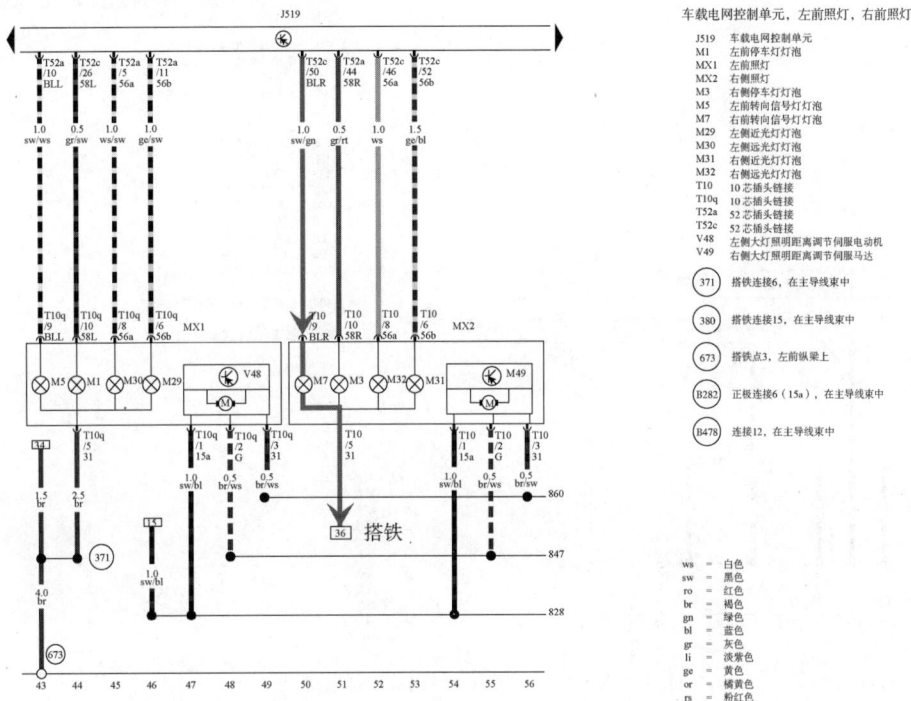

图 4-13　迈腾汽车转向灯控制电路

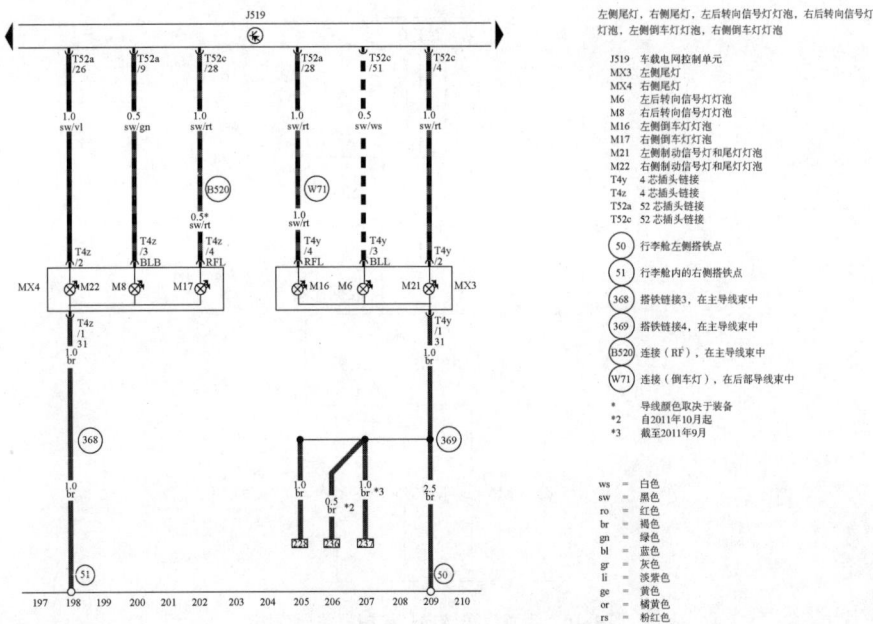

图 4-14　迈腾汽车转向灯控制电路

制动液液位警告信号触点，仪表板中的控制单元，机电式驻车制动器控制单元，仪表板

F34	制动液液位警告信号触点
H3	警报蜂鸣器和警报音
J285	仪表板中的控制单元
J540	机电式驻车制动器控制单元
K	仪表板
K1	远光灯指示灯
K2	发电机指示灯
K4	停车灯的指示灯
K13	后雾灯指示灯
K65	左侧转向信号指示灯
K94	右侧转向信号指示灯
K118	制动系统指示灯
K170	灯泡失灵指示灯
T30a	30芯插头连接
T32c	32芯插头连接

⑷₀₀ 搭铁连接35，在主导线束中

⑹₃₉ 搭铁点，在左侧A柱上

ws = 白色
sw = 黑色
ro = 红色
br = 褐色
gn = 绿色
bl = 蓝色
gr = 灰色
li = 淡紫色
ge = 黄色
or = 橘黄色
rs = 粉红色

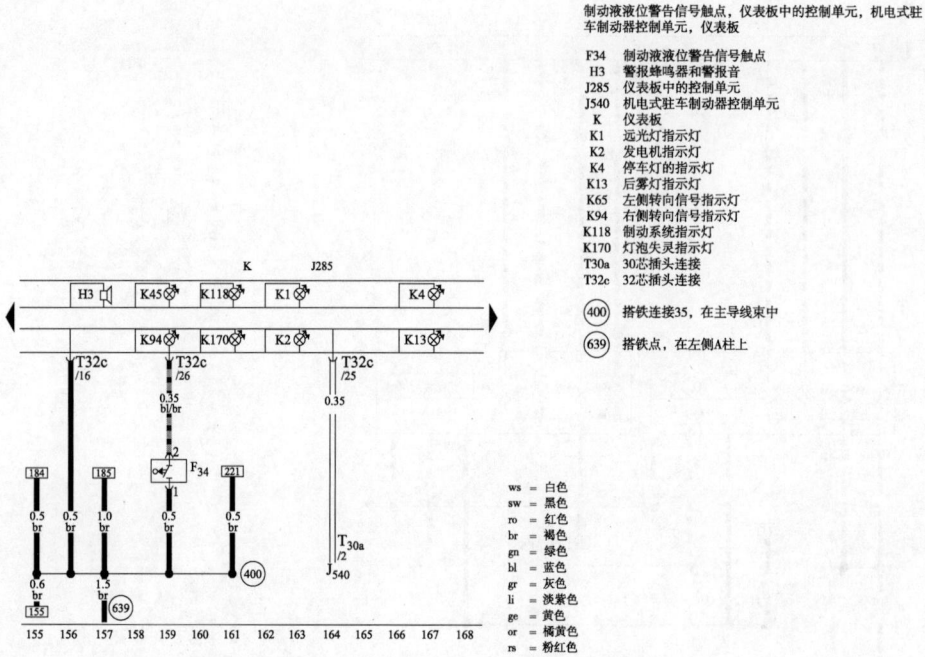

图 4-15　迈腾汽车转向灯控制电路

转向灯工作原理：

当操作转向灯开关时，J527 接收到 E2 的信号，J527 通过数据总线把信号给 J519，J519通过控制晶体管的导通、截止来控制转向灯灯泡的亮灭。控制原理图如图 4-16 所示。

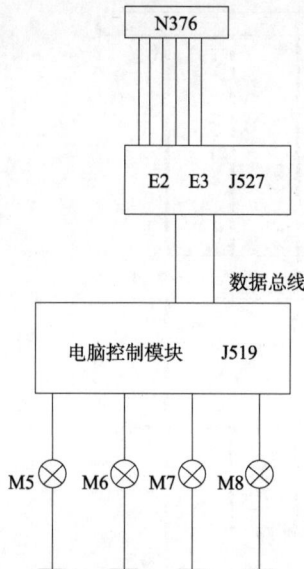

图 4-16　迈腾汽车转向灯控制电路原理图

N376-点火钥匙防拔出锁；E2-车灯开关；E3-转向信号灯开关；J519-车载电网控制单元；J527-转向柱电子装置控制单元；M5-左前转向信号灯灯泡；M6-左后转向信号灯灯泡；M7-右前转向信号灯灯泡；M8-右后转向信号灯灯泡

操作指引

1. 组织方式

(1)场地设施:举升机 1 台,装有废气抽排系统和消防设施的场地。

(2)设备设施:自动挡迈腾轿车。

(3)工量具:常用工具 1 套、诊断仪、万用表等。

(4)耗材:熔断丝、转向灯开关、转向灯、继电器等。

2. 操作要点

(1)穿戴干净整洁的工作服。

(2)遵守场地安全规定,注意用电安全。

(3)正确使用万用表、诊断仪等工量具。

(4)在检测线路时,严禁用力拉扯线束。

任务实施

1. 大众汽车转向灯线路检测

1)转向开关端子检测

电路图如图 4-9 所示。

(1)将两根与万用表连接好的诊断引线分别插在 49a 与 L 端子,将万用表打至导通挡,将左转向开关打开时应导通,关闭时应不导通。

(2)将两根与万用表连接好的诊断引线分别插在 49a 与 R 端子,将右转向开关打开时应导通,关闭时应不导通。

2)危险报警灯开关转向灯端子判断

(1)连接蓄电池负极,打开点火开关至"ON"挡,用万用表 20V 直流电压挡,测量开关 30 端子与搭铁 31 端子电压为 12.2V,则 30 端子为电源输入端子。

(2)断开蓄电池负极,危险报警灯开关处于关闭状态,将万用表转为导通挡,测量开关 15 端子与 49 端子导通,打开危险报警灯开关不导通,则 49 端子为电源输出端子。

3)转向灯开关端子判断

(1)将万用表打至导通挡,再将万用表两表针插入转向灯开关 49a 和 L 端子孔内。当打左转向时导通,关闭左转向时不导通,则 49a 为开关输入端子,L 为左转向输出端子。

(2)将万用表两表针插入转向灯开关 49a 和 R 端子孔内,当打右转向时导通,关闭右转向时不导通。则 49a 为开关输入端子,R 为右转向输出端子。

2. 大众汽车危险报警灯开关端子的判断

(1)连接蓄电池负极,打开点火开关至"ON"挡,用万用表 20V 直流电压挡,测量开关 30 端子与搭铁 31 端子电压为 12.2V,则 30 端子为电源输入端子。

(2)断开蓄电池负极,打开危险报警灯开关,将万用表转为导通挡,测量开关 30 端子与 49 端子导通,则 49 端子为电源输出端子。

（3）检测开关49a端子与R、L端子导通，则49a端子为信号输入端子，R、L端子为信号输出端子。

3. 大众汽车信号系统常见故障

1）故障现象

转向信号灯不工作。

2）故障确认

打开点火开关，接通转向信号灯开关，转向信号灯都不亮。

3）故障原因

（1）熔断器熔断、电源线路断路或灯系中有短路。

（2）闪光继电器损坏。

（3）转向信号灯开关损坏。

4）故障诊断方法

（1）检查熔断器是否熔断。若熔断，一般是灯系中有搭铁故障，可在断路的熔断器两端串上一只试灯，再把转向信号灯开关的进线拆下。

若此时熔断器上串联的试灯亮着，则为熔断器至转向信号灯开关这段中有搭铁故障，用断路法，在这段线路中找出搭铁部位。

若试灯熄灭，则接好拆下的导线，拨动转向信号灯开关，拨到一侧试灯变暗，说明此侧正常，拨到另一侧试灯亮度不变，说明该侧搭铁故障，进一步找出搭铁部位，排除故障。

（2）若上述检查中熔断器未断，一般是线路中有断路故障。但应注意，有时某边转向信号灯线路搭铁，闪光继电器烧坏，看上去像是断路故障，实际是搭铁故障。故应首先短接闪光继电器的两个接线柱，接通转向信号灯开关，此时如转向信号灯亮，为闪光继电器损坏所致，应更换。

若出现一边转向信号灯亮，而另一边不但不亮，而且当短接上述两接线柱时，出现强火花，这表明不亮的那边转向信号灯线路中某处搭铁，以致烧坏闪光继电器，必须先排除搭铁故障，再换上新的闪光继电器。

（3）若在短接闪光器两接线柱、接通转向信号灯开关时，转向信号灯仍全不亮，可接通危险报警灯开关，若转向信号灯全亮，则说明转向开关或转向开关到闪光器接线有故障。

4. 迈腾汽车转向信号灯故障诊断

电路控制原理如图4-16所示。

1）故障现象

操作E2开关，M5不亮，其他灯泡工作正常。

2）根据故障现象分析

转向控制单元已经把转向信号通过数据总线传给J519，说明转向控制单元与数据总线工作，故障可能在：

（1）M5及其相关线路故障。

（2）J519及其相关线路故障。

（3）J519局部故障。

3）诊断过程

（1）使用万用表电压挡测量 2 号脚对 3 号脚，判断灯泡侧是否有 12V 供电（通过测量 2 号脚对 3 号脚，可以判断灯泡是否存在故障，如经检测有 12V 供电，而此时灯泡不亮，则说明灯泡的供电及搭铁正常，灯泡损坏）。如果测得 2 号脚对 3 号脚没有电压，不能判断是灯泡故障，需进一步检测判断。

（2）使用万用表电压挡测量 2 号脚搭铁电压，如检测为 12V，则灯泡供电正常，故障可能是灯泡及其线路故障。继续测量 3 号脚搭铁电压如为 12V，则灯泡供电正常。最后再测 4 号脚搭铁电压如为 0V，说明 3 号脚到 4 号脚线路存在断路。

如果测量 2 号脚、3 号脚搭铁电压都为 0V，则灯泡供电异常，故障可能存在于：

①M5 及其相关线路故障。

②J519 供电及其相关线路。

③J519 局部故障。

（3）使用万用表电压挡测量 1 号脚搭铁电压，如为 12V 则说明 J519 的 1 号脚供电正常，故障可能在 1 号脚到 2 号脚之间的线路。

测量 1 号脚搭铁电压，如为 0V 则说明 J519 输出端异常，故障可能为 J519 局部故障。测量 1 号脚搭铁电压，如为 12V，说明 J519 工作正常，需进一步测量。

（4）使用万用表电压挡测量 2 号脚搭铁电压，如为 0V 则说明 1 号脚到 2 号脚断路。测量 2 号脚搭铁电压，如为 12V，再测 2 号脚对 3 号脚电压，如为 12V 则说明灯泡损坏。更换灯泡。测量 2 号脚搭铁电压，如为 12V 则说明灯泡供电正常，故障可能在灯泡及其线路。再测量 3 号脚搭铁电压，如为 12V 则说明灯泡供电正常。最后测量 4 号脚搭铁电压，如为 0V 则说明 3 号脚到 4 号脚断路。

其他信号灯故障检测与诊断，参考转向信号灯故障检测与诊断思路进行。

任务小结

（1）普通转向信号灯电路主要由转向信号灯、闪光器、转向灯开关等组成。转向信号灯的闪烁是由闪光器控制的。迈腾汽车转向信号灯通过 J527 接收转向开关信号，J527 通过数据总线把信号给 J519，J519 通过控制晶体管的导通、截止来控制转向信号灯灯泡的亮灭。

（2）常见闪光器有电容式、翼片式、晶体管式三类。翼片式和带继电器的晶体管式闪光器结构简单体积小、闪光频率稳定、监控作用明显、工作时伴有响声，使用较为广泛。

（3）转向信号灯检测主要工作有：

①转向开关端子检测。

②危险报警灯开关转向信号灯端子判断。

③危险报警灯开关端子的判断。

④迈腾汽车转向信号灯故障诊断。

学习任务五　汽车仪表系统故障诊断与修复

任务描述

一位客户反映他所驾驶的迈腾轿车,打开汽车点火开关或起动车辆时,怠速状态下组合仪表工作正常,当转速上升至3000r/min时组合仪表不工作。现在请你对客户轿车的仪表系统进行检修。

学习目标

(1)能通过查阅相关维修技术资料等方式获取汽车仪表系统的结构和功能;
(2)能进行汽车仪表的故障原因分析;
(3)能进行汽车仪表系统的检修;
(4)能进行汽车仪表系统的故障诊断;
(5)具备信息查询和维修手册使用的基本能力;
(6)能够按照企业5S要求和安全生产规范进行操作;
(7)能与同学密切合作,规范安全地完成学习活动;
(8)养成自主学习的习惯,培养规范操作的工作作风及环保意识。

建议学时:6学时。

知识准备

为适应汽车安全、节能、舒适等性能的要求,汽车电子控制装置必须能准确、迅速地处理各种复杂的信息,并通过组合仪表以数字、文字或图形的形式显示出来,向驾驶人发出汽车各种工作状态的信号和故障报警信号,而且信息还要精确、可靠。现代汽车广泛采用电子仪表,即采用计算机控制数字显示的电子仪表。

汽车仪表能使驾驶人能随时了解汽车的行驶情况和发动机的工作状况,以便正确使用汽车,提高行车安全,及时发现和排除可能出现的故障。

仪表系统是驾驶人了解汽车工作状况的"眼睛",对确保汽车行车安全、及时排除故障和避免发动机出现严重故障起着重要的作用,因此,要求各个仪表结构简单、工作可靠、显示数据清晰、准确、指示值受电源的电压波动和环境温度影响小,除此之外,仪表的抗振、耐冲击性能也要好。

一、电子仪表板的组成

一般情况下,电子仪表板包括几组由计算机控制的独立液晶显示器或指示器,分别用来显示车速、油耗、发动机转速、燃油存量、机油压力、冷却液温度、累计行驶里程及平均油耗等信息,同时还有一套指示灯系统,用来指示机油压力、冷却液温度、冷却液液面高度、蓄电池充电电压、制动蹄片磨损、灯泡故障及车门未关等异常情况,如图 5-1 所示。

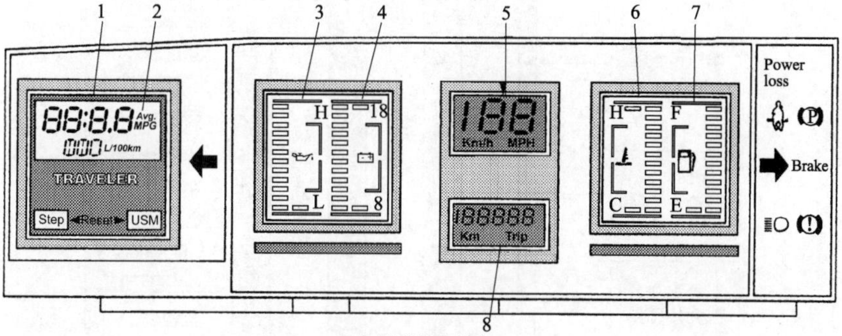

a) 电子式组合仪表

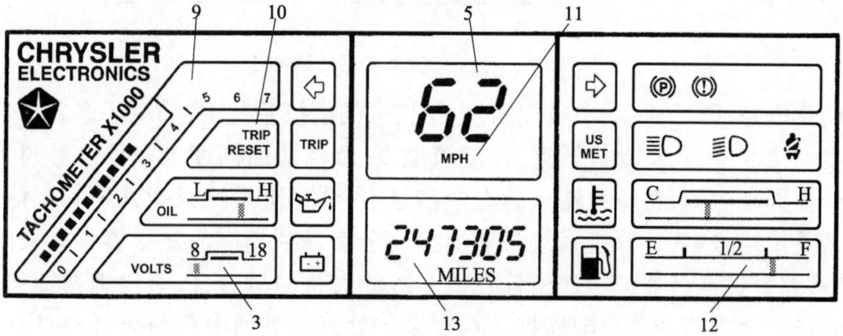

b) 数字式组合仪表

图 5-1　汽车电子仪表板

1-燃油计算机;2-每加仑平均英里数;3-发动机机油压力表;4-电压表;5-车速表;6-冷却液温度表;7、12-燃油表;8-短程里程表;9-发动机转速表;10-短程里程表归零按钮;11-每小时英里数;13-里程表

电子仪表板的显示系统一般有三种显示方式:数字显示(包括曲线图显示)、模拟显示和指示灯亮灭显示。车速表和发动机转速表常用数字显示和曲线图显示,燃油表可用数字显示,也可用模拟显示。为更准确地显示信息,计算机系统对数字显示信号每秒修正 2 次,对曲线图显示信号,每秒修正 16 次,对驾驶人信息中心显示的各种信号,每秒修正 1 次。

电子仪表板的亮度调整通常有两种方式:一种是由电子仪表中的光电池进行自动调整;另一种是像普通仪表照明一样,用灯光开关电路中的变阻器进行调整。

大多数电子仪表板都有自诊断功能,进行自诊断时,按下仪表板上的选择钮。当点火开关转到 ACC 挡或 RUN 挡时,仪表板便开始一次自检,检验时通常是整个仪表板发亮。与此同时,各显示器的每段字符段都发亮。在自检过程中,电子仪表板上用来监测各系统的 ISO 标准符号,一般都闪烁。检验完成时,所有仪表都显示当时的读数。若发现故障,便显示一个提醒驾驶人的代码。

二、电子仪表的电控系统组成

电子仪表的电控系统原理如图5-2所示。电控系统接收不同传感器的模拟信号或数字信号,通过接口电路、中央处理器、输出驱动电路,最后控制电子仪表的显示器。对于控制电子仪表的计算机,有的车型采用车身计算机来控制电子仪表,而有些车型采用单独的计算机来控制电子仪表。

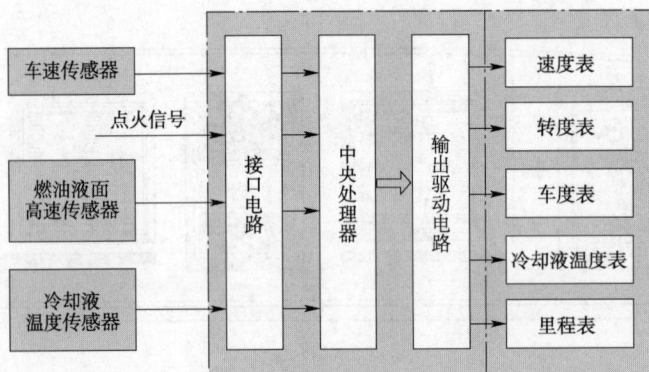

图5-2　电子仪表的电控系统原理图

为了简化电路、降低成本、节省空间,电子仪表的电控系统中,采用了多路传输技术。例如当汽车发动机起动后,发动机转速、冷却液温度、燃油液面高度等多种信号同时传输给计算机处理。在同一时刻,在所有输入的大量信号中,计算机系统只能处理一个信号;在所有需要输出的大量信号中,计算机系统只能输出一个信号到相应的显示器中。采用了多路传输技术后,多路开关选择器把传送给计算机系统的大量信号分开,有序地选择信号源,输送给计算机系统。而多路开关分配器把计算机系统处理后的所有信号分开,有序地把信号输送给相应的显示器,如图5-3所示。

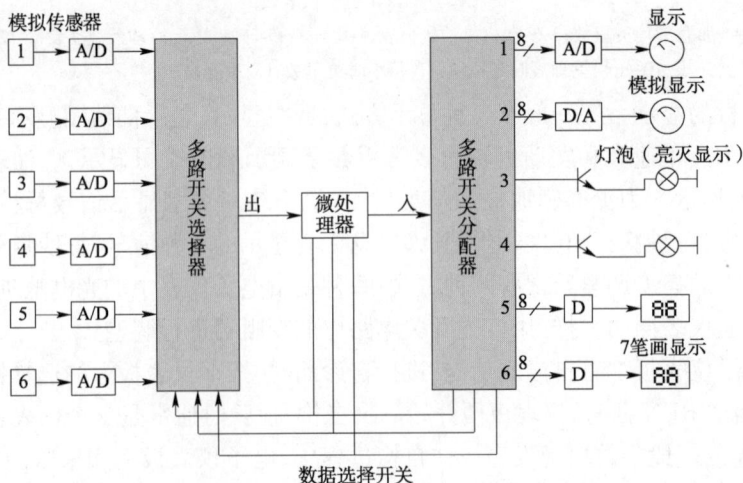

图5-3　多路信号转换开关原理示意图

多路信号转换开关的基本原理为:根据各项信息的快慢,如冷却液温度信号变化慢,而发动机转速信号变化快,计算出不同信号源开关接通时刻,即确定对某一信号源在一段时间内选送信息的次数,再根据项目数据的多少,编出相应的控制电路,以实现上述控制功能。

操作指引

1.组织方式

(1)场地设施:举升机1台,装有废气抽排系统和消防设施的场地。

(2)设备设施:自动挡迈腾轿车。

(3)工量具:常用工具1套、故障诊断仪VAS 5052A、万用表等。

2.操作要点

(1)穿戴干净整洁的工作服。

(2)遵守场地安全规定,注意用电安全。

(3)正确使用万用表、诊断仪等工量具。

(4)在对仪表板进行拆装与检测时,严禁用力拉扯线束。

任务实施

(1)用VAS 5052A读取发动机和仪表都无故障(图5-4)。

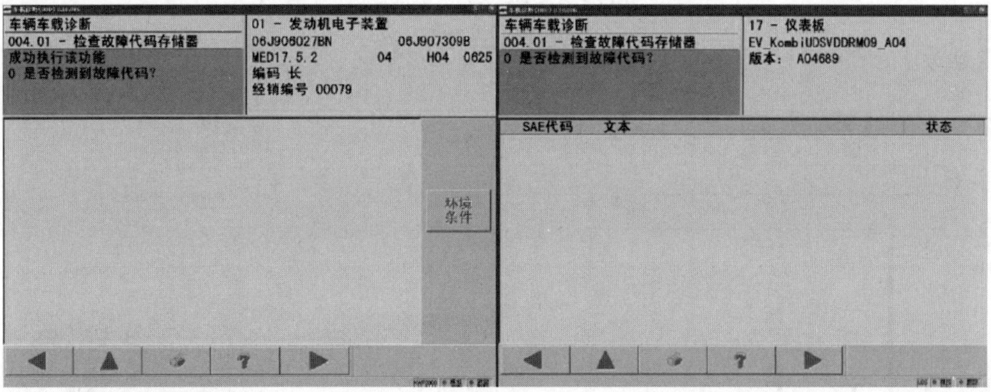

图5-4　用VAS 5052A读取发动机和仪表

(2)检查组合仪表的供电和搭铁都没有问题(图5-5、图5-6),更换新组合仪表故障依旧。

(3)考虑到故障现象与发动机转速有关,连接VAS 5052A当发动机转速逐渐升至3000r/min左右故障再现时,读取车辆各电控系统基本运行状态。当读取发动机电控系统发电机充电电压时,发电电压随转速逐渐升高甚至达到16V以上,初步判断为发电机电压调节器故障造成组合仪表工作不正常(图5-7)。

(4)更换发电机。

图 5-5　检查组合仪表的供电

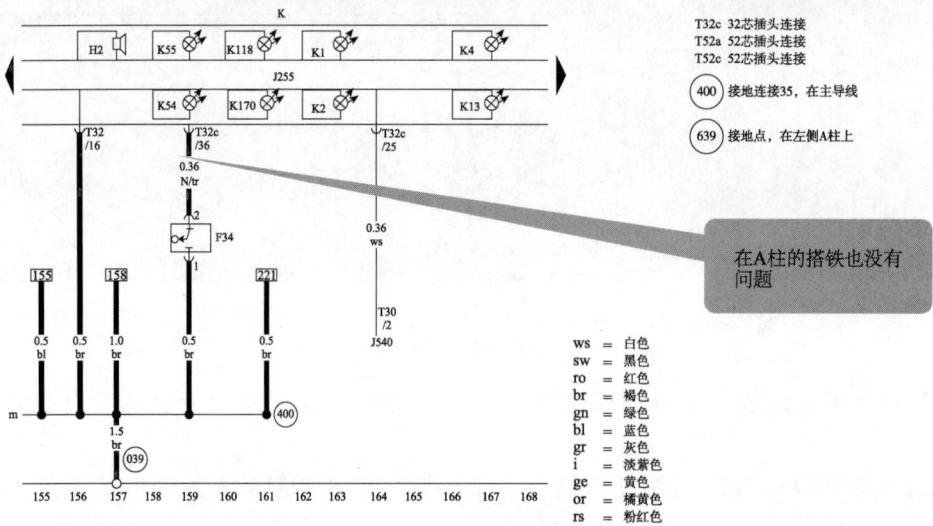

图 5-6　检查组合仪表的搭铁

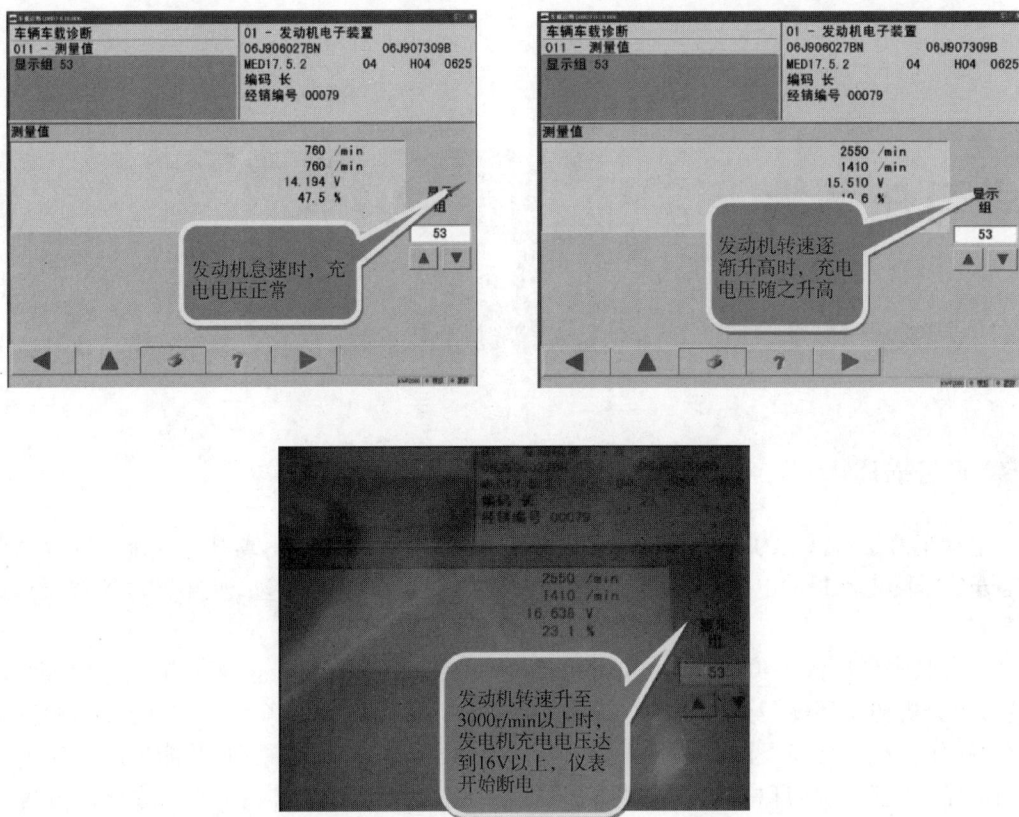

图 5-7　检查发电机充电电压

任务小结

在维修汽车电子仪表时,需注意以下几点:

(1)汽车电子化仪表比较精密,对检验技能要求较高,检验时应依照各汽车实用维修手册中的有关规定进行操作。

(2)拆卸电子仪表板时应先断开电源,然后按拆卸次序进行拆卸,应特别注意拆卸时不可敲打、振动,以防破坏电子元器件。

(3)拆装电子仪表板应按拆装次序进行,拆装时不要用力过猛,以防原来精良的元器件由于用力过猛而破坏。在拆装仪表板总成之前,脱开连接器或端子时,应先脱开蓄电池端子。

(4)发动机运行时不要将蓄电池断开,由于这会引起瞬时的反电动势,导致仪表破坏。

学习任务六　电动车窗不升降故障诊断与修复

📖 任务描述

电动车窗是指以电为动力使车窗玻璃自动升降的车窗。它是由驾驶人或乘员操纵开关接通车窗升降电动机的电路,电动机产生动力通过一系列的机械传动,使车窗玻璃按要求进行升降。

车主张先生向汽车4S店反映,他的电动车窗某一个车窗不能正常工作。接到维修任务后,经分析初步怀疑是分开关到主开关的电路出现断路。为正确地使用、维护与检修电动车窗,作为汽车维修人员必须全面认识电动车窗的结构与工作原理,并能排除诊断电动车窗的常见故障。制订检修计划,得到经理确认后,完成此任务,提交一份分析报告并归档。

📕 学习目标

(1)能正确讲述电动车窗的功能;

(2)将正确讲述电动车窗的组成和各部件功用;

(3)能正确描述电动车窗的工作原理;

(4)能正确识读和分析电动车窗的电路图;

(5)会拆装、检修电动车窗系统各部件;

(6)会对电动车窗进行初始化设定;

(7)会分析诊断和排除电动车窗系统常见故障;

(8)具备信息查询和手册使用的基本能力;

(9)能够按照企业5S要求和安全生产规范进行操作;

(10)能与同学密切合作,规范安全地完成学习活动;

(11)养成自主学习的习惯,培养规范操作的工作作风及环保意识。

建议学时:6学时。

📖 知识准备

汽车电动车窗是指在驾驶室用开关就能使车窗玻璃自动升降的车窗,它是现代汽车的标准配置之一,属于大电流用电装置。当电动车窗开关操作时,电动车窗电动机旋转。车窗升降调节器把电动车窗电动机的旋转运动转换成上下运动从而打开或关闭车窗,如图6-1所示。

一、电动车窗的功能

电动车窗一般具有以下功能:

(1)手动开关功能。当电动车窗开关按或拉到一半时,车窗关闭或打开直至开关被松开,如图6-2所示。

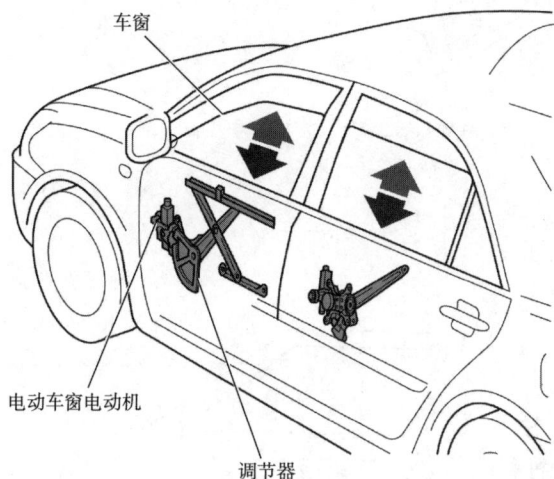

图 6-1　电动车窗

图 6-2　电动车窗开关

(2)单触式自动开关功能。当电动车窗开关按或拉到底时,车窗全关或全开。有些车型仅有自动打开的功能,有些车型只有驾驶人侧车窗有自动开关功能。

(3)车窗锁止功能。当锁窗开关打开时,除驾驶人侧车窗,其余车窗打开和关闭功能失效。

(4)防夹保护功能。在自动关窗期间,如果异物卡在窗内,此功能自动停止关闭电动车窗并将车窗玻璃向下移动大约50mm。

二、电动车窗的组成

电动车窗系统主要由车窗升降调节器、电动车窗电动机、电动车窗总开关(由电动车窗开关和锁窗开关组成)、电动车窗分开关、点火开关、门控开关等组成,如图6-3所示。

电动车窗升降调节器常见的类型有绳轮式(图6-4)、交叉臂式(图6-5)等。电动车窗一般使用双向永磁或绕线(双绕组串联)式电动机,每个车窗一般装一个,通过开关控制电流方向,使车窗升降。

电动车窗电动机(图6-6)由电动机、传动机构和传感器三部分组成。电动机正向或反向转动,通过传动机构将动力传给车窗升降调节器,提升臂提升或下降,使车窗玻璃升起或降低。传感器由用于控制防夹功能的限位开关和速度传感器组成。

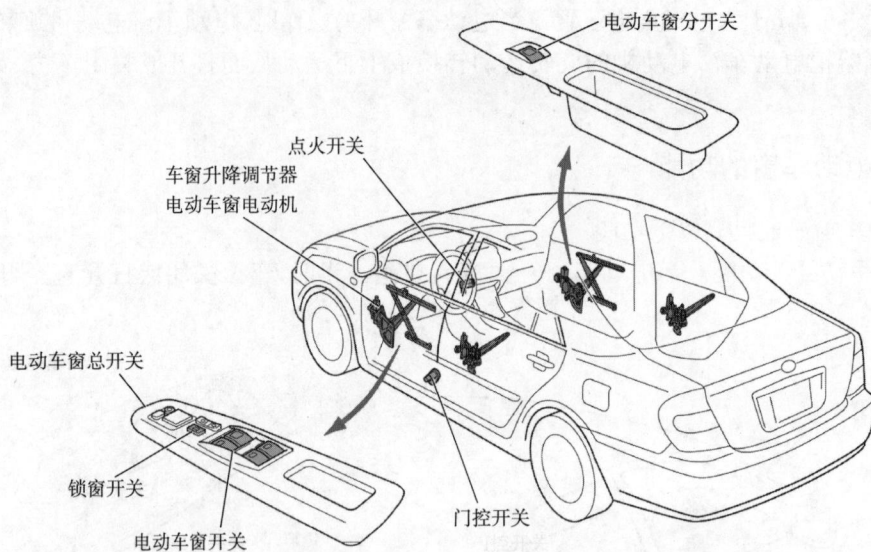

图 6-3 电动车窗系统的组成

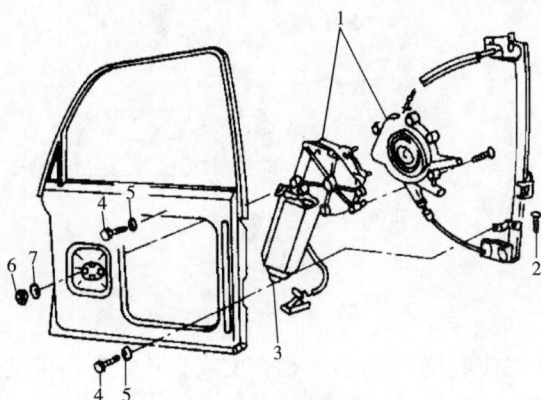

图 6-4 绳轮式电动车窗

1-升降调节器总成;2-橡胶缓冲块;3-电动机;4-六角头螺栓;5-垫圈;6-六角螺母;7-碟形弹簧垫圈

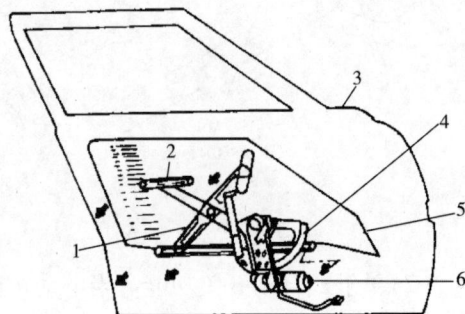

图 6-5 交叉臂式电动车窗

1-调整杆;2-支架和导轨;3-车门;4-驱动齿扇;5-车窗玻璃;6-电动机

所有电动车窗都装有两套控制开关:一套装在仪表板或驾驶人侧的车门上,为电动车窗总开关,它由驾驶人控制每个车窗升降;另一套分别装在其他车窗中部,为电动车窗分开关,可由乘客进行操纵。锁窗开关使车窗的开、关无效,但驾驶人侧的车窗除外。

三、电动车窗的控制电路及工作原理

1. 电动车窗的基本控制电路

1)永磁式电动机的电动车窗

永磁式电动机的电动车窗通过改变电流方向来改变电动机的旋转方向,从而使车窗玻璃上升或下降。图 6-7 所示为迈腾 1.8T 汽车电动车窗控制电路,它由蓄电池、易熔线、电动车窗主继电器、开关(总开关、分开关、点火开关等)、电动车窗电动机和指示灯等组成。

图 6-6　电动车窗电动机

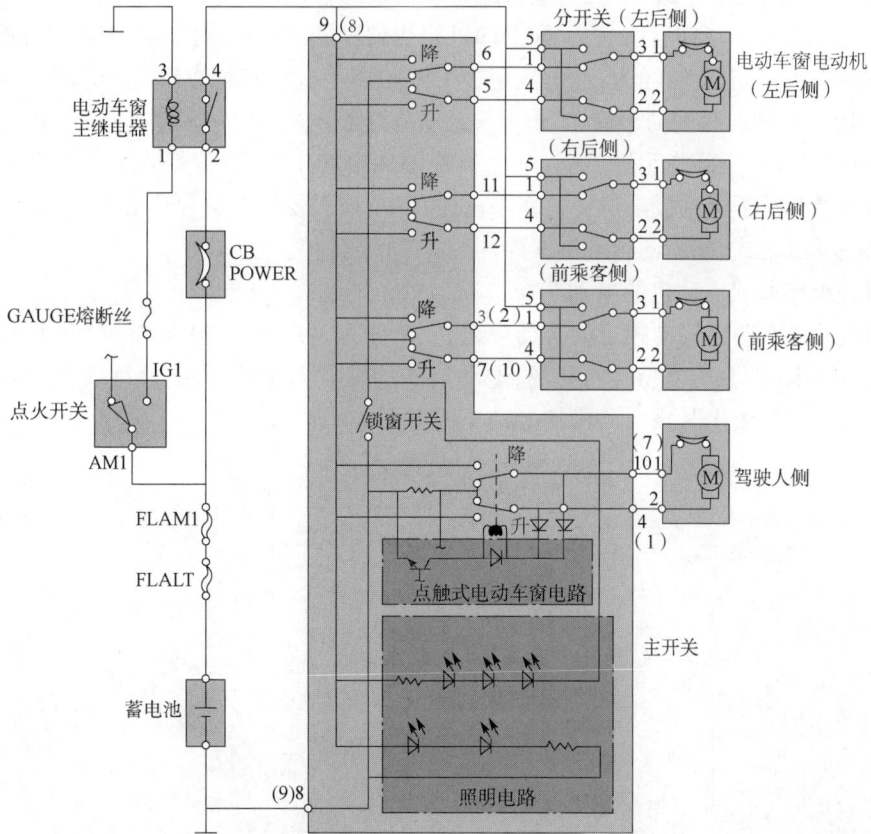

（　）内数字表示适用于RHD车

图 6-7　电动车窗控制电路

当点火开关处于点火挡时,电动车窗主继电器线圈通电,触点闭合,给电动车窗提供了电源;若闭合主开关上的锁窗开关,则所有的车窗都可操作;若锁窗开关断开,则只有驾驶人侧车窗可操作。

(1)前乘客侧的车窗升降。当驾驶人按下主开关上的前乘客侧车窗上升开关时,其电流路径为:蓄电池正极→易熔线→断路器→电动车窗主继电器端子2、4→主开关端子9、7→前乘客侧车窗开关端子4、2→电动车窗电动机→断路器→前乘客侧车窗开关端子3、1→主开关端子3→锁窗开关→主开关端子8→搭铁→蓄电池负极,构成闭合回路。该电路中的电动车窗电动机通电工作,使车窗上升。当需要车窗下降时,驾驶人按下主开关上的下降开关,电动机的电流反向,电动机通电反转使车窗下降。

当前乘客按下前乘客侧车窗分开关上的上升开关时,其电流路径为:蓄电池正极→易熔线→断路器→电动车窗主继电器端子2、4→分开关端子5、2→电动车窗电动机→断路器→分开关端子3、1→主开关端子3→锁窗开关→主开关端子8→搭铁。电动车窗电动机通电,使车窗上升。当需要车窗下降时,前乘客按下分开关上的下降开关,电动机中的电流反向,电动机通电反转使车窗下降。

(2)驾驶人侧的车窗升降。若主开关上的锁窗开关断开,则只有驾驶人侧车窗具备工作条件。另外,驾驶人侧的车窗开关由点触式电动门电路控制。车窗在下降过程中,如果要使其停止在某一位置,只要再点触一下开关即可。当驾驶人侧的车窗需要下降时,可按下主开关上的下降按钮,其电流路径为:蓄电池正极→断路器→电动车窗主继电器端子2、4→主开关端子9、10→驾驶人侧电动车窗电动机→主开关端子4、8→搭铁。与此同时,点触式开关的电流也同时接通,下降指示灯点亮,继电器线圈通电产生吸力,保持点触式开关处于下降工作状态直至车窗下降到极限位置。在下降过程中,如果要使车窗停留在某一位置,驾驶人可再点触一下点触式开关,则继电器线圈断路,车窗下降停止。

2)双绕组串联式电动机的电动车窗

这种电动机有两个绕向相反的磁场绕组,一个称为上升绕组,另一个称为下降绕组。在给不同绕组通电时,会产生相反的磁场,电动机的旋转方向也就不同,从而实现车窗玻璃的上升或下降。双绕组串联式电动机的电动车窗如图6-8所示。

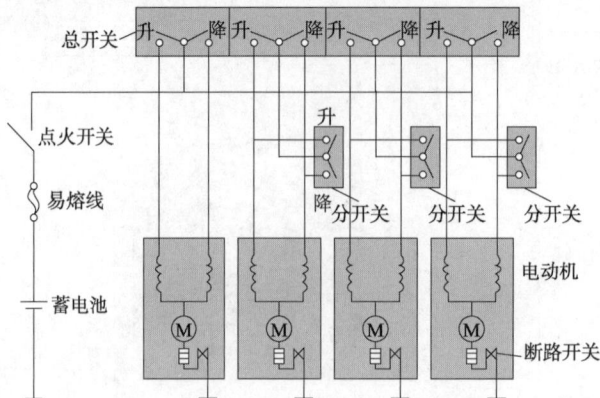

图6-8 双绕组串联式电动机的电动车窗控制电路

电动车窗的断路保护开关(图6-9)是双金属片触点结构,当电动机超载,电路中电流过大时,双金属片因温度上升而变形,触点打开,切断电路。电流消失后,双金属片冷却,恢复变形,触点再次闭合。如此周期动作,使电动机电流的平均值不超过规定,避免电动机因过热而烧坏。

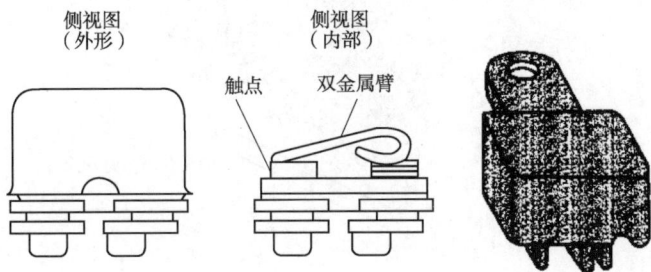

图6-9　断路保护开关

2.带ECU控制的电动车窗控制电路

迈腾1.8T汽车的电动车窗采用了ECU控制,每个车门由一个ECU控制,共有4个ECU,各ECU之间通过多路传输通信系统MPX相连。驾驶人侧电动车窗控制电路如图6-10所示,ECU和电动车窗总开关装在一起,如图6-11所示。电动车窗电动机总成内的位置传感器1用于检测车窗玻璃的移动量;位置传感器2用于检测车窗玻璃的移动方向。

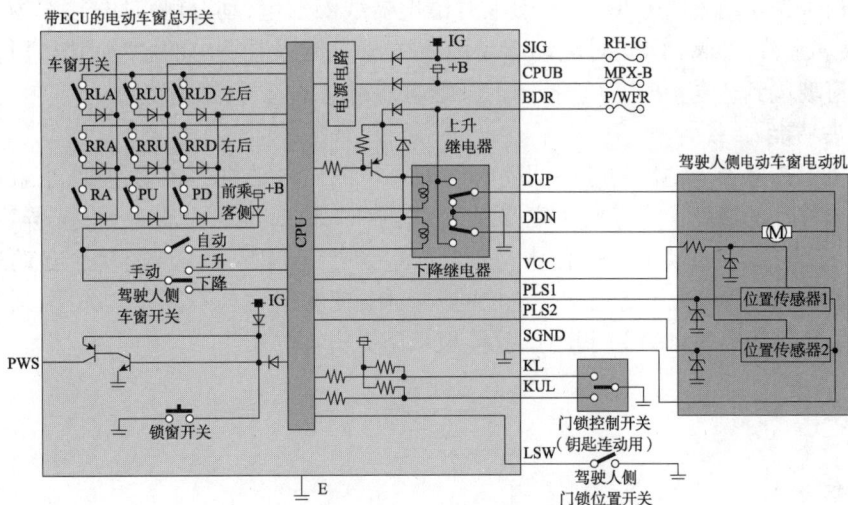

图6-10　带ECU控制的电动车窗的控制电路

1)手动上升和下降功能电路分析

打开点火开关,将电动车窗总开关的驾驶人侧车窗开关置于上升位置,信号送至内置的CPU,CPU使上升继电器线圈通电,动合触点闭合。于是电流通路为:电源→BDR端子→上升继电器动合触点→DUP端子→电动车窗电动机→DDN端子→下降继电器动断触点→搭铁,驾驶人侧电动车窗电动机转动,车窗玻璃上升。当松开车窗开关后,通过 CPU 控制上升继电器线圈断电,于是电动机停止转动,车窗玻璃停在所需要的位置。

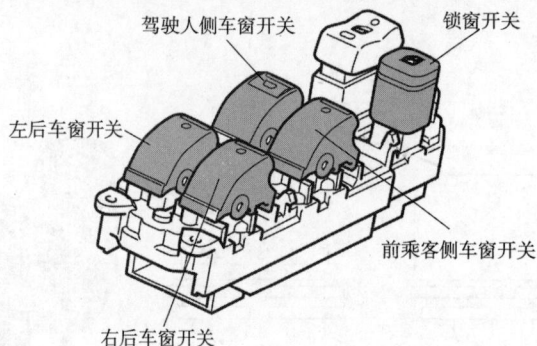

图 6-11 电动车窗总开关

当把驾驶人侧车窗开关置于下降位置时,信号送至内置的 CPU,CPU 使下降继电器线圈通电,动合触点闭合。于是电流通路为:电源→BDR 端子→下降继电器动合触点→DDN 端子→电动车窗电动机→DUP 端子→上升继电器动断触点→搭铁,驾驶人侧电动车窗电动机转动,车窗玻璃下降。同样松开车窗开关后,电动机也停止转动。

2)自动上升和下降功能电路分析

打开点火开关,将电动车窗总开关的驾驶人侧车窗开关置于自动上升位置,于是自动信号和上升信号送至内置的 CPU,CPU 使上升继电器线圈通电,动合触点闭合,车窗电动机转动,车窗玻璃上升。同时 CPU 对电动车窗内置的位置传感器发出的脉冲信号进行计数,当检测到车窗玻璃到达全闭时,CPU 控制上升继电器断电,电动机停止转动。

3)防夹功能

通过位置传感器 1 输出的脉冲间隔时间即可检测出电动机的转动速度,也就可以检测出车窗玻璃移动的速度。当移动速度低到一定程度时,ECU 即认为玻璃夹住了异物。

在手动上升或者自动上升操作中,只要玻璃夹住了异物,车门玻璃就会自动地下降约 50mm(或者停留 1s)。为了防止防夹机构的误操作,使车窗玻璃不能完全关闭,通过对该车窗玻璃开关持续 10s 的自动上升操作,就能取消防夹机构的操作。

🔲 操作指引

1. 组织方式

(1)场地设施:举升机 4 台。

(2)设备设施:迈腾 1.8T 汽车 4 辆。

(3)工量具:迈腾汽车拆卸工具 4 套、数字万用表 4 个、故障诊断仪 VAS5052 4 个等。

2. 操作要点

(1)穿戴干净整洁的工作服。

(2)遵守场地安全规定,注意用电安全。

（3）正确使用拆装工具、数字万用表、测量仪器等工量具。

任务实施

1. 汽车电动车窗的检修

在电动车窗升降的过程中，由于力矩较大，常常会因为电流过大或者使用不当导致熔断丝、电动机、线路及控制开关的损坏，给车主和乘客带来了极大的麻烦和负担。下面以迈腾1.8T汽车为例介绍电动车窗系统的检修（电路参见图6-7）。

1）电动车窗主开关总成的检测

电动车窗主开关各端子之间的导通情况见表6-1。若不符合规定，更换车窗主开关。

迈腾1.8T汽车电动车窗主开关的导通情况　　　　　　　　　表6-1

开关位置 \ 车窗位置		前		后	
	端子	驾驶人侧	乘客侧	左	右
		0			2　1
车窗未锁	升（UP）				
	停（OFF）				
	降（DOWN）				
车窗锁止	升（UP）				
	停（OFF）				
	降（DOWN）				

2）电动车窗分开关的检测

所有的电动车窗分开关（前乘客侧、左后侧、右后侧）都可使用同样的方法检测其导通性。

当不按开关时，端子1—3、2—4导通；当按下上升开关时，端子1—3、2—5导通；当按下下降开关时，端子2—4、3—5导通。若结果不符合规定，则更换分开关总成。

3）电动车窗电动机的检测

拆下电动车窗电动机连接器，将蓄电池正极和负极直接连接电动机的两端子，电动机应能转动；当蓄电池反向连接电动机两端子时，电动机应反向运转。若不符合要求，则更换电动车窗电动机。

2. 汽车电动车窗的初始化设定

汽车电动车窗采用多路传输通信控制，电动车窗ECU通过霍尔式位置传感器的脉冲信号计数以检测车窗位置，并通过脉冲信号相位差确定车窗运动方向，从而实现电动车窗的自动升降和防夹功能。电动车窗的初始化设定就是对位置传感器的初始化设定。

电动车窗初始化设定后应进行自动下降、点动上升和点动下降的检查。

1）设定条件

有下列任意情况出现时必须对电动车窗电动机进行初始化设定。

（1）断开蓄电池负极端子。

（2）更换或拆下驾驶人侧电动车窗主开关、电动车窗各个分开关（内有控制 ECU）、线束、电动车窗升降调节器或电动车窗电动机。

（3）更换电动车窗控制系统相关熔断丝或继电器。

2）设定方法

（1）打开点火开关，操作电动车窗开关将电动车窗升到一半位置。

（2）完全推上开关直到电动车窗完全关闭，并在电动车窗完全关闭后将开关继续保持1s 以上。

（3）检查各电动车窗是否有自动升降功能和防夹功能。若检查不成功，则重新对电动车窗进行初始化。

3）注意事项

（1）用各自车窗开关对各电动车窗电动机进行初始化，不能用遥控操作来初始化。

（2）为防止强电流从导线中流过，不要同时对 2 个或 2 个以上的电动车窗进行初始化。

3. 汽车左后电动车窗失灵

1）故障现象

一辆迈腾 1.8T 事故车，该车在修复后出现了左后电动车窗分开关能控制车窗升降，但无自动控制升降和防夹功能，同时驾驶人侧的主开关不能控制左后电动车窗升降，其他车窗自动控制升降和防夹功能正常。

2）故障诊断与排除

该车配备了车身局域网，电动车窗控制网络是由带 ECU 的主开关（内置于驾驶人侧车门）、前乘客侧带 ECU 的分开关（内置于前乘客侧车门）、后车门带 ECU 的分开关（内置于后排左右侧车门）及 MPX（车身多路控制）ECU 组成。

电动车窗电动机总成由霍尔式位置传感器、齿轮传动机构及电动车窗电动机构成。电动机的动作受车窗主开关和相应的各车窗分开关控制。当按下车窗主开关或各车窗分开关时，开关将通过多路传输通信线路向相应车门的 ECU 传送升降信号，然后由车门 ECU 控制电动车窗的升降。每个电动车窗电动机总成上的霍尔式位置传感器输出信号传输至车窗开关内，ECU 通过脉冲信号计数检测车窗位置，并通过脉冲信号相位差确定车窗的运动方向，从而实现电动车窗的自动升降和防夹功能。

既然其他车窗可以实现自动升降功能，唯独左后车窗不能，那么故障的范围基本上可以确定是在左后车窗和其他关联的线路。先检查与电动车窗系统电路及车身网络相关的熔断丝，均正常。在接下来的检查中发现，左后车窗分开关上的指示灯有规律地闪烁，而此车的电动车窗是可以通过控制开关上的指示灯显示形态故障码的，决定根据闪烁的故障码来确定具体的故障点。查阅维修手册，得知指示灯闪烁的故障码含义为位置传感器电路故障。根据故障码的提示，对电动车窗电动机的位置传感器进行了检查，发现传感器的供电电源为

13V,正常,检查位置传感器信号输出导线,与车身也无短路现象。

为了准确快速地判定电动车窗电动机是否损坏,使用示波器对电动车窗电动机的输出信号波形进行分析,分别测量了电动车窗电动机在运转时 PLS1、PLS2 端子输出的信号波形。由于维修手册中没有提供标准的波形图,测量右后电动车窗电动机运转时的波形进行参考。通过比对,发现左后电动车窗电动机运转时输出的信号波形异常,由此可以确定电动车窗电动机损坏。

更换左后电动车窗电动机总成,故障排除。

4.汽车电动车窗不受控制

1)故障现象

迈腾1.8T轿车电动车窗不受控制。

2)故障诊断与排除

经试车发现,位于左前门的主开关不能控制其他车窗升降和门锁动作,只能控制左前门;左前门锁钥匙只能控制左前门锁动作。右前门、两后门的电动车窗只能用本车门的开关才能控制。

连接 VAS5052 故障诊断仪,进入舒适系统46,调取故障码内容有:①左前门控制单元没有通信;②左后门控制单元没有通信;③右前门控制单元没有通信;④右后门控制单元没有通信;⑤与 CAN 数据总线诊断接口 J533 没有通信。

4 个车门控制单元和舒适系统中央控制单元之间的信号是靠两根 CAN 数据总线进行交换和传递的。为了确定哪个控制单元有故障,用 VAS5052 故障诊断仪进入08-012 观察数据块,4 组数据用"1"或"0"来表示 4 个车门控制单元和舒适系统中央控制单元的通信情况,"1"表示控制单元通信正常,"0"表示该控制单元没有通信。此时的 4 组数据都是"0",表示 4 个车门控制单元和舒适系统中央控制单元都没有通信。为了确定哪个控制模块有故障,逐个拔下控制单元的导线插接器检查,当拔下右后门控制单元导线插接器时,故障阅读仪上的数据依旧是 4 个"0";拔下左后门控制单元导线插接器时,数据有变化,只剩下一个"0",其余都是"1"。清除故障码后重新读取故障码,调取的故障码内容为"左后门控制单元没有通信"。

更换左后门控制单元,清除故障码,故障排除。

5.汽车电动车窗故障检修

1)故障现象

迈腾1.8T轿车左前和右前电动车窗使用一段时间后,有时会出现按下车窗开关却没有反应的情况。等待一段时间后,车窗又恢复正常或能正常升降 1~2 次。

2)故障诊断与排除

根据上述故障现象,怀疑是由于电动车窗的热保护功能起作用引起的。该车热保护功能的工作过程如下:

(1)电动车窗在使用过程中会发热升温,当温度达到一定值时会进入热保护状态,车窗电动机即停止工作。当温度下降到一定值时会退出热保护状态,即进入正常状态。当电动车窗进入正常状态后,可以进行8~10次上升和下降的往复工作。

(2)车窗电动机温度的升高与使用频率和玻璃的松紧有关。在车门控制单元(EDP)供电的情况下(发动机运转或点火开关打开的情况下,即网络唤醒时),如果车窗电动机没有运转,EDP会认为温度在下降,经过几分钟后降低到一定值时退出热保护,此时再升降1~2次,温度又会升高到热保护温度。

(3)当车门控制单元(EDP)出现热保护后,在持续供电情况下停止使用车窗升降功能25~30min后,即可回到正常状态。温度下降过程中如果EDP的供电中断(网络休眠或断开蓄电池),EDP会自动保存断电前的温度。

上述故障的具体检修方法如下:

①在出现热保护现象后,检查玻璃升降过程中是否存在异常的摩擦和阻力等情况。

②确认升降调节器是否能够正常退出热保护状态,如果不能,则应该检查车门控制单元(EDP)的供电状态,必要时应更换EDP。

③如果确定是升降调节器的热保护功能正常起作用时,应向用户解释,这种功能是为了防止用户(特别是小孩)短时间内多次操作升降调节器,从而造成车门控制单元或车窗电动机过度发热烧损而设计的。

6.汽车右前车窗只能降不能升

1)故障现象

迈腾1.8T汽车行驶过程中,突然发现右前车窗只能降不能升。

2)故障诊断与排除

接通点火开关,按右前车窗分开关,只能降不能升。用左前总开关进行控制,无论升降,右前车窗都不动作。经分析认为,右前车窗能降不能升,可以排除车窗电动机有故障的可能性,重点检查控制线路与控制开关。首先拆下右前车窗分开关(电路见图6-12),正常情况下,端子1、4连通,3、5连通。经测量发现端子1、4不通。

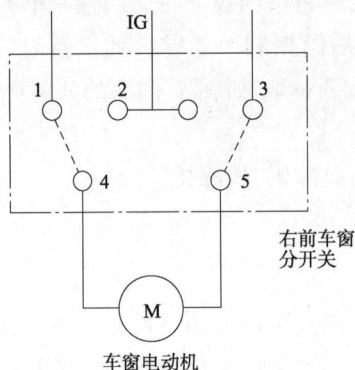

图6-12 右前车窗分开关控制电路

分析判断,由于开关端子1、4不通,当按下分开关下降时,端子2、4连通,电流形成回路,车窗下降;而按分开关上升时,端子2、5闭合,由于端子1、4处于断路状态,电流无法形成回路,因而车窗不动作;当用总开关进行控制时,无论按总开关的上升挡还是下降挡,电路都处于开路状态,因而车窗都不动作。更换右前车窗分开关,故障排除。

![任务小结]

（1）电动车窗系统主要由车窗升降调节器、电动车窗电动机、电动车窗总开关（由电动车窗开关和锁窗开关组成）、电动车窗分开关、点火开关、门控开关等组成。

（2）电动车窗前门具有一键升降带防夹的功能，所以 BCM 直接控制前门开关和前门电动机，来实现一键升降和防夹控制，而后门电动机不具有一键升降带防夹的功能，所以没有和 BCM 相连。左侧驾驶人侧的开关除了可以控制自己的车窗升降，还可以控制其他三个车窗的升降，并可以锁定电动车窗的升降，这样设计便于驾驶人对车辆的整体控制。其他三门的开关都只具有控制自身车窗玻璃升降的功能。

（3）电动车窗一般使用双向永磁或绕线（绕组串联式）电动机，每个车窗安装有一只电动机通过开关控制其电流方向，从而实现车窗的升降。另外，为了防止电动机过载，在电路或电动机内装有一个或多个热敏电路开关，用来控制电流，当车窗玻璃上升到极限位置或由于结冰而使车窗玻璃不能自由移动时，即使操纵控制开关，热敏开关也会自动断路，避免电动机通电时间过长而烧坏。

（4）电动车窗系统的检测主要包括下列项目：

①电动车窗主开关总成的检测。

②电动车窗分开关的检测。

③电动车窗电动机的检测。

④电动车窗的初始化设定。

⑤电动车窗系统的故障诊断与排除。

学习任务七 中央门锁失灵故障诊断与修复

任务描述

一位客户反映他所驾驶的一汽大众迈腾 1.8T 自动挡轿车,中央门锁不起作用。当按动遥控器上的开锁和上锁按键,或按动左前门和右前门内饰板上的开锁和上锁按键时,中央门锁均不起作用。现在请你对客户轿车的中央门锁系统进行检修。

学习目标

(1)能正确讲述中央门锁系统、无线遥控门锁系统的功能;
(2)能正确描述中央门锁系统、无线遥控门锁系统的组成及各部分作用;
(3)能正确描述中央门锁系统、无线遥控门锁系统的工作原理;
(4)能正确识读和分析中央门锁系统、无线遥控门锁系统电路图;
(5)正确检修中央门锁系统、无线遥控门锁系统;
(6)会用故障诊断仪检测中央门锁系统、无线遥控门锁系统;
(7)会设定汽车遥控器和钥匙匹配操作;
(8)会分析诊断和排除中央门锁系统、无线遥控门锁系统常见故障;
(9)具备信息查询和手册使用的基本能力;
(10)能够按照企业 5S 要求和安全生产规范进行操作;
(11)能与同学密切合作,规范安全地完成学习活动;
(12)养成自主学习的习惯,培养规范操作的工作作风及环保意识。
建议学时:6 学时。

知识准备

一、中央门锁系统

为方便驾驶人和乘客开关车门,目前轿车大都采用了电动门锁系统,现代轿车的电动门锁大都采用中央控制门锁(简称中央门锁),可以由驾驶人控制所有车门的动作,同时还可以与起动系统、点火系统相连接进行防盗控制。

1. 中央门锁系统的功能

根据不同车型、等级和使用地区,汽车中央门锁系统具有不同的功能。一般汽车中央门锁系统功能如下:

(1)中央控制。当驾驶人锁止或开锁车门时,其他车门能同时锁止或开锁。

(2)单独控制。为了方便,除中央控制外,乘员仍可以利用车门的机械式弹簧锁开闭车门。

(3)速度控制。当车速达到一定数值时,能自动将所有车门锁止。

(4)两级开锁功能。在钥匙联动开锁功能中,一级开锁操作,只能以机械方法开钥匙所插入的车门。两级开锁操作,则能同时打开其他车门。一般来说,所有车门可以通过左前或右前侧车门上的钥匙来同时打开和关闭。

(5)安全功能。为了防止有人用棒或类似物从车门玻璃和车窗框之间的缝隙操作门锁控制开关来开启车门,可用门钥匙或发射机(无线门锁遥控器)设置门锁安全功能并且使门锁控制开关的开锁操作无效。

(6)钥匙遗忘保护功能。当驾驶人侧的车门打开,钥匙遗留在点火开关锁芯中时,如果门锁按钮置于锁止位置(门锁位置开关关闭),由于钥匙遗忘安全电路,所有的车门会开启。在此状态下操作门锁控制开关锁门时,由于钥匙遗忘安全电路,所有的车门先锁止,然后马上开启。

(7)电动车窗不用钥匙的动作功能。驾驶人和乘客的车门都关上,点火开关断开后,电动车窗仍可以进行升降操作60s。

(8)自动功能。当用钥匙或遥控器将车门打开或锁上时,电动车窗玻璃会自动升降。

2. 中央门锁系统的组成

中央门锁系统一般包括门锁控制开关、钥匙控制开关、门锁总成、门锁控制 ECU(或集成继电器)、钥匙未锁警告开关、门控开关等。典型中央门锁系统各部件的安装位置如图7-1所示。

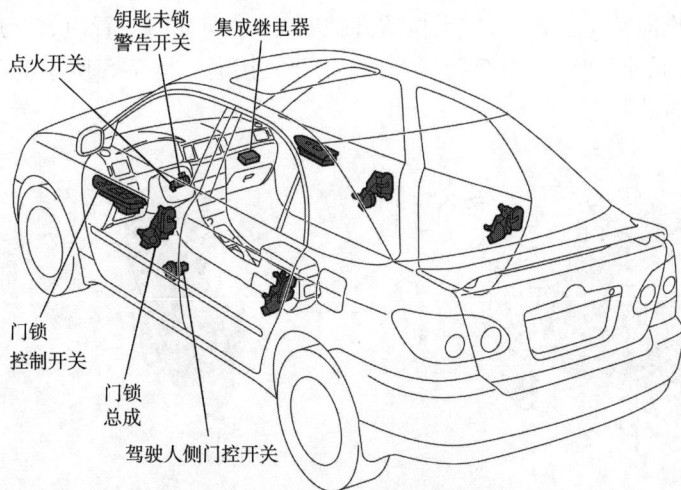

图 7-1　中央门锁系统各部件的安装位置

1）门锁控制开关

门锁控制开关一般安装在左前门和右前门的内侧扶手上,如图7-2所示。通过门锁控制开关可以同时锁止和开锁所有的车门。

2）门锁总成

门锁总成主要由门锁传动机构、门锁电动机、门锁位置开关、外壳等组成,其结构如图7-3所示。门锁电动机可以正反转,从而将车门锁止或开锁。

图7-2　门锁控制开关

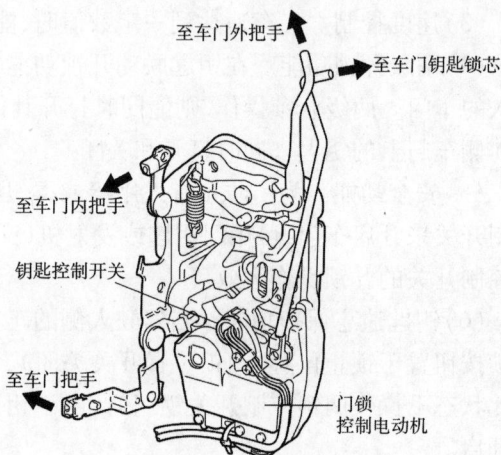

图7-3　门锁结构示意图

钥匙控制开关安装在每个前门的门锁总成内,当从外面用钥匙开门或关门时,钥匙控制开关便发出锁止或开锁的信号给门锁控制ECU(或门锁集成继电器)。

门锁电动机结构如图7-4所示。门锁电动机是门锁的执行器,当门锁电动机转动时,蜗杆带动蜗轮转动,蜗轮推动锁杆,使车门锁止或开锁,然后蜗轮在复位弹簧的作用下回到中间位置。

门锁位置开关位于门锁总成内,用来检测车门的锁止状态,它由一个触点板和一个开关座组成。当锁杆推向锁止位置时,门锁位置开关断开;推向开门位置时,门锁位置开关接通。即当车门关闭时,此开关断开,当车门打开时,此开关接通。图7-5所示为门锁位置开关在车门锁止和开锁时的状态。

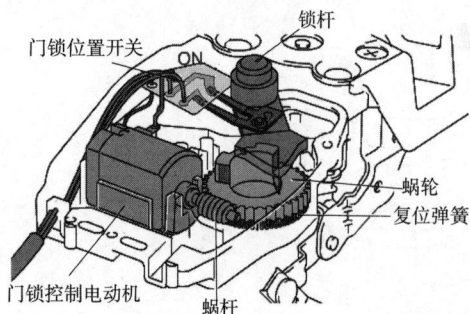

图7-4　门锁电动机

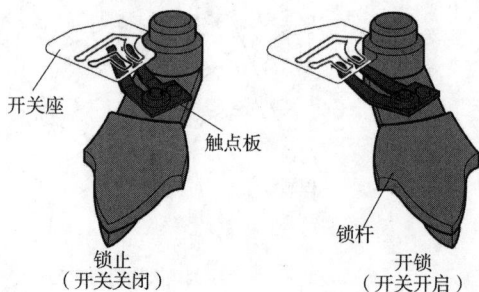

图7-5　门锁位置开关的工作情况

3）钥匙未锁警告开关

钥匙未锁警告开关用来检测钥匙是否插入点火开关锁芯中。

4）门锁控制 ECU（或集成继电器）

门锁控制 ECU（或集成继电器）接收来自各开关的信号并向各门锁总成传送锁止或开锁信号,以便驱动各车门的门锁电动机。

5）门控开关

门控开关用来检测车门的开闭情况。车门打开时,门控开关接通;车门关闭时,门控开关断开。

3. 中央门锁系统的工作过程

1）继电器控制的中央门锁控制系统

使用门锁继电器的中央门锁控制电路如图 7-6 所示。

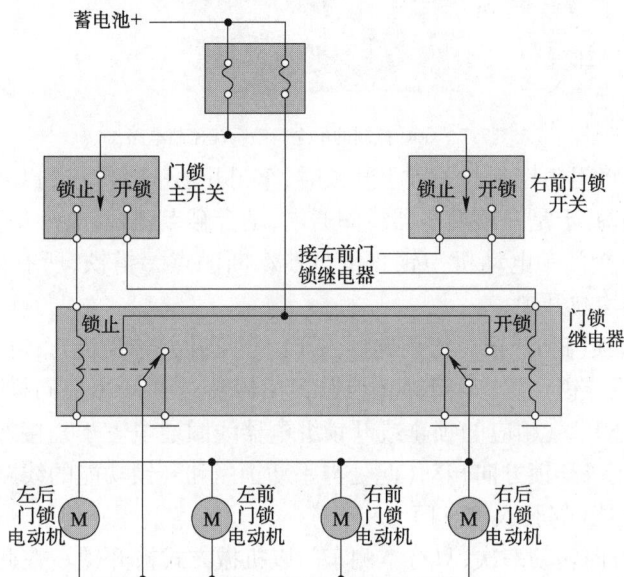

图 7-6　门锁继电器控制的中央门锁电路

当用钥匙转动锁芯,门锁主开关中的"开锁"触点闭合时,电源给开锁继电器线圈供电,开锁继电器动合触点闭合。于是电流便经过蓄电池正极→熔断丝→开锁继电器动合触点→4 个门锁电动机→锁止继电器动断触点搭铁,4 个车门同时打开。当用钥匙转动锁芯,门锁主开关中的"锁止"触点闭合时,锁止继电器线圈通电使动合触点闭合,4 个车门同时锁住。

2）ECU 控制的中央门锁系统

ECU 控制的中央门锁系统电路如图 7-7 所示。ECU 控制的中央门锁系统可以根据各种开关发出的信号来控制两个继电器的工作情况。电路中的 D 和 P 代表驾驶人侧和乘客侧。

（1）手动锁门和开锁功能。

①锁门:驾驶人将门锁控制开关置于锁止时,车门锁止信号传送到门锁控制 ECU 中的 CPU。CPU 收到信号后,使 Tr1 导通约 0.2s,于是锁止继电器线圈通电,动合触点闭合,电流从蓄电池正极→锁止继电器动合触点→4 个门锁电动机→开锁继电器动断触点→搭铁,所有门锁电动机沿锁止方向转动,所有车门均被锁住。

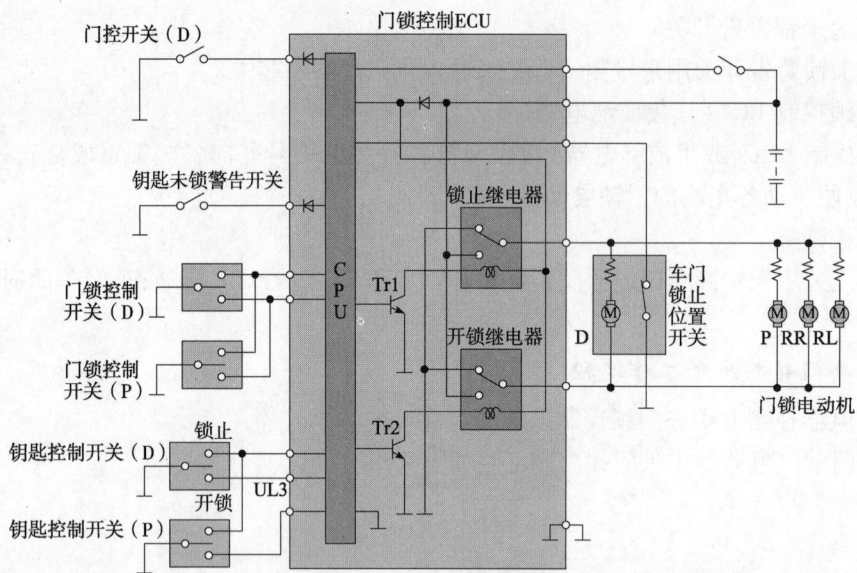

图 7-7　ECU 控制的中央门锁系统控制电路

②开锁:驾驶人将门锁控制开关置于开锁时,车门开锁信号传送到 CPU。CPU 收到信号后,使 Tr2 导通约 0.2s,于是开锁继电器线圈通电,动合触点闭合,电流从蓄电池正极→开锁继电器动合触点→4 个门锁电动机→锁止继电器动断触点→搭铁,所有门锁电动机沿开锁方向转动,所有车门均被开锁。

(2)用车门钥匙锁门和开锁。将钥匙插入车门钥匙孔并转动进行锁门或开锁时,钥匙控制开关被置于锁止或开锁位置,车门锁止或开锁信号传送到 CPU。同样 CPU 收到信号后,使 Tr1 或 Tr2 导通约 0.2s,相应的锁止或开锁继电器线圈通电。于是接通相关电路,控制所有门锁电动机沿锁止或开锁方向转动(此处与手动锁门和开锁功能的线路相同)。

(3)两步开锁功能(驾驶人侧车门)。

当钥匙向开锁方向转动一次,只有本侧车门以机械方式被开锁。在此状态下,门锁控制 ECU 的 UL3 端子被钥匙控制开关搭铁一次,但是 Tr2 没有接通。如果钥匙在 3s 内向开锁方向旋转两次,UL3 端子被搭铁两次,CPU 使 Tr2 导通。于是开锁继电器线圈通电,所有车门被开锁。

(4)钥匙遗忘保护功能。当驾驶人侧车门打开,钥匙在点火开关锁芯中时,如果门锁按钮置于锁止位置,CPU 将 Tr2 导通约 0.2s。于是开锁继电器线圈通电,所有车门开锁。如果在此状态下操作门锁控制开关锁住车门,所有的车门会先锁止,然后再次打开。

3)车速感应式中央门锁系统

在中央门锁系统中加装车速(10km/h)感应开关,当车速在 10km/h 以上时,若车门未锁止,驾驶人不需动手,门锁控制器会自动地将门锁锁上。如果个别车门要自行开门或锁门也可自行分别操作,其电路如图 7-8 所示。

若按下锁止开关,则定时器使晶体管 VT_2 导通,锁止继电器线圈 L_1 通电,锁止继电器动合触点闭合,门锁电动机通正向电流,车门锁止。若按下开锁开关,则开锁继电器线圈 L_2 通电,开锁继电器动合触点闭合,门锁电动机通入反向电流,车门开锁。若车门未锁止,且行车速度低于 10km/h 时，置于车速表内的 10km/h 开关闭合，此时稳态电路不向晶体管 VT_1 提供基极电流；当行车速度高于 10km/h 以上时，10km/h 开关断开，此时稳态电路给 VT_1 提供基极电流，VT_1 导通，定时器触发端经 VT_1 和车门报警开关搭铁，如同按下锁止开关一样，使车门锁止，从而保证了行车安全。

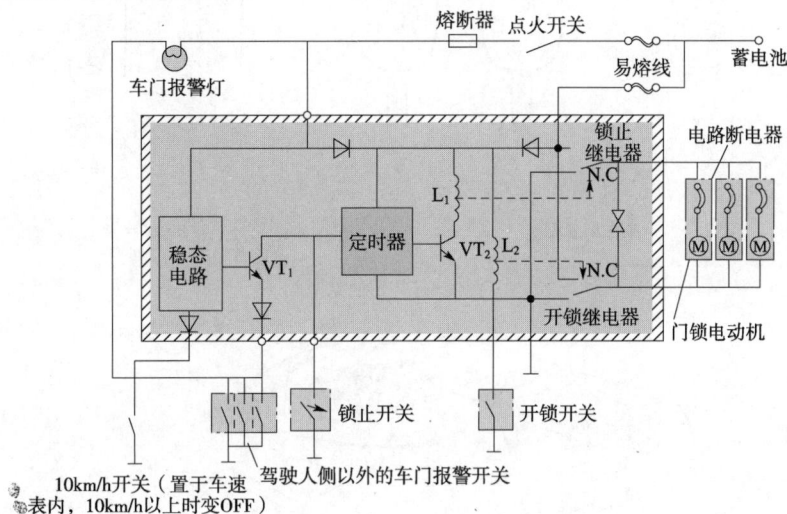

图 7-8　车速感应式中央门锁系统电路

二、无线遥控门锁系统

无线遥控门锁系统就是从遥控器发送信号进行锁止和开锁的系统，即使遥控器离开汽车一段距离，也能用来锁止或开锁车门。

1.无线遥控门锁系统的组成和工作原理

无线遥控门锁系统由遥控器、车门控制接收器、门锁控制 ECU（或集成继电器）、钥匙未锁警告开关、点火开关、门控开关、门锁总成等组成，如图 7-9 所示。

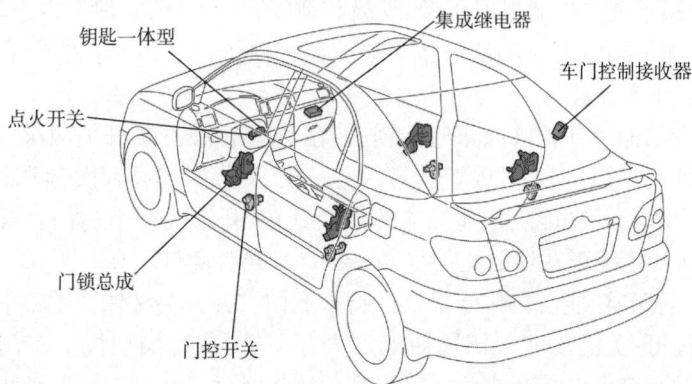

图 7-9　无线遥控门锁系统的组成

遥控器又称遥控发射器、发射器，它由锂电池供电，有钥匙内置型和钥匙座型两种类型，如图 7-10 所示。当按下遥控器上的开锁或锁止按钮时，它将信号变成无线电波信号发送到车门控制接收器。车门控制接收器接收来自遥控器发出的信号,并将信号送到集成继电器(或门锁控制 ECU)。集成继电器(或门锁控制 ECU)收到信号时控制门锁电动机,使车门锁止或开锁,如图 7-11 所示。

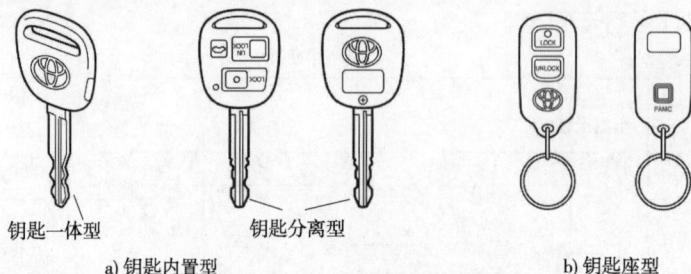

钥匙一体型　　　　　钥匙分离型

a) 钥匙内置型　　　　　　　　　　　　　　b) 钥匙座型

图 7-10　遥控器的类型

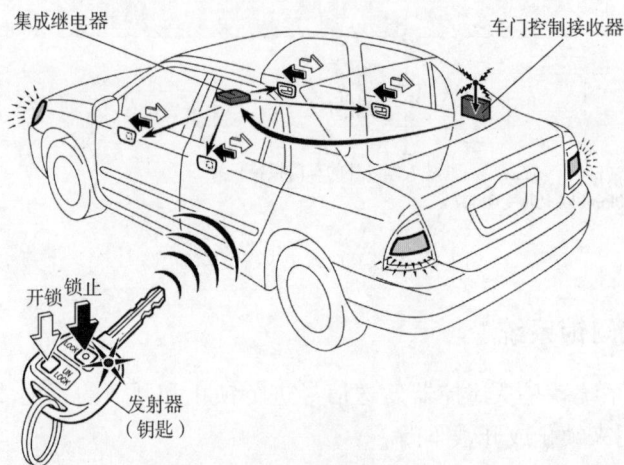

集成继电器　　　　　　　　　　　车门控制接收器

开锁　锁止

发射器
(钥匙)

图 7-11　无线遥控门锁系统的控制

2. 无线遥控门锁系统的功能

无线遥控门锁系统的功能根据车型、等级和地区有所不同,一般有以下功能:

(1)所有车门的锁止/开锁功能。按下遥控器的锁止(LOCK)开关或开锁(UNLOCK)开关,对所有车门锁止或开锁。

(2)两步开锁功能。在驾驶人车门开锁后,在 3s 之内按开锁开关两次,打开所有车门。

(3)应答功能。当锁止时,危险警告灯闪亮一次,开锁时闪亮两次,通知操作已经完成。

(4)遥控器操作校验功能。按遥控器的车门锁止/开锁或行李舱门打开器的开关时,操作指示灯点亮,通知系统正在发射此信号,如果电池用完,此灯不亮。

(5)行李舱门打开功能。按住遥控器的行李舱门打开开关按钮约 1s,打开行李舱门。

(6)电动车窗开/关的功能。钥匙插入点火开关锁芯时,如果按下车门开锁/锁止开关 2.5s 以上,所有的车窗可以打开或关闭。当开关按住时,电动车窗的开/关操作继续进行,当开关不按时,操作停止。

(7)紧急警报功能。按住遥控器的门锁或紧急开关 2～3s,将触发防盗报警系统(喇叭发出声音、前照灯、尾灯和危险灯闪光)。

（8）内部照明功能。在遥控器对车门开锁的同时,内部灯光打开约 15s。

（9）自动锁止功能。如果用遥控器开锁后 30s 之内没有车门打开,所有车门将锁止。

（10）重复功能。当遥控器进行锁止操作时,如果某一车门没有锁上,门锁控制 ECU 1s 后将输出一锁止信号。

（11）车门虚掩报警功能。如果有一车门开着或虚掩着,按遥控器的门锁开关将会使无线门锁蜂鸣器发声约 10s。

（12）安全功能。在来自遥控器的无线电波的某一部分中有按照某一固定规律变化的滚动代码。当车门控制接收器收到来自遥控器的信号时,接收器先储存此滚动代码,当接收器收到下一个无线电波时,接收器将此代码与车辆自身的代码进行核对,这样可以提高安全性。

为了防止有人用棒或类似物从车门玻璃和车窗框之间的缝隙操作门锁控制开关来开启车门,可用门钥匙或遥控器设置门锁安全功能并且使门锁控制开关的开锁操作无效。

（13）发射机识别密码注册功能。在 EEPROM 中能注册(写和存储)4 个发射机识别密码,此 EEPROM 包括在车门接收器中。在重写识别密码、核查注册代码或丢失遥控器时,可以擦掉代码并使无线门锁遥控系统功能无效。

3.无线遥控门锁系统的工作原理

无线遥控门锁系统电路如图 7-12 所示。

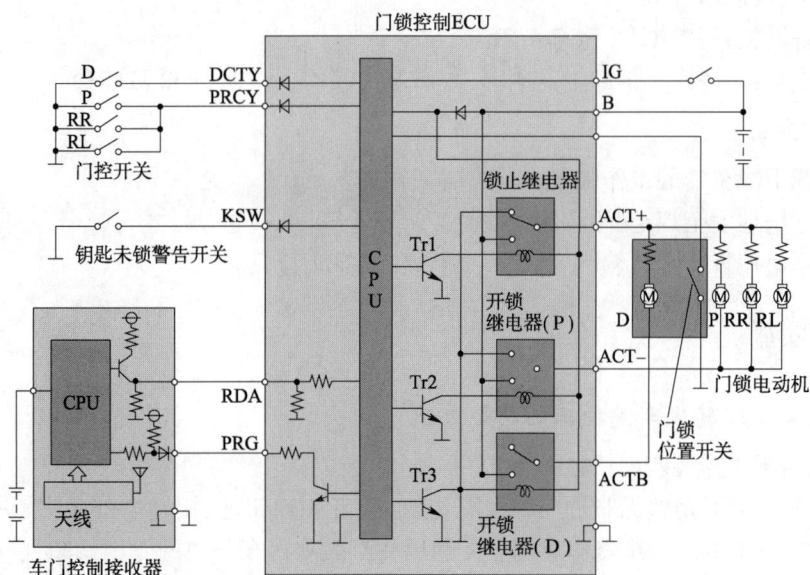

图 7-12　无线遥控门锁系统的控制电路

1）所有车门的锁止/开锁操作

（1）传送和判断操作。当钥匙没有插入点火开关锁芯,并且所有车门都关闭,若按下遥控器的锁止/开锁开关时,车辆本身的识别密码和功能码便被发送出去。车门控制接收器收到这些代码时,控制接收器中的 CPU 开始核对和判断。如果接收器识别出收到的本车识别代码是车门锁止/开锁,它将车门锁止/开锁信号输出到门锁控制 ECU。

识别密码为 60 位数字组成的滚动码,可进行改变。功能码为 4 位数字码,表示进行何种操作。

(2)门锁控制 ECU 的操作。车门锁止或开锁信号传送到 CPU。CPU 收到信号后,使 Tr1 或 Tr2 导通约 0.2s,相应的锁止或开锁继电器线圈通电。于是接通相关电路,所有门锁电动机沿锁止或开锁方向转动。

2)两步开锁操作

门锁控制 ECU 中包括专用于驾驶人侧车门的开锁继电器(D)和控制开锁继电器(D)的 Tr3,以执行两步遥控开锁操作。

(1)遥控器的开锁开关只按一次时,门锁控制 ECU 将 Tr3 导通,于是驾驶人侧车门开锁继电器(D)线圈通电,驾驶人侧门锁电动机向开锁方向转动。

(2)如果在 3s 之内连续按下遥控器的开锁开关两次,门锁控制 ECU 将 Tr3 和 Tr2 导通,驾驶人侧和乘客侧车门开锁继电器(D)和(P)线圈均通电,于是所有的门锁电动机均向开锁方向转动。

操作指引

1. 组织方式

(1)场地设施:举升机 4 台。

(2)设备设施:迈腾 1.8T 汽车 4 辆。

(3)工量具:迈腾汽车拆卸工具 4 套、数字万用表 4 个、VAS5052 故障诊断仪 4 个等。

2. 操作要点

(1)穿戴干净整洁的工作服。

(2)遵守场地安全规定,注意用电安全。

(3)正确使用拆装工具、数字万用表、测量仪器等工量具。

任务实施

1. 一汽大众迈腾汽车遥控器的钥匙匹配

1)什么情况下需要匹配钥匙

汽车中所谓的配钥匙无非是三种情况:增加或者删除钥匙、钥匙全部丢失、更换全车门锁。而不论是以上哪一种维修作业都需要利用一汽大众汽车公司的专用诊断仪和专用的防起动密码,下面就防起动密码作一下具体的介绍。

防起动密码是一汽大众迈腾汽车公司售后服务部制定的专用信息通道号,其功能就是使车辆防起动控制单元与车辆诊断仪之间保持正常的通信,防起动密码分为三种:第一密码、第二密码和第三密码。

第一密码的功用是增加或者删除钥匙,此密码只有一个,并且每年的 1 月 1 日由一汽大众迈腾汽车公司自动更新。

第二密码的功用是用于更换防起动控制电脑、全车锁、更换钥匙时使用,第二密码是个流动码,每个密码使用 15 次后自动作废,若要获取新密码直接向一汽大众汽车公司索取。

第三密码的功能是解锁,即连续 3 次输入第一或者第二密码错误后,诊断仪将自动锁死防起动系统,此时需要用第三密码来解锁。

2)匹配钥匙的准备工作

当钥匙全部丢失后,需要到 4S 店重新配钥匙,而大众汽车诊断仪最多可以注册 6 把钥匙,其配钥匙的方法如下:

(1)根据车辆的生产日期(不同生产日期的车辆钥匙芯片数据不同)每年订购钥匙毛坯,并进行开牙走槽。

(2)连接诊断仪,并进入防起动系统。输入车辆信息和防起动密码及注册钥匙数量。点击"确认"后按照显示屏幕上的提示进行。

(3)用新注册的所有钥匙分别起动车辆,并观察仪表板上的绿色防起动指示灯是否熄灭。

3)钥匙匹配学习方法

(1)关闭所有车门、发动机罩、行李舱盖。

(2)打开点火开关,在 1~4s 内按下遥控器上的开锁或锁止按钮。

(3)关闭点火开关。再打开点火开关,在 1~4s 内按下遥控器上的开锁或锁止按钮。此步骤连做 3 次。

(4)关闭点火开关。测试遥控器的功能是否正常。

2. 一汽大众迈腾轿车中央门锁系统的检修

各个车型的中央门锁系统电路区别较大,因此在进行检修时要结合维修手册进行。但检修的方法和检修部位基本相似。下面以大众迈腾轿车中央门锁系统为例介绍其检修过程,系统电路图如图 7-13 及图 7-14 所示。

1)前门锁执行器中位置开关的检修

如图 7-15 所示,断开前门锁执行器连接器,按表 7-1 所示检查前门锁位置开关端子的导通情况,如果不符合表中要求,则更换该门锁总成。

前门锁位置开关各端子的导通情况　　　　　　　　表 7-1

位置＼端子		2	5	1	6	位置＼端子		2	5	1	6
左前门锁位置开关	钥匙顺时针转	○━━○				右前门锁位置开关	钥匙顺时针转	○━━━━━━○			
	钥匙逆时针转		○━━○				钥匙逆时针转	○━━━━○			
	开锁		○━━━━○				开锁	○━━━━━━○			
	锁止						锁止				

2)后门锁执行器中位置开关的检修

如图 7-16 所示,断开后门锁执行器连接器,按表 7-2 所示检查后门锁位置开关的端子导通情况,如果结果不符合表中标准,则更换该门锁总成。

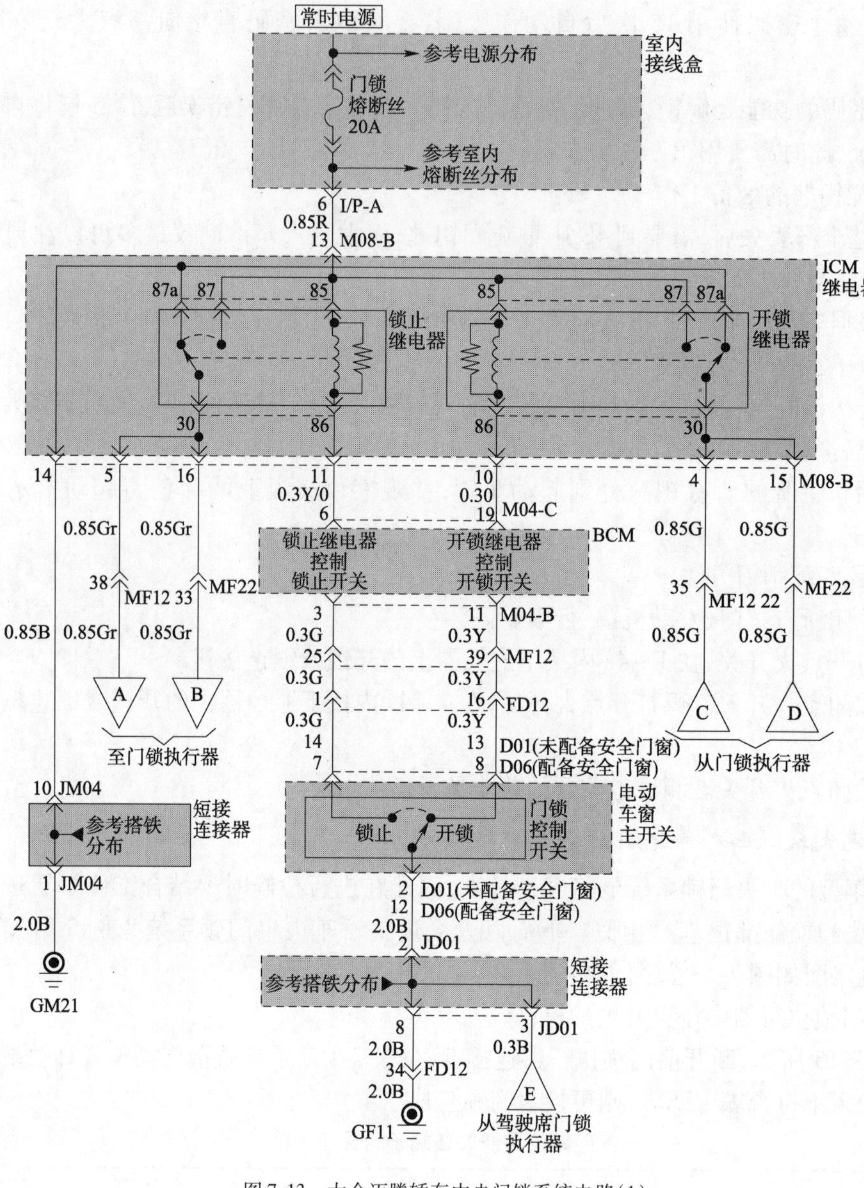

图 7-13　大众迈腾轿车中央门锁系统电路(1)

后门锁位置开关各端子的导通情况　　　　　　　　　　　　表 7-2

位置	端子	1	5	2	6	位置	端子	1	5	2	6
左后门锁位置开关	开锁		○———	———○		右后门锁位置开关	开锁	○———		———○	
	锁止						锁止				

3）门锁执行器（电动机）的检修

断开前门锁或后门锁执行器连接器，如图 7-15 及图 7-16 所示，按表 7-3 将蓄电池正极和负极连接到相应的端子上，检查执行器的工作情况，如果不符合表中要求，则更换门锁总成。

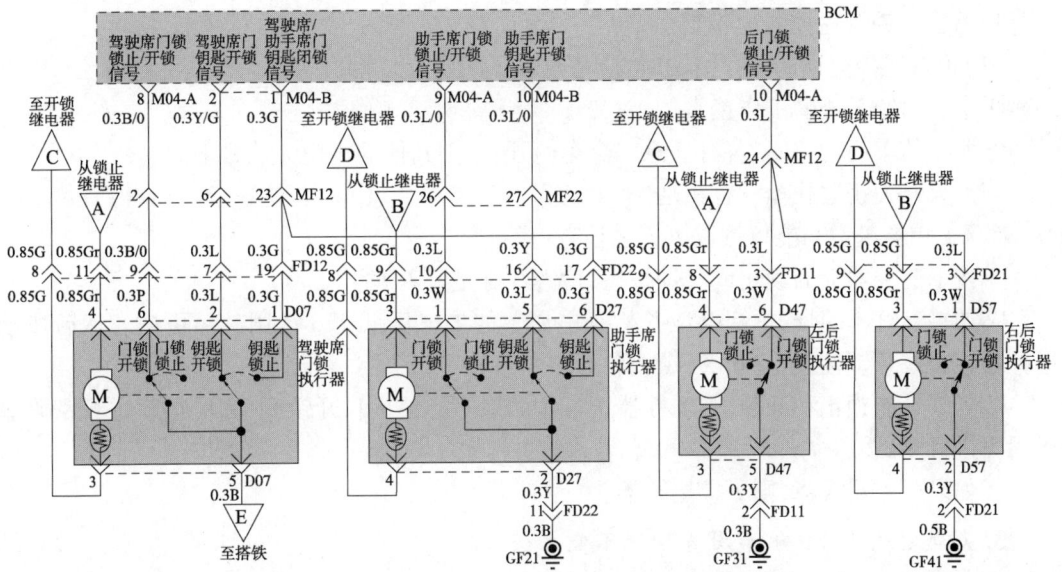

图 7-14　大众迈腾轿车中央门锁系统电路(2)

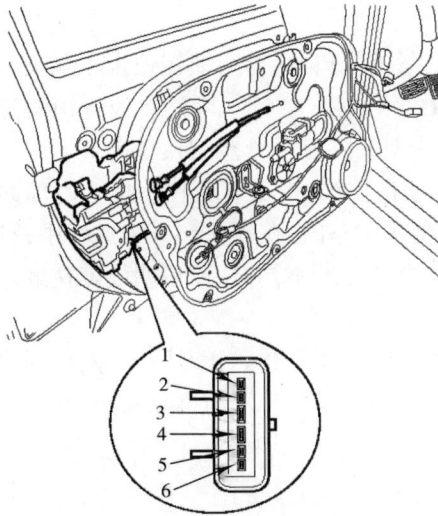

图 7-15　前门锁执行器

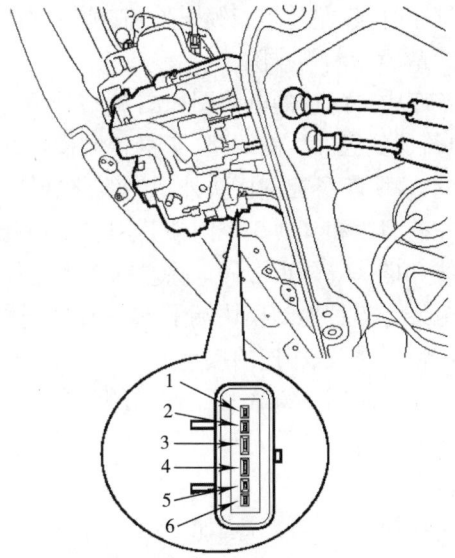

图 7-16　后门锁执行器

门锁执行器通电检查　　　　　　　　　　　　　　表 7-3

位置	端子	4	3	位置	端子	4	3
左前	锁止	+	−	左后	锁止	+	−
	开锁	−	+		开锁	−	+
右前	锁止	−	+	右后	锁止	−	+
	开锁	+	−		开锁	+	−

4)遥控门锁及遥控器的检查

(1)检查遥控门锁的工作情况时,应注意以下问题:

①中央门锁系统的工作正常。

②所有的车门均关闭,若有任意一个车门开着,则其他的车门无法锁上。

③点火开关钥匙孔里没有钥匙。

(2)遥控器基本功能可按以下方法检查:

①按下遥控器上的锁止或开锁按钮,检查红灯是否闪烁。

②如果红灯不闪烁,拆卸电池并检查电压。如果电压低于3V,用新品更换。然后按动遥控器锁止或开锁按钮5~6次,锁止和开锁车门。

③若门锁能锁止和开锁,则遥控器正常。如果不能锁止和开锁车门,应重新进行密码输入后再进行测试。

④如果遥控器故障,则更换遥控器。

3.大众迈腾1.8T轿车用遥控器不能上锁

1)故障现象

一辆2013年产一汽大众迈腾1.8T轿车,用遥控器开锁时,所有门锁均能打开,而用遥控器锁止时,除左前门能锁止外,其他车门的门锁都不能锁止。

2)故障诊断与排除

该车中央门锁的电路图如图7-17所示。从电路图可知,所有门锁在锁止和开锁的过程中,电流所流经的外围线路(车身控制模块之外的线路)是一样的。既然遥控开锁的过程是正常的,说明车身控制模块外围的线路良好,从而说明故障在车身控制模块内部。由于在锁止时左前门锁和其他3个门锁共用一个电源和一条搭铁线,说明车身控制模块内部共用的电源线和搭铁线是正常的。除左前车门之外的其他3个车门,在锁止和开锁过程中,只有在电流流经与车身控制模块端子J2-51相连的继电器时有所不同,从而说明故障在继电器内部,或者在与搭铁相连的接点上。

将位于左侧车窗A柱下部内侧的车身控制模块更换后,再进行编程操作,然后用故障诊断仪将发动机控制单元和车身控制模块内存储的故障码清除后,发动机顺利起动,遥控故障排除。

编程操作的具体方法如下:

(1)接通点火开关,将点火钥匙转至起动位置后松开(由于新控制单元使发动机处于防盗状态,发动机不会起动),此时仪表中央的驾驶人信息中心会显示"禁止起动"的信息。

(2)等待10min(可适当延长1min)后,将点火钥匙转至关闭状态,再等待5~7s。

(3)重复执行两次步骤(1)和步骤(2)。

上述操作完成后,打开点火开关,仪表中央的驾驶人信息中心的"禁止起动"信息消失。

4.一汽大众迈腾轿车遥控器的开锁功能失效

1)故障现象

一辆2013款一汽大众迈腾1.8T轿车事故修复后,原车的遥控器无法正常使用,遥控器的开锁功能失效。

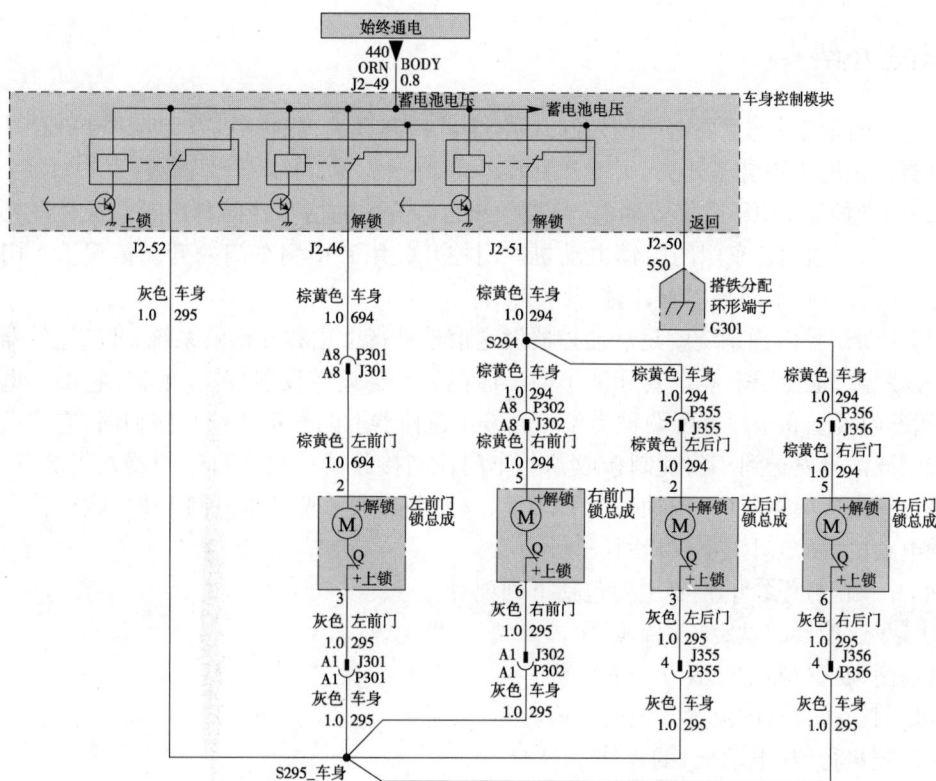

图 7-17 大众迈腾 1.8T 轿车中央门锁系统电路图

2）故障诊断与排除

首先检查车身前部线路的连接情况和熔断丝情况，一切正常，所有供电均正常，门控开关的状态也正常。怀疑遥控器不匹配，于是对遥控器进行了学习操作，学习过程结束后，遥控器可以正常使用了，遥控器恢复了正常的功能。

遥控器匹配学习方法为：

（1）一直保持在打开状态。

（2）10s 内，将点火开关来回开关 3 次，最后一次保持在关闭状态。

（3）执行完上述操作后，转向灯亮一次，喇叭鸣叫一声，表示已经进入学习模式。紧接着30s 内按遥控器按键，让接收器学习遥控器，应按顺序逐一学习。

（4）第一遥控器学习成功后，喇叭鸣响一声；第二遥控器学习成功后，喇叭鸣响两声；第三遥控器学习成功后，喇叭鸣响三声；第四遥控器学习成功后，喇叭鸣响四声。

（5）当 4 组遥控器载入成功后，主机立即跳离密码学习模式，转向灯闪一下，喇叭鸣响一声。跳离密码学习模式的条件是密码载满 4 组，点火开关打开，车门关闭，30s 内无遥控器参与学习。当满足了上面的任何一个条件时，主机就立即跳离密码学习模式，转向灯闪一下，喇叭鸣响一声。

（6）如果进入密码学习模式后，未成功载入新遥控器密码，则主机密码维持原密码设定。即对钥匙重新进行学习后，只有当前经过学习的钥匙遥控器有效，未经学习的钥匙遥控器无效。

任务小结

（1）中央门锁系统主要由门锁控制开关、钥匙控制开关、门锁总成、门锁控制 ECU（或集成继电器）、钥匙未锁警告开关、门控开关等组成。

（2）门锁控制 ECU（或集成继电器）接收来自各开关的信号并向各门锁总成传送锁止或开锁信号，以便驱动各车门的门锁电动机。门控开关用来检测车门的开闭情况。车门打开时，门控开关接通；车门关闭时，门控开关断开。

（3）无线遥控门锁系统就是从遥控器发送信号进行锁止和开锁的系统，即使遥控器离开汽车一段距离，也能用来锁止或开锁车门。遥控器又称遥控发射器、发射器，它由锂电池供电，有钥匙内置型和钥匙座型两种类型。当按下遥控器上的开锁或锁止按钮时，它将信号变成无线电波信号发送到车门控制接收器。车门控制接收器接收来自遥控器发出的信号，并将信号送到集成继电器（或门锁控制 ECU）。集成继电器（或门锁控制 ECU）收到信号时控制门锁电动机，使车门锁止或开锁。

（4）中央门锁系统的检测主要包括下列项目：

①汽车遥控器的设定与钥匙匹配。

②前门锁执行器中位置开关的检修。

③后门锁执行器中位置开关的检修。

④门锁执行器（电动机）的检修。

⑤遥控门锁及遥控器的检查。

⑥中央门锁系统的故障诊断与排除。

学习任务八 电动后视镜失灵故障诊断与修复

任务描述

车主李先生反映,他所驾驶的一汽大众迈腾轿车,按下外后视镜镜片角度调节开关时,左外后视镜镜片角度调节功能不正常,但右外后视镜镜片角度调节功能正常。现在请你对客户轿车的后视镜进行检修。

汽车后视镜俗称倒车镜,是汽车必备的安全装置之一。驾驶人在行车过程中,通过后视镜来获取汽车后方和侧面等外部信息。现代汽车大都采用电动后视镜,由电气控制系统来操纵。

现在需要你对汽车后视镜进行进一步检测。

学习目标

(1)掌握电动后视镜的组成和各部分功用;
(2)能正确描述电动后视镜系统的工作原理、使用及系统的控制方法;
(3)能正确识读和分析电动后视镜的电路图;
(4)会正确拆装电动后视镜系统各部件;
(5)会检测判断电动后视镜系统各部件性能;
(6)会分析诊断和排除电动后视镜系统常见故障;
(7)具备信息查询和手册使用的基本能力;
(8)能够按照企业 5S 要求和安全生产规范进行操作;
(9)能与同学密切合作,规范安全地完成学习活动;
(10)养成自主学习的习惯,培养规范操作的工作作风及环保意识。
建议学时:6 学时。

知识准备

一、电动后视镜的种类

后视镜按照安装位置不同可以分为内后视镜、外后视镜和下视镜三种。内后视镜用于驾驶人观察车内情况或者透过后窗观察汽车后方的道路状况。内后视镜还具有在夜间防止后随车辆的前照灯光线所引起炫目功能。左、右后视镜用于观察汽车左右两侧的行人、车辆以及其他障碍物的情况,确保行车或倒车安全。下视镜安装在车身外部的车前或车后部位,用于驾驶人观察车前或车后地面的情况。

按防炫目功能可分为普通型后视镜和防炫目型后视镜。普通型内后视镜多为反射膜为铝或银的平面镜,无夜间行车时防炫目功能。

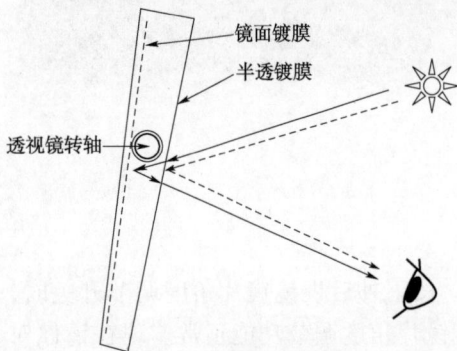

图 8-1   手动防炫目内后视镜原理

防炫目内后视镜主要是防止后面汽车的前照灯光线过强时照射在车内后视镜上影响驾驶人的注意力,也就是俗称的"晃眼"。防炫目型内后视镜又可分为手动和自动两种。手动防炫目后视镜采用双层镜面,两层镜面之间有夹角。白天使用里面反射膜来反射光线,反射率接近100%。晚上行车时,驾驶人将内后视镜扳动一定角度,里层镜面不再正对驾驶人,而是外层镜面正对驾驶人,由于外层镜面反射较弱,所以既可以看见后面的车灯,又可以避免炫目。其原理如图8-1所示。

自动防炫目内后视镜一般采用液晶式,利用液晶通电改变透光率(变色),可以起到减低反射率的效果。自动防炫目内后视镜在两块透明平面玻璃之间夹一块液晶片。白天使用时,不接通液晶片的电源,玻璃的透明度大,反射率可达80%以上;夜间使用时,接通液晶的电源,玻璃透明度下降,反射率降低,从而达到防炫目的。液晶的电源开关可以由驾驶人通过按钮控制,也可以用光电元件组成的控制开关根据白天与夜间光通量的不同,来自动控制。液晶式防炫目内后视镜已得到普遍应用。

二、电动后视镜的组成与结构

汽车的电动后视镜一般由镜片、驱动电动机、控制电路及操纵开关等组成。在每个后视镜镜片的背后都有两个双向永磁电动机,可操纵其上下及左右运动。通常上下方向的倾斜运动由一个永磁电动机控制,左右方向的倾斜运动由另一个永磁电动机控制。通过改变电动机的电流方向,即可完成后视镜的位置调整。一汽大众迈腾轿车电动后视镜的结构如图8-2所示。

为了使汽车通过尽可能狭小的路段,有的电动后视镜还带有伸缩功能,由伸缩开关控制伸缩电动机工作,使两个后视镜整体回转伸出或缩回。

有些电动后视镜带有记忆功能,驾驶人操作存储和复位开关可将后视镜的调整位置存储起

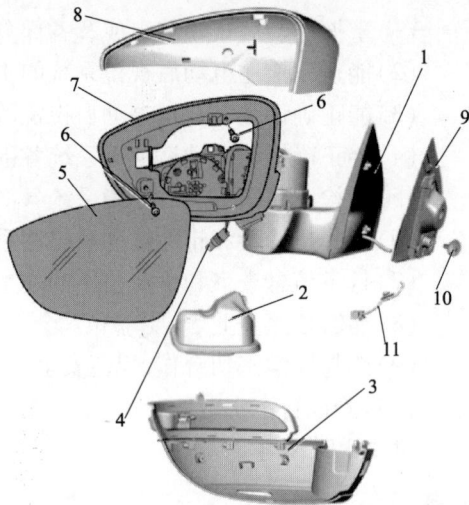

图 8-2   迈腾轿车电动后视镜的结构

1-后视镜支架;2-环境照明灯;3-装配件;4-环境照明灯灯泡;5-后视镜玻璃;6-螺栓;7-挡板;8-后视镜壳体;9-隔音垫;10-螺栓;11-插头连接

来,在需要的时候恢复到原来调整的位置。

三、电动后视镜的工作原理

图 8-3 所示为汽车电动后视镜的控制电路。其控制系统可调整后视镜的左/右和上/下位置,同时还可对后视镜进行缩回和伸出控制。现以驾驶人侧车外电动后视镜为例介绍其工作原理。

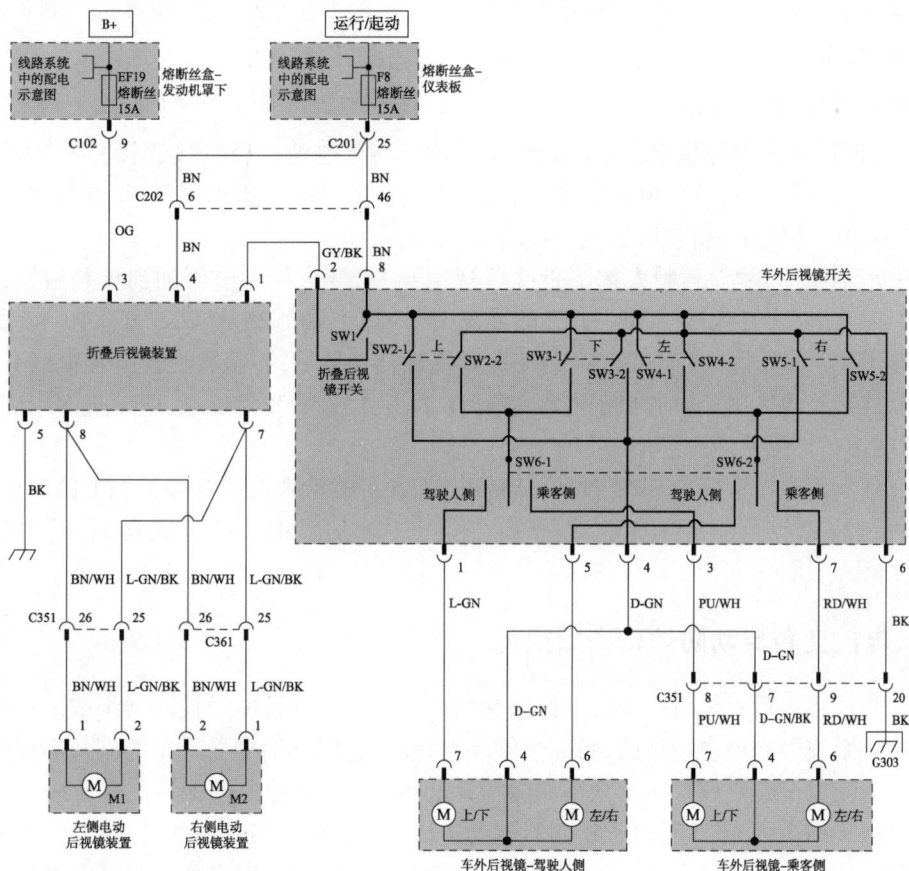

图 8-3　汽车电动后视镜电路图

1. 向右倾斜控制

当要向右倾斜控制驾驶人侧车外电动后视镜时,将左/右后视镜选择开关 SW6(SW6-1 和 SW6-2)拨至驾驶人侧位置,将方向开关拨至向右倾斜 SW5(SW5-1 和 SW5-2)位置,电流通路为:运行/起动(在运行或起动时有电)→15A 熔断丝 F8→C201 端子 25→C202 端子 46 →车外后视镜开关端子 8→右倾斜开关 SW5-2→SW6-2 左侧闭合的触点(驾驶人侧)→车外后视镜开关端子 5→驾驶人侧车外后视镜端子 6→左/右电动机→驾驶人侧车外后视镜端子 4→车外后视镜开关端子 4→右倾斜开关 SW5-1→车外后视镜开关端子 6→G303 搭铁。左/右电动机起动,驱动驾驶人侧车外后视镜向右倾斜。

2. 向上倾斜控制

当要向上倾斜控制驾驶人侧车外电动后视镜时,将左/右后视镜选择开关 SW6 拨至驾驶人侧位置,将方向开关拨至向上倾斜 SW2(SW2-1 和 SW2-2)位置,电流通路为:运行/起动→15A 熔断丝 F8→C201 端子 25→C202 端子 46→车外后视镜开关端子 8→上倾斜开关 SW2-1→车外后视镜开关端子 4→驾驶人侧车外后视镜端子 4→上/下电动机→驾驶人侧车外后视镜端子 7→车外后视镜开关端子 1→SW6-1 左侧闭合的触点(驾驶人侧)→上倾斜开关 SW2-2→车外后视镜开关端子 6→G303 搭铁。上/下电动机起动,驱动驾驶人侧车外后视镜向上倾斜。

3. 缩回控制

(1)缩回控制装置的供电。电流通路为:B +(与蓄电池正极直接连接)→15A 熔断丝 EF19→C102 端子 9→折叠后视镜装置端子 3;另一路为:运行/起动→15A 熔断丝 F8→C201 端子 25→C202 端子 6→折叠后视镜装置端子 4。

(2)缩回控制过程。驾驶人按下折叠后视镜开关 SW1,控制电压加到折叠后视镜装置端子 1 上。其电路为:运行/起动→15A 熔断丝 F8→C201 端子 25→C202 端子 46→车外后视镜开关端子 8→折叠后视镜开关 SW1→车外后视镜开关端子 2→折叠后视镜装置端子 1。于是折叠后视镜装置输出相应的控制电压,端子 7 为正电,端子 8 为负电,电动机 M1、M2 正向运转,后视镜整体缩回。

当驾驶人再次按下开关 SW1 时,SW1 断开,加在折叠后视镜装置端子 1 上的电压消失,折叠后视镜装置使端子 7 为负电,端子 8 为正电,电动机 M1、M2 反向运转,后视镜整体伸出。

四、电控变色自动防炫目内后视镜

自动防炫目内后视镜由一个特殊镜面和两个光敏二极管及电子控制器组成。两个光敏二极管中一个安装在后视镜正面,另一个安装在背面,它们分别接受汽车前面及后面射来的光线。当后车的前照灯照射在车内后视镜上时,通过两个光敏二极管的信号比较可以判断后面的光强于前面的光,于是电子控制器就会施加电压给后视镜镜面的导电层上,从而改变镜面电化层颜色。电压越高,后视镜镜面电化层颜色越深,后面射来的强光就会被镜面吸收掉很大一部分,余下反射到驾驶人眼内的光线就变得柔和多了。镜面电化层使反射层根据后方光线的入射强度,自动持续变化以防止炫目。

自动防炫目后视镜固然能防炫目,但在从车库倒车出来时,由于车后面的光线较强而车前面光线弱,此时后视镜如变暗就不利于倒车时看清车后情况,因此一些汽车便设计成当汽车挂倒挡时能自动取消防炫目功能,或者也可以用开关手动取消该功能。

电控变色自动防炫目内后视镜如图 8-4 所示。内后视镜底座旁边有一个开关,可将系统设置在"自动(AUTO)"或"关闭(OFF)"位置。开关处于关闭位置

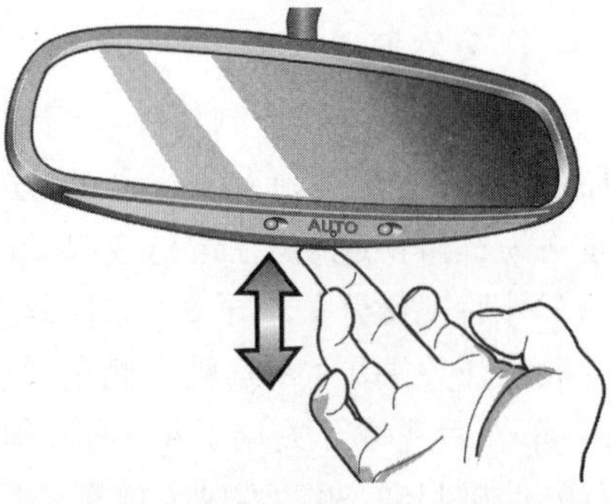

图 8-4　电控变色防炫目内后视镜

时,内后视镜不具备防炫目功能。开关处于自动位置时,内后视镜将自动根据需要改变颜色,减小眩光。控制系统电路如图8-5所示。

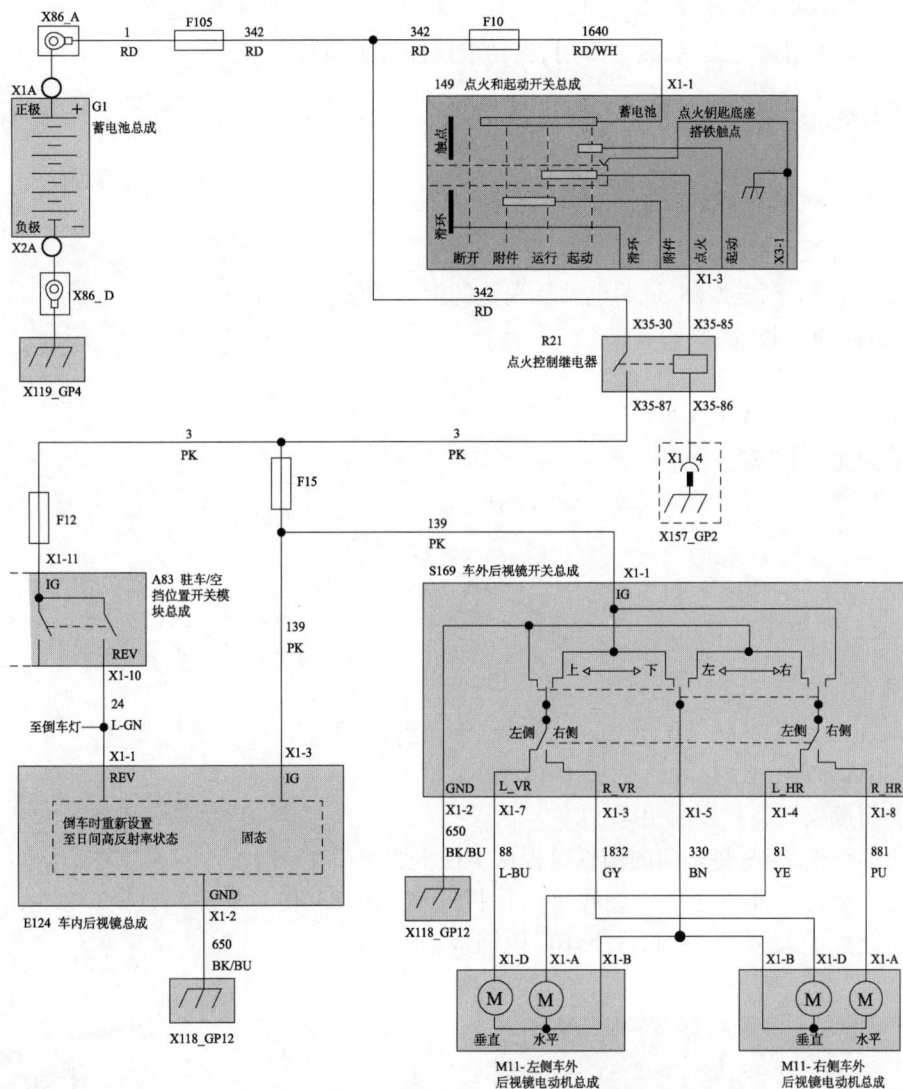

图8-5　电控变色自动防炫目内后视镜电路图

操作指引

1. 组织方式

(1)场地设施:举升机1台。

(2)设备设施:自动挡迈腾轿车1辆。

(3)工量具:常用拆装工具、电动后视镜专用拆卸工具、预置式扭力扳手、数字万用表等。

(4)耗材:线束。

2. 操作要点

(1) 穿戴干净整洁的工作服。

(2) 遵守场地安全规定,注意用电安全。

(3) 正确使用拆装工具、数字万用表、测量仪器等工量具。

任务实施

1. 电动后视镜的拆装

1) 电动后视镜的拆卸

以迈腾 1.8T 汽车为例,说明电动后视镜的拆卸方法。

(1) 所需的工具(图 8-6):

① 拆卸楔:3409。

② 扭力扳手:V. A. G 1783。

③ 拆卸楔:T10383。

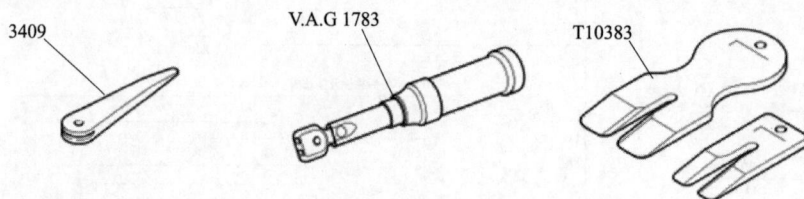

图 8-6　拆卸工具

(2) 拆卸步骤

① 关闭点火开关并拔出钥匙。

② 用拆卸楔 3409 将车门内饰板盖板从下往上脱出(图 8-7)。

③ 旋出螺栓 9,将夹子 3、4 旋转 90°,用拆卸楔 T10383 取下夹子 2、5、6、7、10,按压夹子的侧面脱开夹子 1、8(图 8-8),拆下车门内饰板。

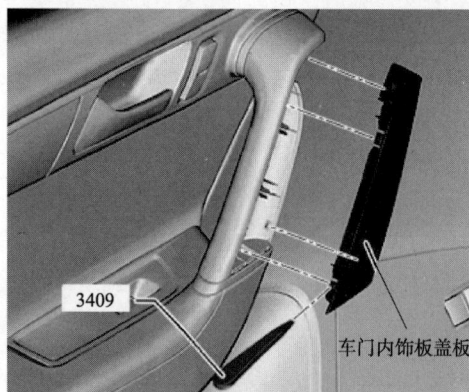

图 8-7　拆卸车门内饰板盖板

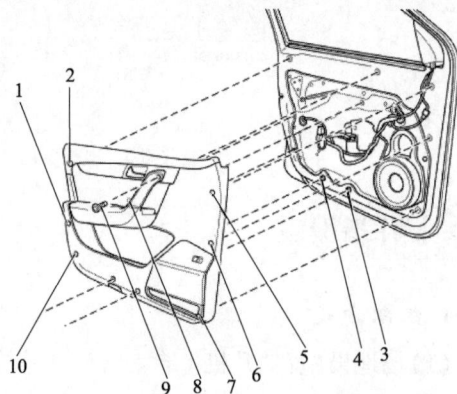

图 8-8　拆卸车门内饰板
1、2、3、4、5、6、7、8、10-夹子;9-螺栓

④拆卸前部高音扬声器。

⑤如图 8-9a）所示，脱开导线 1 的线束卡 2，并从车窗控制单元上拔下车外后视镜的插头。

⑥如图 8-9b）所示，拧松后视镜固定螺栓 2，取下后视镜，并将导线 3 从车门开口中穿出。

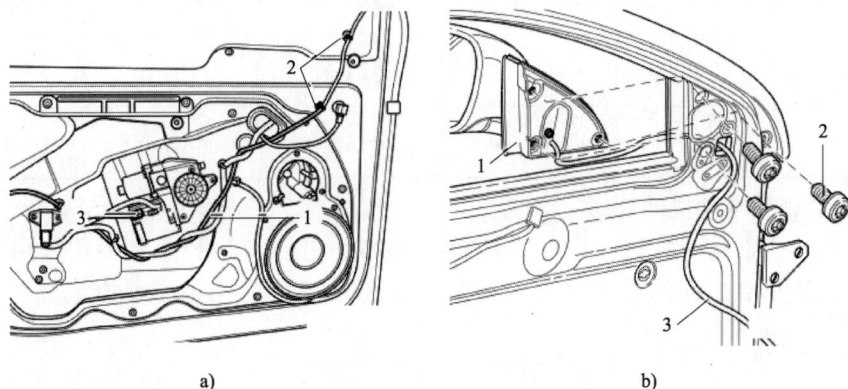

a)　　　　　　　　　　　　　　b)

图 8-9　拆卸车外后视镜

1、3-导线；2-线束卡

2）后视镜的安装

与拆卸过程相反。

2. 电动后视镜主要部件的检修

由于不同车型的电动后视镜组件结构不相同，所以在维修时应该针对不同的车型，确定相应的维修方法。

1）车外后视镜开关的检测

拆下车外后视镜开关。车外后视镜开关由后视镜选择开关 1 和后视镜方向开关 2 组成，如图 8-10 所示。按表 8-1 所示拨动后视镜开关，按图 8-11 所示用万用表测试所列开关接线端子之间是否导通。如果有一项不满足要求，应更换后视镜开关。

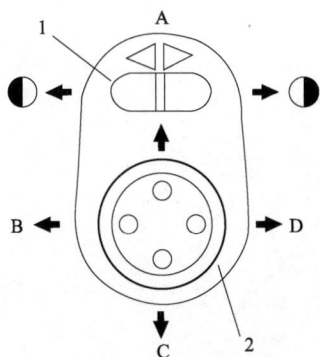

图 8-10　车外后视镜开关

1-后视镜选择开关；2-后视镜方向开关

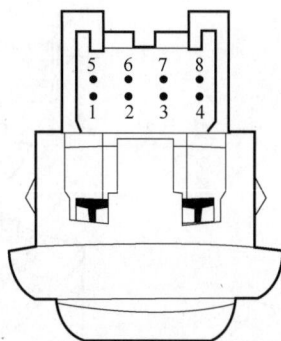

图 8-11　车外后视镜开关端子排列

车外后视镜开关线路导通情况的检测　　　　　　　　　　表 8-1

选择开关 1 的位置	方向开关 2 的位置	导通的开关端子号	选择开关 1 的位置	方向开关 2 的位置	导通的开关端子号
◗（左侧）	A（上）	1 和 5、2 和 7	◖（右侧）	A（上）	1 和 5、2 和 3
◗（左侧）	B（左）	1 和 5、2 和 4	◖（右侧）	B（左）	1 和 5、2 和 8
◗（左侧）	C（下）	1 和 7、2 和 5	◖（右侧）	C（下）	1 和 3、2 和 5
◗（左侧）	D（右）	1 和 4、2 和 5	◖（右侧）	D（右）	1 和 8、2 和 5

2）电动后视镜电动机的检修

（1）电动机内部通断检测。拆卸车外后视镜总成，如图 8-12 所示，用万用表测量端子 A 和 B、A 和 D、B 和 D 之间的电阻，如果电阻值超过 200Ω，则应更换后视镜总成。

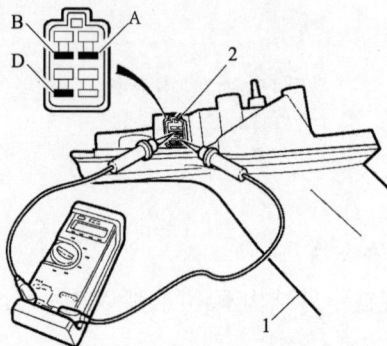

图 8-12　电动机内部通断检测
1-后视镜总成；2-连接器

（2）电动机通电检测。按图 8-13 所示，将 12V 蓄电池的正极（＋）和负极（－）引线连接至连接器端子。观察后视镜的移动方向，如果与表 8-2 所示不符，则应更换后视镜总成。

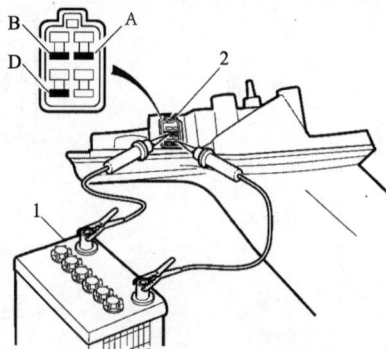

图 8-13　电动机通电检测
1-蓄电池；2-连接器

电动后视镜通电的检测　　　　　　　　　　表 8-2

左侧后视镜移动方向	端子 A	端子 B	端子 D	右侧后视镜移动方向	端子 A	端子 B	端子 D
向内	+	-		向内	-	+	
向外	-	+		向外	+	-	
上升	+	-		上升		+	-
下降	-	+		下降		-	+

3. 电动后视镜常见故障诊断

(1)两个电动后视镜均不工作。故障原因为熔断丝熔断、搭铁不良、后视镜开关损坏、电动机损坏等。

(2)一侧电动后视镜不能动。故障原因为搭铁不良、后视镜开关损坏、电动机损坏等。

(3)一侧电动后视镜上下方向不能动。故障原因为搭铁不良、上下调整电动机损坏。

(4)一侧电动后视镜左右方向不能动。故障原因为搭铁不良、左右调整电动机损坏。

当所有故障诊断和修理完成后,应检查系统是否正常工作。

任务小结

(1)汽车的电动后视镜一般由镜片、驱动电动机、控制电路及操纵开关等组成。

(2)自动防炫目内后视镜一般采用液晶式,利用液晶通电改变透光率(变色),可以起到减低反射率的效果。

(3)后视镜按照安装位置不同可以分为内后视镜、外后视镜和下视镜三种。

(4)电动后视镜常见故障诊断:

①两个电动后视镜均不工作。故障原因为熔断丝熔断、搭铁不良、后视镜开关损坏、电动机损坏等。

②一侧电动后视镜不能动。故障原因为搭铁不良、后视镜开关损坏、电动机损坏等。

③一侧电动后视镜上下方向不能动。故障原因为搭铁不良、上下调整电动机损坏。

④一侧电动后视镜左右方向不能动。故障原因为搭铁不良、左右调整电动机损坏。

学习任务九 电动座椅不能调节故障诊断与修复

任务描述

一位客户反映他所驾驶的一汽-大众迈腾轿车,打开点火开关,操作电动座椅开关时,发现驾驶人及乘员电动座椅前后、上下、倾斜等方向均不能调节。

汽车座椅为驾驶人提供便于操作、舒适而又安全的驾驶位置,为乘员提供不易疲劳且舒适而又安全的乘坐位置。座椅调节的目的就是使驾驶人和乘员乘坐舒适。通过调节还可以变动坐姿,减少乘员长时间乘车的疲劳。

现代汽车普遍采用电动座椅,驾驶人通过操纵电动座椅开关按钮,可以将座椅调整到最佳的位置上,使驾驶人获得最好视野,便于操纵转向盘、踏板、变速杆等,还可以获得最舒适和最习惯的乘坐角度。汽车乘客也能通过操纵电动座椅开关按钮,调整乘坐姿势,使乘坐更加舒适。

现在请你对客户轿车的电动座椅进行检修。

学习目标

(1)掌握电动座椅的组成和各部分功用;

(2)能正确描述电动座椅的工作原理、使用及系统的控制方法;

(3)能正确识读和分析电动座椅系统的电路图;

(4)会正确拆装电动座椅系统各部件;

(5)会检测判断电动座椅系统各部件性能;

(6)会分析诊断和排除电动座椅系统常见故障;

(7)具备信息查询和手册使用的基本能力;

(8)能够按照企业5S要求和安全生产规范进行操作;

(9)能与同学密切合作,规范安全地完成学习活动;

(10)养成自主学习的习惯,培养规范操作的工作作风及环保意识。

建议学时:6学时。

📖 **知识准备**

一、电动座椅的分类

电动座椅根据分类方式的不同可分为以下几种类型。

1. 根据使用电动机的数量分类

根据使用电动机的数量,电动座椅可分为单电动机式、双电动机式、三电动机式和四电动机式等。

(1)单电动机式。单电动机式只能对电动座椅的前后两个方向进行调整。

(2)双电动机式。双电动机式可以对电动座椅的 4 个方向进行调整,即不仅前后两个方向的位置可以移动,其高低也可以进行调整。

(3)三电动机式。三电动机式可以对电动座椅的 6 个方向进行调整,即不仅能向前后两个方向移动,还可分别对座椅的前部和后部的高低进行调整。

(4)四电动机式。四电动机式的调整功能除了具有以上三电动机式的调整功能以外,还可对靠背的倾斜度进行调整。

电动座椅除了保证上述基本运动外,还可对头枕高度、座椅长度和扶手的位置进行调整。具有全方位可调节功能的电动座椅如图 9-1 所示。

2. 根据有无存储功能分类

根据有无存储功能,电动座椅可分为无存储功能与有存储功能两种。有存储功能的电动座椅,可以将每次驾驶

图 9-1　具有全方位可调节功能的电动座椅
1-座椅前后移动调节;2-靠背倾斜度调节;3-靠背上部调节;4-靠枕前后调节;5-靠枕上下调节;6-侧背支撑调节;7-腰椎支撑气垫调节;8-座椅前部支撑调节;9-座椅高度调节

人或乘客调整电动座椅后的数据存储下来,作为以后重新调整座椅位置时的基准。

3. 根据有无加热器分类

根据有无加热器,电动座椅可分为无加热器式与有加热器式两种。有加热器式电动座椅可以在冬季寒冷的时候对座椅的坐垫进行加热,以使驾驶人或乘客乘坐更舒适。

此外,在座椅中还附加了一些特种功能的装置,如在气垫座椅上使用电动气泵,对各个专用气囊(腰椎支撑气囊、侧背支撑气囊、座位前部的大腿支撑气囊)进行充气,起到调节支撑腰椎、侧背、大腿的作用。

二、电动座椅的组成

电动座椅一般由双向电动机、传动机构和电动座椅开关等组成,如图 9-2 所示。双向电动机产生动力,传动机构可以把动力传至座椅,通过控制开关实现座椅不同位置的调节。

1. 电动机

大多数电动座椅使用永磁式双向直流电动机,它通过控制开关来改变流经电动机内部

the电流方向，从而实现转动方向的改变。为防止电动机过载，大多数永磁式电动机内装有断路器。

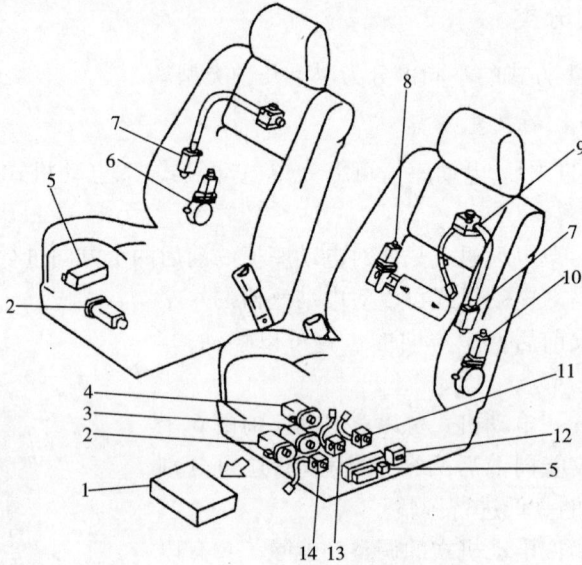

图9-2　电动座椅的组成

1-电动座椅ECU；2-滑动电动机；3-前垂直电动机；4-后垂直电动机；5-电动座椅开关；6-倾斜电动机；7-头枕电动机；8-腰垫电动机；9-位置传感器（头枕）；10-倾斜电动机和位置传感器；11-位置传感器（后垂直）；12-腰垫开关；13-位置传感器（前垂直）；14-位置传感器（滑动）

2.传动机构

电动机的旋转运动，通过传动机构改变座椅的空间位置。

(1)高度调整机构。高度调整机构由蜗杆、蜗轮、心轴等组成，如图9-3所示。调整时蜗杆轴在电动机的驱动下，带动蜗轮转动，从而保证心轴旋进或旋出，实现座椅的上升与下降。

(2)纵向调整机构。纵向调整机构由蜗杆、蜗轮、齿条、导轨等组成，如图9-4所示。齿条装在导轨上，调整时，电动机转矩经蜗杆传至两侧的蜗轮上，经导轨上的齿条，带动座椅前后移动。

三、带存储记忆功能的电动座椅

大众迈腾汽车中配备的有存储记忆功能的电动座椅是在普通电动座椅的基础上增加了一套具有存储记忆功能的电子控制系统。电子控制系统中可以存储不同驾驶人或乘客的座椅位置，驾驶人或乘客可以通过按钮调出自己的座椅位置，使得座椅的调整更加方便快捷。

有存储功能的电动座椅控制系统有两套控制装置，一套是手动的，包括电动座椅控制开关和一组座椅位置调整电动机等，驾驶人或乘客可以根据自身需要通过相应的座椅开关来调整，它的控制方式和普通电动座椅完全相同。另一套是自动的，包括座椅位置传感器（电位计）、存储和复位开关、ECU及与手动控制系统共用的一组调整电动机。

140

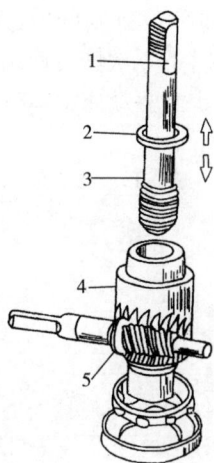

图9-3　高度调整机构

1-铣平面;2-止推垫片;3-心轴;4-蜗轮;5-蜗杆

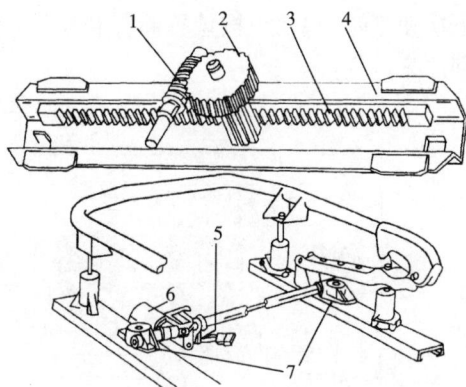

图9-4　纵向调整机构

1-蜗杆;2-蜗轮;3-齿条;4-导轨;5-反馈信号电位计;
6-调整电动机;7-支撑及导向元件

1. 座椅位置传感器

要实现座椅位置的存储与恢复,则必须有座椅位置传感器。电动座椅位置传感器主要有滑动电位器式和霍尔式两种类型。

滑动电位器式位置传感器如图9-5所示,主要由座椅电动机驱动的齿轮和螺杆、电阻丝以及能在螺杆上滑动的滑块组成。当电动机驱动座椅的同时,也驱动齿轮带动螺杆,驱动滑块在电阻器上滑动,相当于一个可变电阻,通过电阻器阻值的变化将座椅位置信号转变成电压信号输入 ECU。

霍尔式位置传感器如图9-6所示,主要由永久磁铁和霍尔集成电路组成。永久磁铁安装在电动机驱动的轴上,由于转轴上永久磁铁的转动引起霍尔元件中磁通量的变化,从而霍尔元件产生霍尔电压,再经霍尔集成电路进行放大并处理,然后取出旋转的脉冲信号输入 ECU。

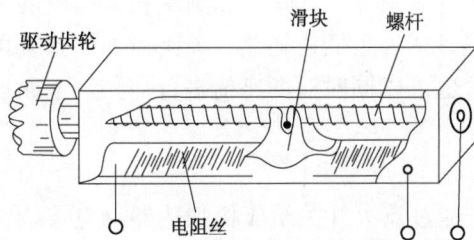

图9-5　滑动电位器式位置传感器

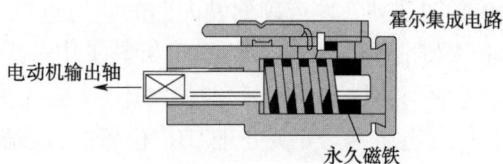

图9-6　霍尔式位置传感器

2. 有存储功能的电动座椅基本工作原理

有存储功能的电动座椅控制电路如图9-7所示,其动作方式有座椅前后滑动调节、座椅前部的上下调节、座椅后部的上下调节、靠背的倾斜调节、头枕的上下调节及腰垫的前后调节等。其中腰垫的前后调节是通过腰垫开关和腰垫电动机直接控制的,并无存储功能。驾驶人通过操纵电动座椅开关可以控制其余的五种调整。当座椅位置调好后,按下储存和复位开关,电动座椅 ECU 就把各位置传感器的信号储存起来,以备下次恢复座椅位置时再用。当下次使用时,只要一按位置储存和复位开关,电动座椅 ECU 便驱动座椅电动机,将座椅调整到原来位置。

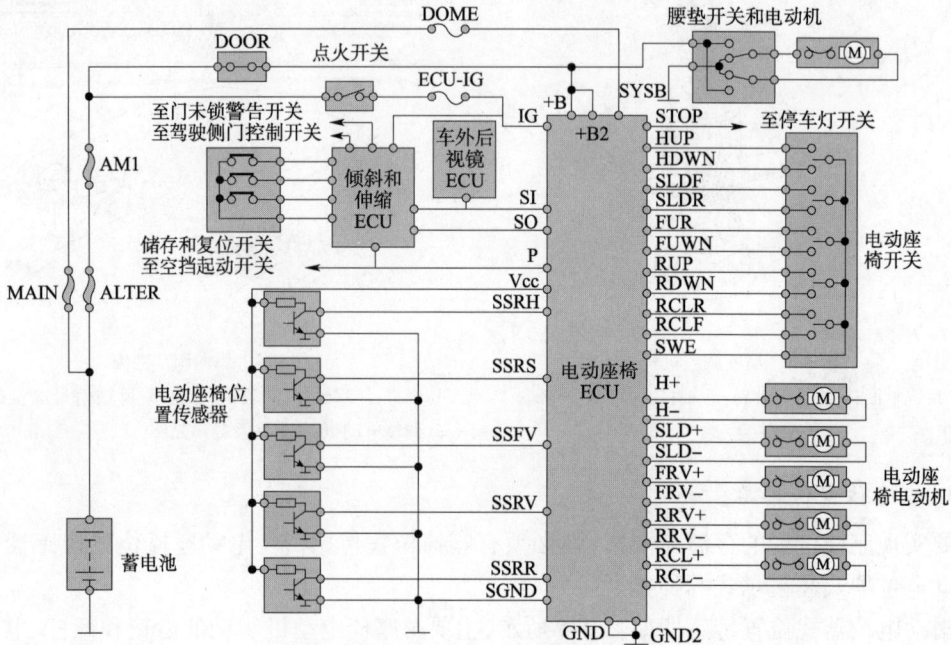

图 9-7　有存储功能的电动座椅控制电路图

四、带座椅加热功能的电动座椅

座椅加热系统可以对驾驶人和乘客的座椅进行加热,使乘坐更加舒适。有些汽车座椅的加热速度可以调节。下面介绍加热速度可调节式电动座椅。

部分轿车的电动座椅带有加热器,加热器开关和继电器的安装位置如图 9-8 所示。其控制电路如图 9-9 所示,此座椅加热器的加热速度可以调节。驾驶人和副驾驶人座椅的加热器和加热控制开关相同。其中 HI 表示高速加热,LO 表示低速加热。该座椅加热系统可以单独对驾驶人侧或副驾驶人侧的座椅进行加热,也可以同时对两座椅进行加热。下面以驾驶人侧的座椅加热器为例,分析其工作过程。

(1)当加热器开关断开时,加热系统不工作。

(2)当加热器开关处于"HI"位置时,电流首先经过点火开关给座椅加热器继电器线圈通电,于是继电器触点闭合。此时加热器开关的电路为:蓄电池正极→No. 22、No. 55、No. 15→座椅加热器继电器触点→驾驶人座椅加热器开关端子 5,然后电流分为三个支路:一路经指示灯→加热器开关端子 4→G506 搭铁,高速指示灯亮;另一路经加热器开关端子 6→加热器端子 A1→节温器→断路器→靠背线圈→G601 搭铁;还有一路经加热器开关端子 6→加热器端子 A1→节温器→断路器→坐垫线圈→加热器端子 A2→加热器开关端子 3→加热器开关HI 挡→加热器开关端子 4→G506 搭铁。此时,靠背线圈和坐垫线圈并联加热,加热速度较快。

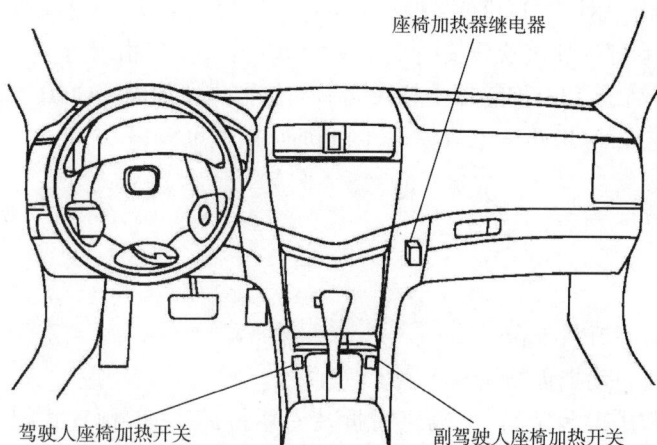

图 9-8　轿车加热器开关和继电器的安装位置

图 9-9　轿车座椅加热系统电路

（3）当加热器开关处于"LO"位置时，电流进入驾驶人座椅加热器开关端子 5 后，分为两个支路：一路经指示灯→加热器开关端子 4→G506 搭铁，低速指示灯亮；另一路经加热器开关端子 3→加热器端子 A2→加热器坐垫线圈→加热器靠背线圈→G601 搭铁。此时，靠背线圈和坐垫线圈串联加热，电路中电流较小，因此加热的速度较慢。

操作指引

1.组织方式

（1）场地设施：举升机 1 台。

（2）设备设施：自动挡迈腾轿车 1 辆。

（3）工量具：常用拆装工具、电动座椅拆装专用拆卸工具、预置式扭力扳手、数字万用表等。

（4）耗材：线束。

2.操作要点

（1）穿戴干净整洁的工作服。

（2）遵守场地安全规定，注意用电安全。

（3）正确使用拆装工具、数字万用表、测量仪器等工量具。

任务实施

1.电动座椅的拆装

1）电动座椅的拆卸

以迈腾 1.8T 汽车为例，说明电动座椅的拆卸方法。

（1）所需的工具（图 9-10）。

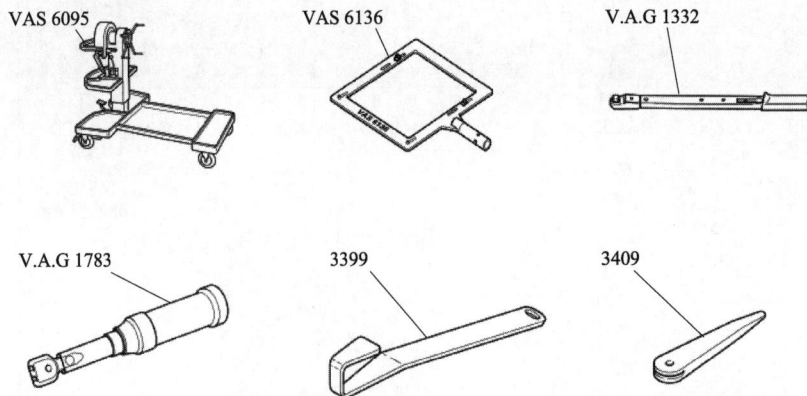

图 9-10　拆卸工具

①发动机变速器支架：VAS 6095。

②座椅维修支架：VAS 6136。

③扭力扳手：V. A. G 1332。

④扭力扳手:V.A.G 1783。

⑤装配工具:3399。

⑥拆卸楔:3409。

(2)拆卸步骤。

①通过调节装置将座椅调至最靠前最高的位置。

②向下按压夹紧销1并拆下膨胀夹2,打开饰板内侧的夹子3、4、5,从饰板支架上取下饰板并脱开线束(图9-11)。

③带记忆功能的座椅需松开锁止件,如图9-12所示,将记忆单元从饰板中取出才能继续进行电动座椅控制单元的拆卸。

④在饰板外侧用拆卸楔3409从支架中撬出开关操纵机构2和3,在饰板内侧旋出螺栓4,从饰板中取出座椅调节装置的开关单元5,旋出螺栓6,从饰板中取出腰部调节装置的开关7,如图9-13所示。

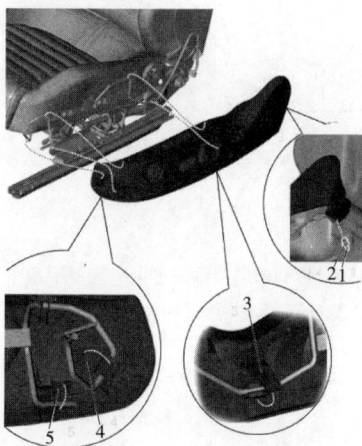

图9-11　拆卸座椅饰板示意图

1-夹紧销;2-膨胀夹;3、4、5-夹子

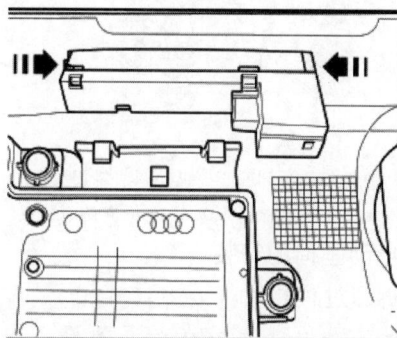

图9-12　拆卸座椅记忆单元示意图

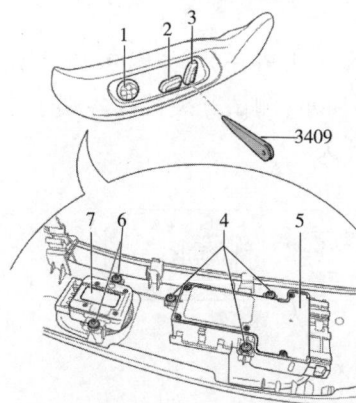

图9-13　拆卸座椅开关单元示意图

1-座椅调节开关;2、3-开关操纵机构;4、6-螺栓;

5-开关单元;7-腰部调节装置开关单元

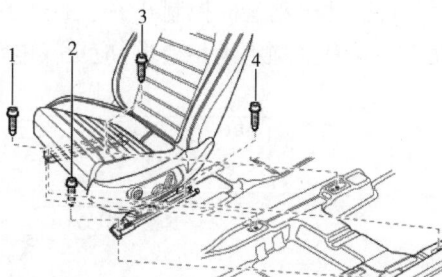

图9-14　拆卸前座椅总成示意图

1、2、3、4-螺栓

⑤在当前座椅位置状态下,旋出螺栓3、4,再调节座椅至最靠后最低的位置,旋出螺栓1、2,从汽车底板固定架中松脱座椅,如图9-14所示。

⑥将拆下的前座椅倒扣在干净的垫板上,旋出座椅右侧的螺栓1和5,松开传动杆3,旋松左后侧螺栓2,左前螺栓4,松开座椅纵向调节装置6的线束插头并将其从座椅骨架上松开,如图9-15所示。

⑦将拆下的前座椅固定在座椅修理台上,旋出螺栓1、2,从座椅骨架上松开倾斜度调节装置4,脱开线束插头3,拆下倾斜度调节装置,如图9-16所示。

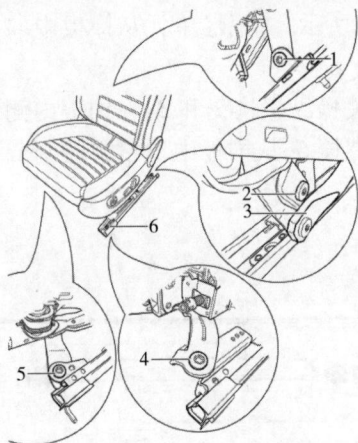

图9-15 拆卸前座椅纵向调节装置示意图
1、2、4、5-螺栓;3-传动杆;6-纵向调节装置

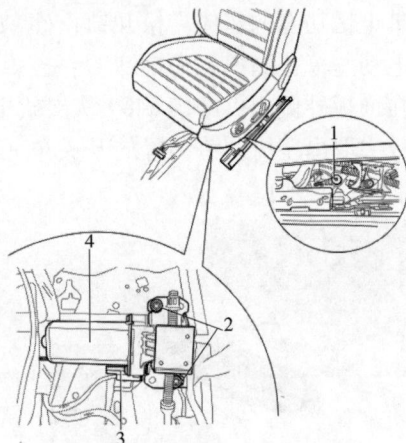

图9-16 拆卸前座椅倾斜度调节装置示意图
1、2-螺栓;3-线束插头;4-倾斜度调节装置

2)电动座椅的安装

与拆卸过程相反。

2. 电动座椅主要部件的检修

由于不同车型的电动座椅组件结构不相同,所以在维修时应该针对不同的车型,确定相应的维修方法。

1)电动座椅控制开关的检修

电动座椅控制开关包括驾驶人侧座椅开关和乘客侧座椅开关,如图9-17所示。按表9-1所示,拨动电动座椅控制开关上的开关,按图9-17所示,测试开关接线各端子之间是否导通。如果有一项不满足要求,应更换电动座椅控制开关。

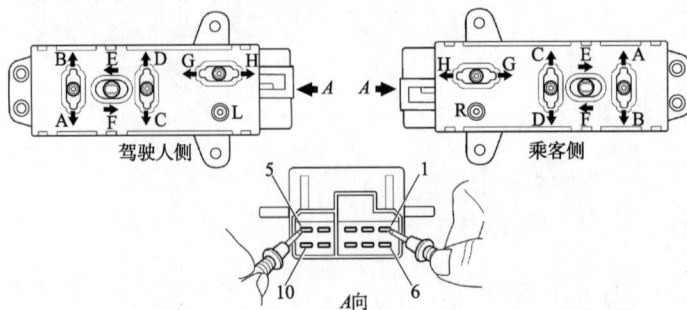

图9-17 电动座椅控制开关及端子排列

电动座椅控制开关线路导通情况的检测　　　　　　表9-1

开 关 位 置	开 关 端 子	开关完好时万用表指示	开 关 位 置	开 关 端 子	开关完好时万用表指示
位置A	10 和 5	导通	位置E	6 和 5	导通
位置B	7 和 5	导通	位置F	3 和 5	导通
位置C	9 和 5	导通	位置G	2 和 5	导通
位置D	8 和 5	导通	位置H	4 和 5	导通
开关置于中间位置	1 和 2、3、4、6、7、8、9 或 10	导通			

2）电动座椅电动机的检修

对电动座椅调节电动机的检测应先将其从座椅上拆下来才能进行,其检修方法如下。

（1）当将电动座椅调节电动机处于某一种调节状态时,检测各端子与电源之间的连接情况应符合要求。分别用导线将电动机连接器的相应两个端子与蓄电池的正、负极相连接,检查电动机工作情况。必须注意的是,当电动机通电后不转,或有异常响声,均应立即停止检测。

（2）如检测到某个调节电动机不运转或运转不平稳,则拔下该电动机上的两芯连接器,直接将蓄电池正、负极用导线与该电动机连接,进行通电检测。如此时电动机运转无问题,则为调节电动机两芯插座之间的导线可能有断路、搭铁或接触不良现象。

（3）如单独对电动机通电后仍不运转或运转不正常,说明该电动机有故障,则应更换新件。

3.电动座椅常见故障诊断

电动座椅常见故障原因分析,见表9-2。

电动座椅常见故障原因分析　　　　　　表9-2

故 障 现 象	故 障 原 因	解 决 办 法
所有电动座椅都不能动	电动座椅电路断路器损坏（或熔断丝失效）	检修
	搭铁不良或搭铁线路断路	检测、维修
一个电动座椅不能动	该电动座椅的输入电源线路断路或接触不良	检修
	该电动座椅的搭铁不良或线路断路	检修
	开关失效	更换新件
电动座椅前、后端不能垂直升降或整个座椅不能垂直升降	前垂直调节电动机、后垂直调节电动机的连接线路故障	检查线路接头是否接触牢固
	前垂直调节电动机、后垂直调节电动机故障	检测电动机
	控制开关失效	更换控制开关
	传动装置失效	检修传动装置
	调整不当	重新调整

续上表

故 障 现 象	故 障 原 因	解 决 办 法
电动座椅不能前移或后移	水平电动机的连接线路故障	检查线路接头是否接触牢固
	水平电动机故障	检测电动机
	前进、后退开关故障	在前进、后退挡位切换的情况下检测开关输出端是否有电压
	传动装置失效	检修传动装置

任务小结

（1）电动座椅一般由双向电动机、传动机构和电动座椅开关等组成。

（2）要实现座椅位置的存储与恢复，则必须有座椅位置传感器。电动座椅位置传感器主要有滑动电位器式和霍尔式两种类型。

（3）电动座椅的永磁式双向直流电动机通过控制开关来改变流经电动机内部的电流方向，从而实现转动方向的改变。

学习任务十　刮水器无间歇挡故障诊断与修复

任务描述

客户到店反映,他所驾驶的一汽-大众迈腾轿车,将刮水器置于间歇挡时,刮水器不动作,而其他挡位则工作正常。现在请你对客户轿车的刮水器进行检修。

刮水器的作用是清扫风窗玻璃上的雨水、雪或尘土,保证汽车在雨天或雪天时,驾驶人有良好的视线,确保行驶安全。

目前在汽车上广泛采用电动刮水器,刮水器开关一般具有高速、低速及间歇三个工作挡位,除了变速之外,还有自动回位的功能。

大多数汽车的风窗玻璃上装有两个刮水片,有些汽车后窗也装有一个刮水片,甚至有些高级轿车的前照灯上也装有刮水片。

学习目标

(1)掌握电动刮水器的组成和各部分功用;
(2)能正确描述电动刮水器系统的工作原理、使用及系统的控制方法;
(3)能正确识读和分析电动刮水器的电路图;
(4)会正确拆装电动刮水器系统各部件;
(5)会检测判断电动刮水器系统各部件性能;
(6)会分析诊断和排除电动刮水器系统常见故障;
(7)具备信息查询和手册使用的基本能力;
(8)能够按照企业 5S 要求和安全生产规范进行操作;
(9)能与同学密切合作,规范安全地完成学习活动;
(10)养成自主学习的习惯,培养规范操作的工作作风及环保意识。
建议学时:6 学时。

知识准备

一、电动刮水器的组成与结构

电动刮水器在车上的位置如图 10-1 所示,电动刮水器操作开关如图 10-2 所示。

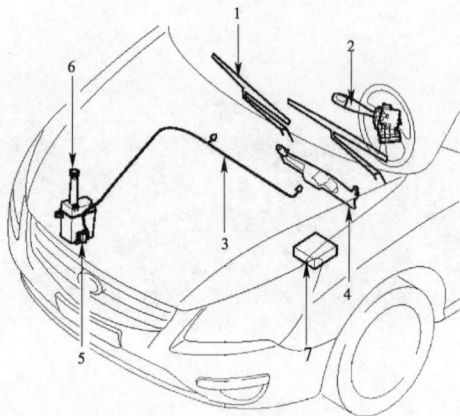

图 10-1 电动刮水器在车上的位置

1-风窗玻璃刮水臂、刮水片；2-刮水器、喷水器开关；3-风窗玻璃喷水器软管；4-风窗玻璃刮水器电动机、连杆；5-喷水电动机；6-喷水器储液箱；7-刮水器继电器

图 10-2 迈腾电动刮水器操作开关

1X-刮水器单次工作挡；OFF-停止挡；INT-间歇挡；LOW-低速挡；HIGH-高速挡

汽车的电动刮水器一般由直流电动机、蜗轮箱、曲柄、连杆、摆杆、摆臂和刮水片等组成。一般电动机和蜗轮箱结合成一体组成刮水器电动机总成。曲柄、连杆和摆杆等杆件可以把蜗轮的旋转运动转变为摆臂的往复摆动，使摆臂上的刮水片实现刮水动作。电动刮水器的结构如图 10-3 所示。

二、电动刮水器的工作原理

图 10-4 所示为轿车电动刮水器控制电路图。其控制系统可对高速运转、低速运转、间运转（间歇时间可调整）、喷水联动及刮雾联动等进行控制。

1. 刮水器高速运转控制

刮水器需高速运转时，将刮水器开关转至 HI 挡（高速挡），电流通路为：点火开关 ON 时电源→25A 前刮水器熔断丝→I/P－B 端子 20→组合开关端子 12→刮水器开关 HI 挡→组合开关端子 14→前刮水器电动机端子 4→前刮水器电动机→电路断电器→前刮水器电动机端子 5→GAG14 搭铁。前刮水器电动机启动，驱动风窗上的刮水片快

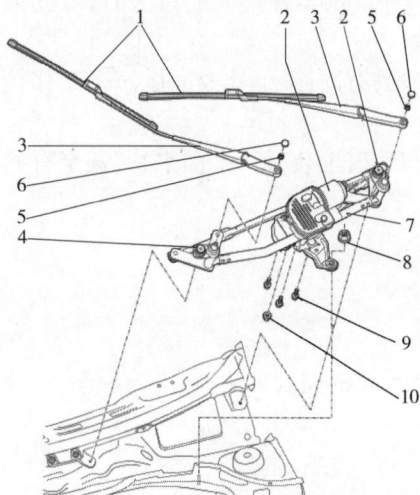

图 10-3 一汽大众迈腾轿车电动刮水器的结构

1-无骨刮水片；2-车窗玻璃刮水电动机；3-刮水臂；4-刮水器框架紧固螺栓；5-刮水臂紧固螺母；6-盖罩；7-带连杆的刮水器框架；8-刮水器框架车身固螺母；9-刮水器电动机紧固螺母；10-电动机曲柄紧固螺母

速摆刮。

2. 刮水器低速运转控制

刮水器需低速运转时，将刮水器开关转至 LO 挡（低速挡），电流通路为：点火开关 ON 时电源→25A 前刮水器熔断丝→连接器 I/P－B 端子 20→组合开关端子 12→刮水器开关 LO 挡→组合开关端子 8→前刮水器电动机端子 6→前刮水器电动机→电路断电器→前刮水

电动机端子5→GAG14搭铁。前刮水器电动机启动,驱动风窗上的刮水片慢速摆刮。

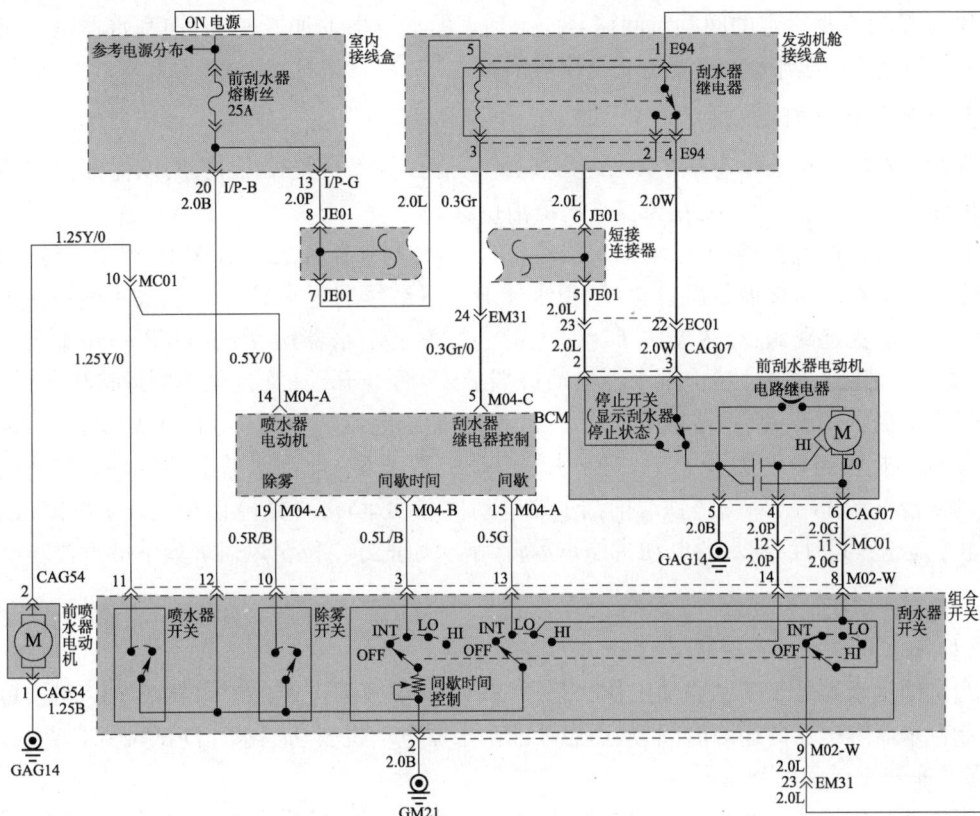

图10-4　汽车电动刮水器电路图

3. 刮水器间歇运转控制(间歇时间可调)

(1)间歇运转请求信号。刮水器需间歇运转时,将刮水器开关转至INT挡(间歇挡)。电流通路为:点火开关ON时电源→25A前刮水器熔断丝→I/P - B端子20→组合开关端子12→刮水器开关INT挡→组合开关端子13→BCM模块M04 - A端子15。刮水器需间歇运转的请求信号送至BCM模块。

(2)间歇时间信号。电流通路为:BCM模块M04 - B端子5→组合开关端子3→刮水器开关INT挡→间歇时间控制滑动电阻→组合开关端子2→GM21搭铁。通过手动旋转开关调节滑动电阻的电阻值,从而调节间歇时间。

(3)刮水器继电器控制。BCM模块收到刮水器需间歇运转的请求信号后,控制M04 - C端子5搭铁,接通刮水器继电器线圈电路,其电流通路为:点火开关ON时电源→25A前刮水器熔断丝→I/P - G端子13→JE01端子8→JE01端子7→刮水器继电器线圈→BCM模块M04 - C端子5→BCM模块内部搭铁。

刮水器继电器线圈通电后,继电器触点闭合。于是电流通路为:点火开关ON时电源→25A前刮水器熔断丝→I/P - G端子13→JE01端子8→JE01端子6→刮水器继电器端子2→刮水器继电器端子1→组合开关端子9→刮水器开关INT挡→组合开关端子8→前刮水器电动机端子6→前刮水器电动机→电路断电器→前刮水器电动机端子5→GAG14搭铁。前刮水器电动机工作。

BCM 模块根据设定的间歇时间信号控制刮水器继电器的通断时间,前刮水器电动机间歇启动,使风窗上的刮水片间歇性有规律摆刮。

4. 自动复位控制

在刮水器电动机上设有一个由凸轮驱动的一掷二位停机复位开关,用以保证刮水器在任何时刻停止时,刮水片都处在风窗玻璃下沿位置。

自动复位控制过程:当要电动刮水器停止时,闭合刮水器开关至 OFF 挡(停止挡),如果此时刮水片不在风窗玻璃下沿位置,则刮水器电动机继续通电运转直至刮水片正好在玻璃下沿位置。电流通路为:点火开关 ON 时电源→25A 前刮水器熔断丝→I/P－G 端子 13→JE01 端子 8→JE01 端子 5→前刮水器电动机端子 2→停止开关(连接至左侧运转状态)→前刮水器电动机端子 3→刮水器继电器端子 4→刮水器继电器端子 1→组合开关端子 9→刮水器开关 OFF 挡→组合开关端子 8→前刮水器电动机端子 6→前刮水器电动机→电路断电器→前刮水器电动机端子 5→搭铁。前刮水器电动机继续运转,直到停止开关处于右侧(刮水器停止状态)。此时前刮水器电动机停止运转,刮水片正好复位至风窗玻璃下沿位置。

5. 其他控制功能

(1)喷水联动刮水器控制

当电动刮水器处于喷水联动工作状态下,BCM 模块根据设定的喷水器喷水时间长短信号控制刮水器继电器的通断时间,从而启动前刮水器电动机驱动刮水片刮拭风窗玻璃。

(2)车速感应间歇刮水器

当电动刮水器处于间歇工作状态下,BCM 模块根据车速信号和间歇时间调整值共同计算间歇时间信号并控制刮水器继电器的通断时间,从而启动前刮水器电动机驱动刮水片刮拭风窗玻璃。

(3)刮雾联动刮水器控制。当电动刮水器处于刮雾联动工作状态下,BCM 模块根据设定的打开刮雾联动开关持续时间长短信号控制刮水器继电器的通断时间,从而启动前刮水器电动机驱动刮水片刮拭风窗玻璃。

三、雨量自动感应式刮水器

电动刮水器除了可手动操纵高、低速外,有些汽车的刮水器还有一个特殊功能,即雨量自动感应。当把操纵开关放到"AUTO"挡时,就会自动开启刮水器并根据雨量的大小来控制刮水器的速度。

图 10-5 所示为轿车雨量自动感应式电动刮水器的控制电路,其高速、低速及间歇工作与普通电动刮水器相似,这里不再详述,下面主要介绍雨量自动感应式刮水器的自动控制系统。

雨量自动感应式刮水器操作开关如图 10-6 所示,将刮水器开关置于自动(AUTO)挡,当雨量传感器感应到风窗玻璃表面有水时,自动启动刮水器电动机。通过旋拧刮水器开关上的调节轮,可调节自动刮水器控制的敏感度,即调整刮水的速度。

雨量传感器位于前风窗玻璃内侧,靠近后视镜,如图 10-7 所示。雨量传感器以 45°角向风窗玻璃发射一束红外线,如果玻璃干燥,反射回传感器的光线较多。如果玻璃表面有水时,光线就被散射到其他地方,反射回传感器的光线较少。反射回传感器的光线越少,说明雨水量越多。当反射回传感器的光线降至预先设定值时,传感器将自动启动刮水器工作。

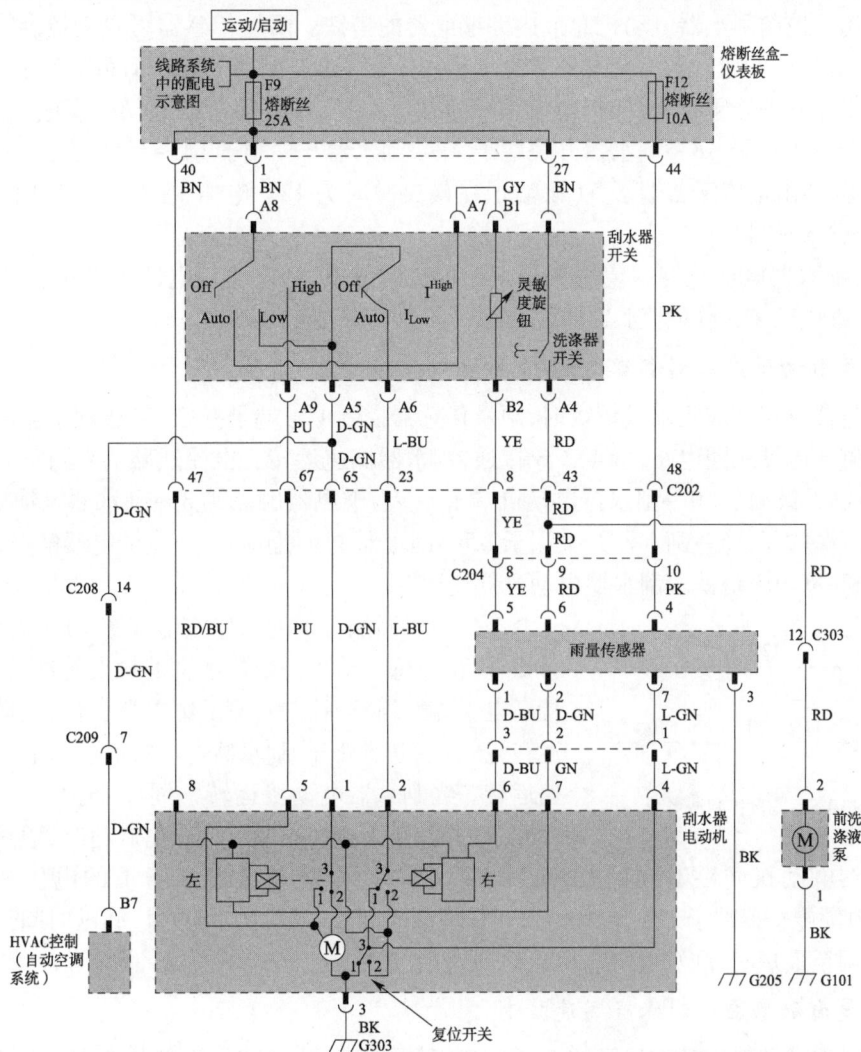

图 10-5　别克凯越轿车雨量自动感应式电动刮水器电路图

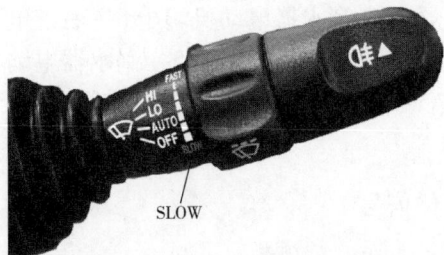

图 10-6　雨量自动感应式刮水器操作开关
OFF-停止挡;AUTO-自动挡;LO-低速挡;HI-高速挡;FAST、SLOW-灵敏度调整

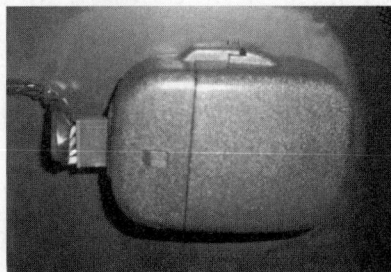

图 10-7　雨量传感器

在刮水器电动机内有两个继电器,左侧的继电器控制刮水器的高/低速,连接至雨量传感器 2 号端子;右侧的继电器控制低速/间歇,连接至雨量传感器 1 号端子。雨量传感器通过 1、2 号端子控制刮水器电动机总成内部继电器的搭铁。雨量传感器可自动控制间歇时间长短和刮水器高、低速。雨量传感器 7 号端子用于检测复位脉冲,以进行间歇控制。

当刮水器开关处于自动挡时,电流路径为:运行/起动(在运行或起动时有电)→熔断丝 F9→刮水器开关端子 A8→刮水器开关端子 A7→刮水器开关端子 B1→灵敏度旋钮→刮水器开关端子 B2→雨量传感器端子 5(该端子在最灵敏时为 12V 电压,在最不灵敏时为 6V 电压,是一个输入信号)。

说明:刮水器电动机控制模块相当于两个控制继电器,左边继电器未工作时,触点 2、3 接通;右边继电器未工作时,触点 1、3 接通。

1. 雨量自动感应式刮水器低速/间歇控制

当雨量传感器感应到雨量较少时,雨量传感器控制 1 号端子搭铁,接通刮水器电动机总成内部右侧继电器线圈电路,触点 2、3 接通,刮水器低速运转。电流通路为:运行/启动→熔断丝 F9→仪表板端子 40→刮水器电动机端子 8→右继电器触点 2、3→刮水器电动机端子 2→刮水器开关端子 A6→刮水器开关端子 A5→刮水器电动机端子 1→左继电器触点 3、2→刮水器电动机→G303 搭铁。刮水器电动机低速运转。

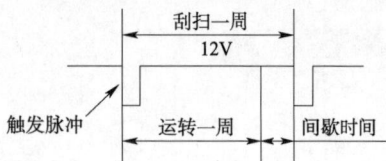

图 10-8　间歇控制波形

雨量传感器端子 1 的工作波形如图 10-8 所示,由图可知,雨量传感器给出一个低电平的触发脉冲后,然后保持高电平,触发脉冲控制右侧的继电器工作,电动机开始运转,然后继电器断开,刮水器电动机靠回位通路维持低速运转。当刮水器电动机运转一周后,至下一个触发脉冲到来之前是间歇时间,调节灵敏度旋钮时,雨量传感器控制刮水器电动机间歇时间的长短。低速工作时,雨量传感器端子 1 的电压为 5.1 ~ 10.8V。雨量传感器端子 1 电压为 5.1V 时,间歇时间最长;为 10.8V 时,间歇时间最短。当间歇时间调至最短时,刮水器电动机启动高速挡。

2. 雨量自动感应式刮水器高速控制

当雨量传感器感应到雨量足够大,需控制刮水器高速运转时,雨量传感器控制 1 号和 2 号端子搭铁,左、右继电器同时工作,使左继电器触点 1、3 接通,右继电器触点 2、3 接通,刮水器高速运转。电流通路为:运行/启动→熔断丝 F9→刮水器电动机端子 8→右继电器触点 2、3→刮水器电动机端子 2→刮水器开关端子 A6→刮水器开关端子 A5→刮水器电动机端子 1→左继电器触点 3、1→刮水器电动机→G303 搭铁。刮水器电动机高速运转。

3. 复位脉冲检测

雨量传感器只有收到刮水器电动机的复位信号后,才能正确控制间歇时间。刮水器电动机端子 4 是复位脉冲输出端,将复位信号送至雨量传感器的端子 7,复位脉冲波形如图 10-9 所示。图中脉冲的下降沿是复位开始,图 10-8 中触发脉冲前沿是刮水器电动机运

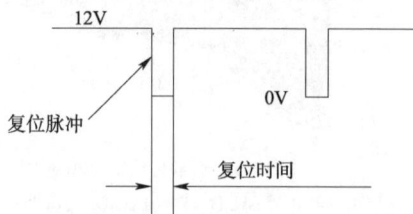

图 10-9　复位脉冲

转开始,至收到复位脉冲是运转一周时间,复位脉冲至下一个触发脉冲是间歇时间。

4.自动空调控制

刮水器开关端子 A5 向自动空调系统端子 B7 输出刮水器工作信号,当刮水器电动机工作约 60s 时,如果自动空调处于 AUTO 状态,则自动启动除雾功能。

操作指引

1.组织方式

(1)场地设施:举升机 1 台。

(2)设备设施:自动挡迈腾轿车 1 辆。

(3)工量具:常用拆装工具、刮水器专用拆卸工具、预置式扭力扳手、数字万用表等。

(4)耗材:线束。

2.操作要点

(1)穿戴干净整洁的工作服。

(2)遵守场地安全规定,注意用电安全。

(3)正确使用拆装工具、数字万用表、测量仪器等工量具。

任务实施

1.刮水器的拆装

1)电动刮水器的拆卸

以迈腾 1.8T 汽车为例,说明电动刮水器的拆卸方法。

(1)所需的工具(图 10-10)。

①拆卸楔:3409。

②扭力扳手:V. A. G 1783。

③拆卸楔:T10383。

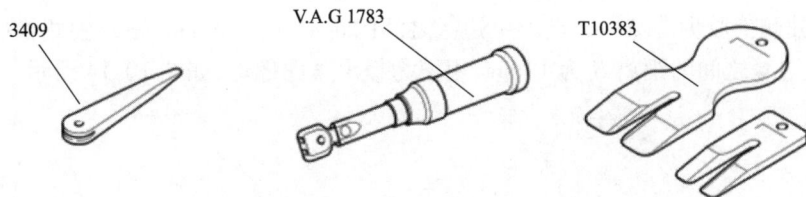

图 10-10　拆卸工具

(2)拆卸步骤。

①关闭电动刮水器 APS 功能。

②将刮水器运行至终端停止位置,并关闭点火开关。

③断开蓄电池。

④用螺丝刀撬下刮水臂紧固螺母盖罩,拧松紧固螺母,拆下刮水臂。

图 10-11　拆卸风窗玻璃刮水器示意图
1-螺母；2-插头连接；3-导线支架；4-垫片

⑤拆卸排水槽盖板。

⑥解锁并脱开插头连接 2，从刮水器支撑板中脱开导线支架 3，取下发动机线束固定卡，旋出紧固螺母和垫片 4，旋出螺母 1，取下带连杆的刮水器框架和刮水器电动机，如图 10-11 所示。

⑦用撬杆从电动机曲柄中撬下连杆的球头（图 10-12）。

⑧拧下六角螺母，从刮水器电动机上拔下电动机曲柄 2，旋出紧固螺母并取下固定板 3，最后从刮水器框架内取出刮水器电动机和控制单元，如图 10-13 所示。

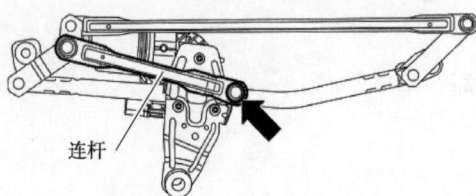

图 10-12　拆卸刮水器电动机示意图

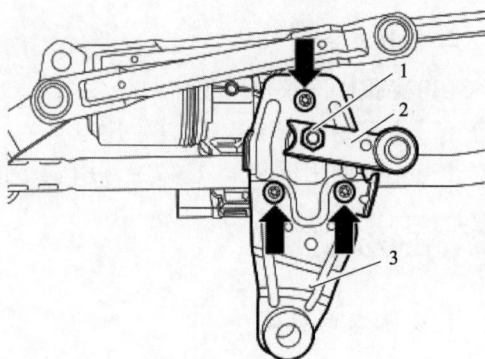

图 10-13　分离刮水器电动机示意图
1-六角螺母；2-电动机曲柄；3-固定板

2）电动刮水器的安装

与拆卸过程相反。

（1）调节车窗玻璃刮水片终端停止位置，关闭 APS 功能，刮水器电动机运行到终端位置，然后关闭点火开关，调节车窗玻璃刮水片终端停止位置。

（2）驾驶侧橡胶尖端与风窗玻璃下边缘之间的距离 A 为 39mm，副驾驶侧橡胶尖端与排水槽盖板上边缘之间的距离 B 为 14mm，用扭力扳手紧固螺母，如图 10-14 所示。

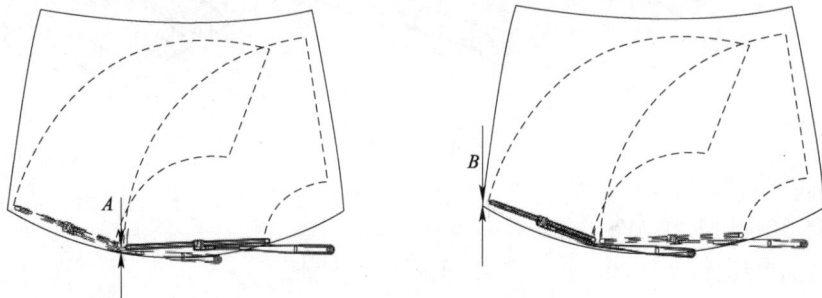

图 10-14　刮水片终端停止位置示意图

2.电动刮水器电动机的检修

（1）拆卸刮水器开关，如图10-15所示。

（2）拆卸刮水器电动机导线连接器，如图10-16所示。将连接器端子6接蓄电池正极，端子5接蓄电池负极，检查电动机是否低速转动。若不低速转动，则应更换刮水器电动机。

（3）将连接器端子4接蓄电池正极，端子5接蓄电池负极，检查电动机是否高速转动。若不高速转动，则应更换刮水器电动机。

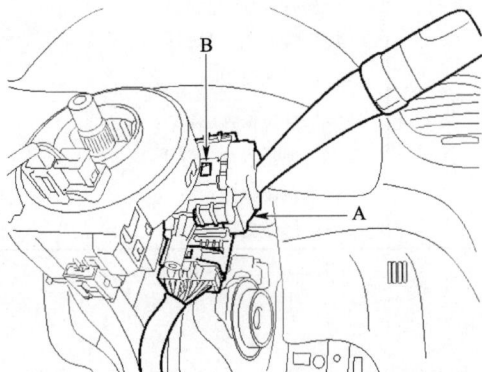

图10-15　拆卸刮水器开关

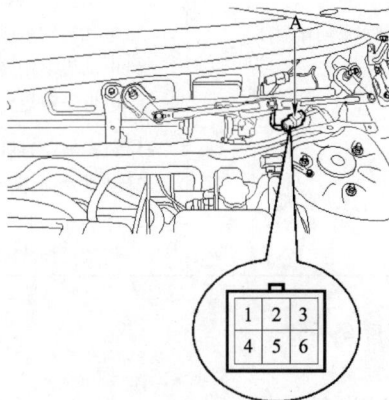

图10-16　拆卸刮水器电动机导线连接器

端子1-负极；端子2-电源正极；端子3-停止；端子4-高速；端子5-搭铁；端子6-低速

（4）检查刮水器电动机停止复位功能。接蓄电池电源使刮水器低速运转，分开端子6，在除OFF位置外任何位置停止电动机操纵。短接端子3和6。将连接器端子2接蓄电池正极，端子5接蓄电池负极，检查刮水器电动机是否复位到OFF位置并停止运转。若不能复位到OFF位置并停止运转，则应更换刮水器电动机。

3.电动刮水器常见故障诊断

电动刮水器常见故障原因与排除见表10-1。

电动刮水器常见故障原因与排除　　　　　　　　　　　　　　　　表10-1

故障现象	故障原因	故障排除方法
刮水器电动机不转	（1）刮水器电动机电源电路断路； （2）继电器及开关接触不良； （3）电动机电刷与换向器接触不良； （4）电动机电枢绕组卡死或烧坏； （5）传动机构损坏	（1）检查刮水器电动机电源是否断路； （2）检查继电器及开关是否工作正常； （3）检修或更换； （4）检修或更换； （5）检修或更换
刮水器无低速、高速及间歇挡	（1）熔断丝熔断或继电器损坏； （2）刮水器开关损坏； （3）刮水器电路故障； （4）刮水器电动机失效	（1）检查熔断丝及继电器是否正常； （2）检查刮水器开关工作是否正常； （3）检查插接器及相关电路是否正常； （4）检查刮水器电动机是否正常

续上表

故 障 现 象	故 障 原 因	故 障 排 除 方 法
刮水器无自动停位功能	（1）刮水器开关的停位触头损坏； （2）减速器蜗轮输出轴背面的自动停位导电片和减速器盖板上的导电触头损坏	（1）检查刮水器开关的停位触头，若损坏则更换； （2）检修或更换
刮水器动作迟缓	（1）蓄电池亏电或开关接触不良； （2）刮水片与风窗玻璃接触面过脏； （3）电动机轴承或传动机械润滑不良； （4）电动机电刷接触不良； （5）电枢绕组短路或搭铁	（1）检修或更换； （2）清理赃物； （3）检查并加注润滑油； （4）更换电刷和弹簧； （5）检修或更换
刮水片振动	（1）风窗玻璃过脏； （2）刮水片损坏； （3）刮水片的倾角不对； （4）传动机构故障	（1）清洗风窗玻璃； （2）更换刮水片； （3）重新调整倾角； （4）检修或更换

任务小结

（1）汽车的电动刮水器一般由直流电动机、蜗轮箱、曲柄、连杆、摆杆、摆臂和刮水片等组成。

（2）汽车电动刮水器故障时，主要掌握如何根据故障现象来确定故障原因和故障部位。

学习任务十一 汽车防盗系统故障诊断与排除

任务概述

一辆 2003 年产上海大众桑塔纳 2000 时代骄子轿车,用户不慎丢了 1 把钥匙,要求重新配 1 把。维修站按照该车钥匙零件号向厂家订货,1 周后新钥匙发来,用户将轿车做了新钥匙的匹配工作。利用诊断仪依照配钥匙的程序按步执行,并用输完密码后的新钥匙起动发动机,结果该车防盗系统警告灯快速闪烁,新钥匙不能确认,发动机不能起动。

为了防止车辆被盗,许多汽车公司开始将汽车防盗报警系统作为汽车的标准配置,以提高汽车的市场竞争力。防盗报警系统通常与汽车中控门锁系统配合工作。

现在你需要学习检修汽车防盗系统的方法。

学习目标

(1)认识汽车防盗系统的功能、组成和各部分功用;
(2)掌握汽车防盗系统的工作原理;
(3)掌握汽车防盗系统的类型;
(4)掌握汽车防盗系统的解除与设定方法;
(5)具备信息查询和手册使用的基本能力;
(6)能够按照企业 5S 要求和安全生产规范进行操作;
(7)正确识读和分析汽车防盗系统电路图;
(8)诊断与修复汽车防盗系统的故障;
(9)能与同学密切合作,规范安全地完成学习活动;
(10)养成自主学习的习惯,培养规范操作的工作作风及环保意识。
建议学时:6 学时。

知识准备

一、汽车防盗系统类型

汽车防盗报警系统可分为机械式和电子式两种,机械式防盗报警系统是用纯机械的方式对油路、变速杆、转向盘、制动器等进行控制,如变速杆锁锁住变速杆使其不能移动;转向盘锁(也叫拐杖锁)挂在转向盘和离合器踏板之间使转向盘不能转动。这些方法,虽然费用低,但是使用不便,安全性差,已经逐渐被淘汰。

当前汽车主要采用电子式防盗报警系统,按系统中是否使用微机控制,电子防盗报警系统可分为普通电子防盗报警系统和微机控制防盗报警系统。目前,中低档汽车上多采用振动触发的普通电子防盗报警系统,中高档汽车多采用微机控制的电子钥匙式发动机防盗报警系统。

当电子式防盗报警系统起动后,如有非法移动车辆、划破玻璃、破坏点火开关锁芯、拆卸轮胎和音响、打开车门、打开燃油箱加油口盖、打开行李舱门等,防盗报警系统立刻报警。

电子式防盗报警系统按功能分为三类:

(1)防止非法进入车辆的防盗报警系统。防盗报警系统启用后,通过监视是否有移动物体进入车内达到防盗。主要为红外线监视系统,布置在车辆内部周围的一组红外传感器构成一道无形帘幕,以监视防盗报警系统启动后是否有移动物体进入车内。该系统安全性高,可靠性强,但由于需要布置多个红外线发射接收装置,成本较高。

(2)防止破坏或非法搬运车辆的防盗报警系统。系统启用后,通过超声波传感器、振动传感器或倾斜传感器监测是否有人破坏或搬动车辆。该系统需增加相应的遥控系统和报警系统,因此成本高,使用不便,而且由于传感器灵敏度难于准确设定,易误报警和漏报警,安全性差,报警信号对环境也构成污染。

(3)防止车辆被非法开走的防盗报警系统。此类防盗报警系统多采用带密码锁的遥控系统,通过校验密码,确定是否容许接通起动机、点火电路等,从而防止车辆被非法开走。其安全性较差、使用不便。

现代防盗报警系统多采用电子应答的方法来判断使用的钥匙是否合法,并以此确定是否容许发动机 ECU 工作。水平较高的防盗报警系统还具备遥控器报警、遥控起动等功能。

二、防盗报警系统的组成

防盗报警系统由各种开关、ECU 和报警装置等组成,如图 11-1 所示。

1. ECU

ECU 包括防盗 ECU 和车身 ECU,当 ECU 接收到各开关的信号和检测到汽车被盗情况时,报警装置发出报警信号,系统控制框图如图 11-2 所示。

2. 报警装置

报警装置包括安全喇叭、车辆喇叭、前照灯和尾灯、防盗指示灯等。其中防盗指示灯用来指示系统是否处于警戒状态。当系统处于有警戒态时,指示灯闪烁,通知汽车周围的人,此车装有防盗报警系统。

3. 各种开关

各种开关包括门控开关、发动机罩开关、行李舱门开关、点火开关、钥匙未锁警告开关、门锁位置开关、行李舱门钥匙开锁开关等。其中门控开关、发动机罩开关和行李舱门开关用于检测各车门、发动机罩、行李舱门的开/闭状态。钥匙未锁警告开关用来检测钥匙是否插进了点火锁芯中。门锁位置开关和行李舱门钥匙开锁开关用来检测各门的锁止/开锁状态。

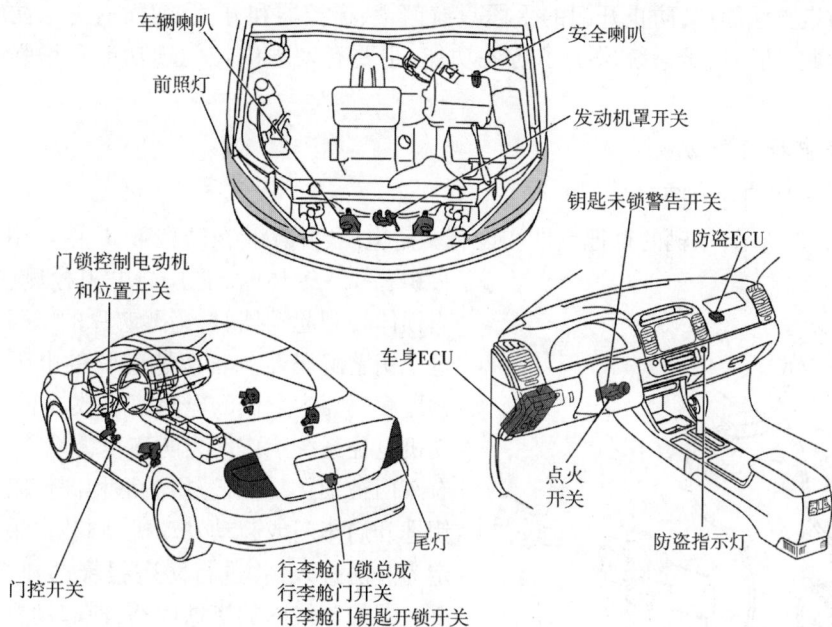

图 11-1　防盗报警系统的组成

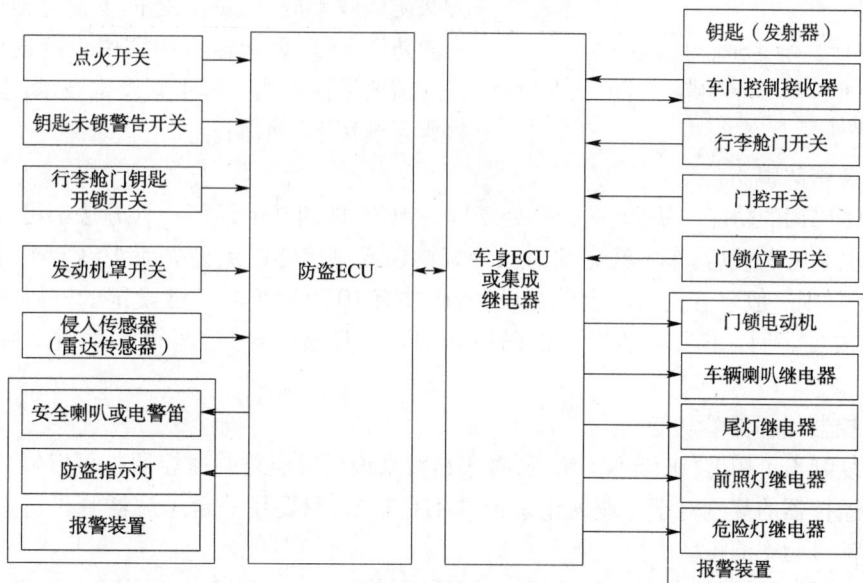

图 11-2　防盗报警系统控制框图

三、防盗报警系统控制原理

1. 基本工作原理

当启动防盗报警系统后,只有通过遥控器发出的开锁信号被 ECU 接收到或用车钥匙插入锁孔开关,才能使防盗 ECU 解除警戒状态,此时可正常开门。否则,防盗 ECU 根据各种开关信号及 ECU 反馈信号判定为非法开启,于是接通喇叭线路和各种报警装置进行报警。

上述防盗方法简单,防止开门的手段只有门锁、遥控器和开关,而没有办法防止盗贼将车开走。为此,防盗报警系统增加了防盗功能,主要有增强中控门锁功能和增强车辆锁止功能。

2. 增强中控门锁功能

1)测量门锁钥匙电阻

如图 11-3 所示,车辆的每把钥匙均设有一定电阻,并存储在防盗 ECU 中。用正常的点火钥匙插入锁体时,芯片与电阻检测触头接触。当锁体转到起动挡时,钥匙芯片的电阻值输送到电子钥匙解码器。若钥匙芯片的电阻值与电子钥匙解码器中存储的电阻值一致,则起动机和发动机电控系统工作。当防盗报警系统启动后,所有车门被锁住,此时若用齿形相同但阻值不同的钥匙开启车门或起动发动机,则防盗报警系统判定为非法进入,并进行防盗报警,同时切断启动继电器控制线圈的搭铁回路,使起动机不能工作或向发动机 ECU 通信,控制喷油器不喷油。该方法防盗效果好,但缺点是拆下蓄电池电缆后,需向防盗 ECU 重新输入钥匙中设定的电阻值,因此需要维修人员了解重新设定技术,也给防盗报警系统留下了漏洞。

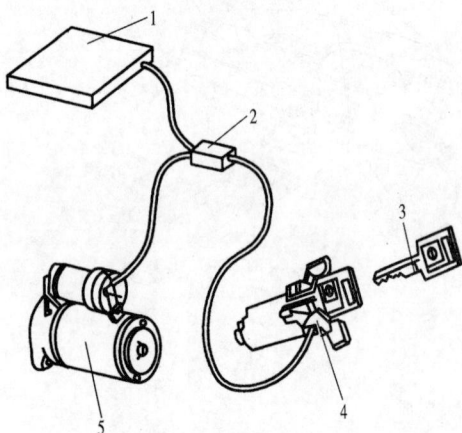

图 11-3 增强功能的防盗报警系统
1-发动机 ECU;2-电子钥匙解码器;3-芯片;4-电子检测接头;5-起动机

2)加装密码锁

车用密码锁的功能与钥匙、遥控器处于同一地位,即用其中任何一种方法都可以打开车门,这样,加装密码锁后,车主就无须为保管好钥匙或遥控器以免丢失而头疼。密码锁有十位键,而密码则一般取五位数。也就是说,密码共有 10 万种组合。已设定的密码也可以由车主任意改变,所以车主不必担心密码被窃取。一旦密码被盗,车辆无须重新解码即可使用。

3)遥控器增加保险功能

即使复制不了钥匙,破译不了密码,对于窃贼来说只要能复制遥控器就可以轻松打开车门。普通遥控器的复制对于专业人士来说并不是难事,只要用一台示波器测出遥控器发出的无线电信号频率即可。

为防止遥控器被复制,有些车采用一种新的遥控器,它与防盗 ECU 配合,由固定程序设定频率,即每次车主重新锁门后,遥控器与接收器均按事先设定的程序同时改变另一频率,这样遥控器便无法复制。

4)意外振动报警器

在车辆内部加装一个振动传感器,防盗报警系统启动后,若汽车受到意外移动、碰撞,使传感器反馈信号大于设定值时,有阻吓功能的灯光、喇叭同时工作,并提醒车主注意。

3. 增强汽车锁止功能

1）使起动机无法工作

在使用这种方法的汽车上,采用防盗 ECU 控制启动继电器线圈的搭铁电路,从而控制起动机是否工作。若通过正常途径解除防盗警戒,则起动机、喇叭和灯光处于正常工作状态。若未解除防盗警戒,即使短接钥匙孔后部的起动线,也无法起动发动机。

2）使发动机无法工作

防盗 ECU 不仅控制起动机线路,也可切断燃油泵继电器控制线路,使发动机处于不供油状态。同时还可控制自动变速器继电器控制线路,使自动变速器液压油路控制电磁阀无法工作,达到即使起动发动机,也无法使变速器运转的目的。同时还可切断 ECU 中的某些搭铁线路,使点火系统不工作或喷油器处于切断位置,从而使发动机无法工作。

3）使发动机 ECU 处于非工作状态

防盗警戒解除后,防盗 ECU 将某一特定频率的信号送至发动机 ECU,发动机 ECU 正常工作。若未解除防盗警戒或直接切断防盗 ECU 电源,则该信号不存在,发动机 ECU 停止工作。

四、防盗报警系统的设定与解除

1. 防盗报警系统的设定

(1)关闭所有车门,关闭发动机罩和行李舱门,从点火开关锁芯中拔出点火钥匙。

(2)当下述其中任一项操作完成时,防盗指示灯亮,30s 后防盗指示灯闪烁,防盗报警系统进入工作状态。

①用钥匙锁住左侧或右侧前门。

②用门锁遥控器锁住所有车门。

③保持所有后门锁住及一扇前门锁住,不用钥匙锁住另一扇前门(无钥匙门锁)。

2. 解除防盗报警功能

检查防盗指示灯是否闪烁,完成下述任一操作时,防盗报警系统即被解除,指示灯熄灭。

(1)用钥匙打开左侧或右侧前门。

(2)用无线遥控器打开所有车门。

(3)将点火钥匙插入点火锁芯,并将其转至 ACC 或 ON 位置时(只有在防盗报警系统从未动作过时,该项操作才可执行)。

(4)用钥匙打开行李舱门(防盗报警系统仅在行李舱门打开时临时解除。在行李舱门关闭约 20s 后,防盗报警系统重新设定)。

五、上海桑塔纳 2000 轿车防盗报警系统

上海大众桑塔纳 2000 轿车防盗报警系统如图 11-4 所示,系统由带脉冲转发器的钥匙、识读线圈(在点火开关上)、防盗 ECU(又称防盗控制单元,

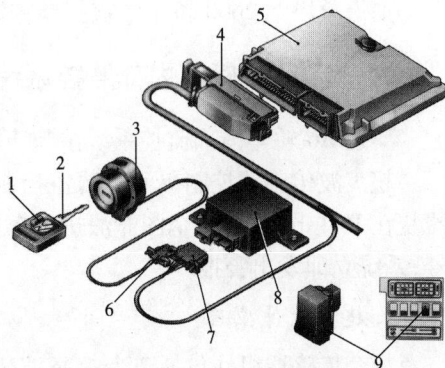

图 11-4　桑塔纳 2000 轿车防盗报警系统的组成
1-脉冲转发器;2-汽车钥匙;3-识读线圈;4、6、7-连接器;5-发动机控制单元;8-防盗 ECU;9-防盗指示灯

装在转向管柱左边支架上)和防盗指示灯组成。此外发动机 ECU 也有防盗的作用。

1. 带脉冲转发器的钥匙

每把钥匙都有棒状转发器,内含有运算芯片和一个细小电磁线圈。该系统工作期间,其线圈与点火锁芯中的识读线圈以感应方式进行通信,以便在转发器运算芯片与防盗报警控制单元(ECU)之间传输各种信息。

2. 识读线圈

识读线圈又称收发线圈,安装在点火锁芯上,通过导线与防盗 ECU 相连,作为防盗 ECU 的负载,担负着防盗 ECU 与脉冲转发器之间信号及能量的传输任务。

3. 防盗 ECU(或防盗控制单元)

防盗 ECU(或防盗控制单元)是一个包括微处理器的电子控制器,在点火开关接通时,防盗 ECU 用于系统密码运算、比较,并控制整个系统的通信,包括与脉冲转发器、发动机 ECU 的通信,同时还可以与诊断仪进行通信。

4. 基本工作原理

汽车防盗报警系统安装匹配后,防盗 ECU 便存储了该车发动机 ECU 的识别密码以及 3 把钥匙中脉冲转发器的识别密码,同时每个脉冲转发器也存储了相应的防盗 ECU 的有关信息。将钥匙插入点火锁芯并接通点火开关时,防盗 ECU 首先通过锁芯上的识读线圈将一随机数据传输给钥匙中的脉冲转发器,经特定运算后,脉冲转发器将结果反馈给防盗 ECU,防盗 ECU 将其与 ECU 中存储的识别密码相比较,若密码吻合,系统即认定该钥匙为合法钥匙。防盗 ECU 还要对发动机 ECU 进行识别。只有钥匙(脉冲转发器)、发动机 ECU 的密码都吻合时,防盗 ECU 才容许发动机 ECU 工作。

防盗 ECU 通过一根串行通信线将经过编码的工作指令传到发动机 ECU,发动机 ECU 根据防盗 ECU 的数据来决定是否起动汽车。同时,诊断仪可通过串行通信接口(K 线)对系统进行故障诊断、编码等操作。在识别密码的过程(2s)中,防盗指示灯会保持点亮状态。如果有任何错误发生,发动机 ECU 将停止工作,同时指示灯会以一定频率闪亮。

上海桑塔纳 2000 轿车防盗报警控制电路如图 11-5 所示。

六、奥迪 A6 轿车内部监控系统

奥迪 A6 轿车内部监控系统由超声波传感器和控制单元组成,如图 11-6 所示。

超声波传感器控制单元和防盗控制单元是通过一条警报线和开关线相连,超声波传感器装在 B 柱上,若有人企图非法进入车内,超声波传感器控制单元将向防盗控制单元发送信号,系统立即发出警报。

1. 超声波传感器

每个传感器组件包括 2 个超声波传感器和 1 个电子放大电路,分别装在左右 B 柱内。每个传感器监控一个车窗。超声波传感器以 40Hz 的频率发射声波(人耳无法听见),同时传感器又接收反射回来的声音信号,超声波传感器控制单元分析反射回来的信号,如有必要,则触发报警。如果 4 个传感器中的某一个传递信号失败,则将中断对该车窗的监控。

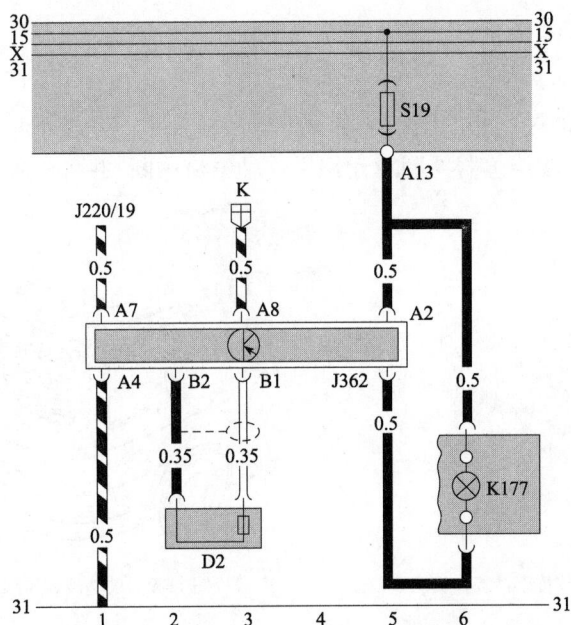

图 11-5　桑塔纳 2000 轿车防盗报警系统控制电路

J220-发动机控制单元；J362-防盗 ECU（防盗控制单元）；D2-识读线圈；K177-防盗器警告灯；K-诊断线

1）超声波传感器的发射功能

交流电压作用于振动线圈时，其内部将产生一磁场，该磁场又反作用于永久磁铁的恒定磁场，因此，振动线圈的频率与交流电压相同。振动线圈与膜片相连，从而膜片也以相同的频率振动。膜片振动引起空气运动，产生超声波，如图 11-7 所示。

2）超声波传感器的接收功能

如图 11-8 所示，声波发射到车内壁并被反射回来，反射的声波引起膜片以一定的频率振动。这样，在振动线圈上感应产生一同样频率

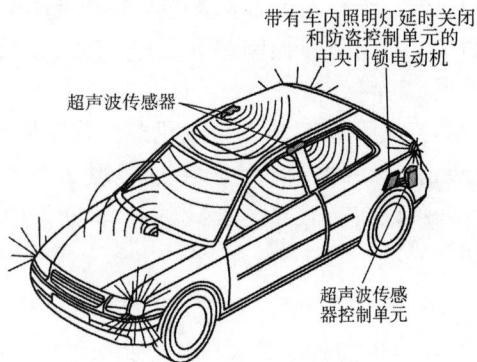

图 11-6　奥迪 A6 轿车内部监控系统示意图

的交流电压，这种作用是反向的。如果是某个车窗破损，则声波频率改变，于是交流电压的频率也随之改变。超声波传感器控制单元将识别交流电压的变化，并触发报警器发出警报。

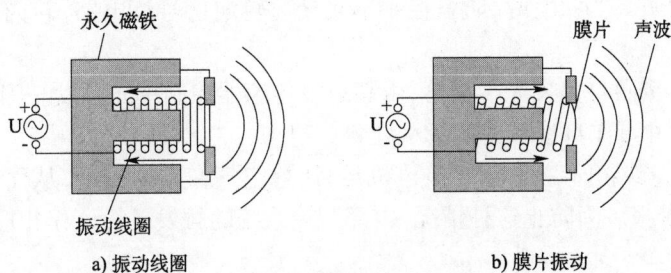

a）振动线圈　　　　　　　　b）膜片振动

图 11-7　超声波传感器发射功能

2. 玻璃破碎传感器

在汽车后边窗上加装了导电环线,如图 11-9 所示。当内部监控系统工作时,小电流将流过导电环线和后窗加热器的电阻丝。如果某个车窗被打碎,则导电环线或加热电阻丝被破坏,电流中断。超声波传感器控制单元识别这种电流中断,并将信号传至防盗控制单元。

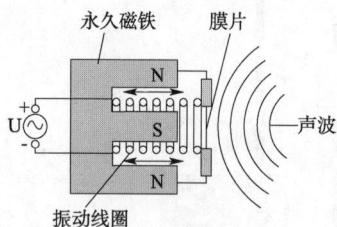

图 11-8　超声波传感器接收功能

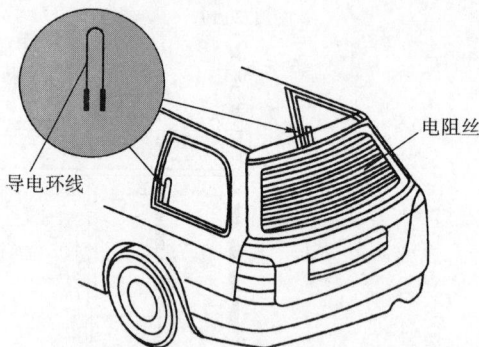

图 11-9　玻璃破碎传感器

3. 控制单元

超声波传感器控制单元装在行李舱内左侧,防盗控制单元装在超声波传感器控制单元的前面。若有人企图非法进入车内,超声波传感器发出信号给超声波传感器控制单元,该控制单元再向防盗控制单元发送信号,系统立即控制喇叭发出声音警报,转向灯发出闪光警报。

当关闭所有车门、发动机罩和行李舱盖,并用钥匙或无线遥控器锁止后,内部监控系统开始工作,并控制下列区域:①驾驶人和前乘客侧(位置开关设在门锁内);②发动机罩(位置开关设在锁下部位置);③行李舱盖(位置开关设在行李舱锁内);④点火开关(15 号端子)。

4. 执行元件

(1)内部监控开关。内部监控开关装在驾驶人侧 B 柱上,只需按一下该开关,就能中断内部监控功能,防止意外触发报警。当驾驶人侧车门打开后,内部监控功能中断,超声波传感器控制单元通过左前车门触发开关收到"驾驶人侧车门打开"的信号。

(2)防盗报警喇叭。防盗报警喇叭位于流水槽内。当报警时,防盗控制单元接通喇叭电路,使喇叭发出声音警报,声音警报与闪烁转向信号交替发出。

(3)转向信号灯。当报警时,防盗控制单元接通转向信号灯电路,转向信号灯发出闪光信号(闪烁)。

(4)警报灯。警报灯是发光二极管,由超声波传感器控制单元触发。闪烁频率表示内部监控系统的状态,并可作自诊断辅助指示灯。

(5)新鲜空气鼓风机。新鲜空气鼓风机运行时,空气在车内流动,从而可能导致内部监控系统触发错误警报。为防止这种情况,内部监控系统的触发灵敏度作相应修正。

5. 电路图

奥迪 A6 轿车内部监控系统电路如图 11-10 所示。

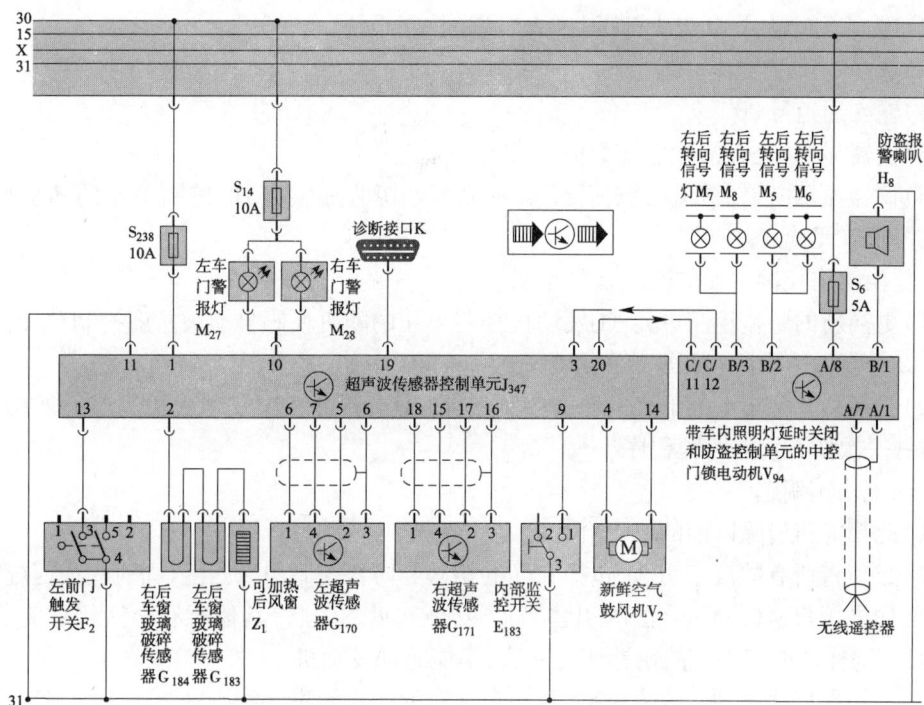

图 11-10　奥迪 A6 轿车内部监控系统电路

![操作指引]

1. 组织方式

(1)场地设施:举升机 1 台。

(2)设备设施:大众汽车 1 辆。

(3)工量具:汽车拆卸工具 1 套、数字万用表、专用诊断仪等。

2. 操作要点

(1)穿戴干净整洁的工作服。

(2)遵守场地安全规定,注意用电安全。

(3)正确使用拆装工具、数字万用表、专用诊断仪等工量具。

![任务实施]

1. 大众车系防盗报警系统设定

1)防盗报警系统的匹配方法

更换发动机控制单元,或因防盗报警系统起作用而发动机不能起动(发动机运转 3s 后熄火),防盗报警系统没有任何电路故障,必须使用诊断仪重新与防盗控制单元进行匹配后,才能起动发动机。其基本的操作步骤如下。

(1)必须使用一把合法钥匙。

(2)连接诊断仪,打开点火开关,进入"防盗控制系统"。

(3)选择"匹配"功能。

(4)输入通道号00。

(5)仪器显示"是否清除已知数值",按 Q 确认键。

(6)仪器显示"已知数值已被清除"表示完成匹配程序,发动机控制单元的随机代码就被防盗控制单元读入并存储起来。

2)更换防盗控制单元的匹配程序

(1)更换新的防盗控制单元:①发动机控制单元的随机代码自动被防盗控制单元读入并存储。②重新做一次所有钥匙匹配程序。

(2)更换从其他车上拆下来的防盗控制单元:①重新做一次发动机控制单元匹配程序。②重新做一次所有钥匙匹配程序。

3)匹配汽车钥匙

(1)此功能将清除以前的所有合法钥匙的代码。

(2)必须将所有的汽车钥匙,包括新配的钥匙与防盗控制单元匹配,同时完成匹配程序。

(3)如果用户遗失一把合法的钥匙,为了安全起见,必须将其他所有合法钥匙完成配钥匙的程序,这样才能将丢失的钥匙变为非法,不能起动发动机。

(4)配钥匙程序必须先输入密码,从用户保存的一块涂黑的密码牌上刮去涂黑层可见四位数密码,或更换防盗控制单元后,在控制单元外壳处获取四位数密码。

4)汽车钥匙匹配基本操作

(1)必须使用汽车所有的钥匙。

(2)获取密码,并连接故障诊断仪。

(3)打开点火开关,选择并进入"防盗控制系统"。

(4)选择"登录"测试功能。

(5)输入密码,在四位数密码前加一个 0,例如 02345。如果连续两次输入错误,在第三次输入密码前,必须退出防盗自诊断程序,打开点火开关等待 30min 以后再进行。

(6)若密码输入成功,然后选择"通道匹配"测试功能。

(7)输入匹配通道号。桑塔纳 2000、帕萨特输入通道号为 21,捷达、奥迪 A4、A6、V6、V8 输入通道号为 01。

(8)输入匹配钥匙数(0 ~ 8 把,0 表示全部钥匙都变为非法,不能起动发动机),再按 Q 键确认。

(9)再一次确认输入匹配钥匙的数目,按 Q 键确认。

(10)存储输入的钥匙数,关闭点火开关,拔下钥匙,然后插入下一把钥匙,打开点火开关至少 1s 重复上述操作,直到把所有的钥匙都匹配成功。

5)钥匙匹配过程中需要注意的事项

(1)匹配全部钥匙操作的 10 个步骤不能超过 30s。如果只是插入钥匙而没有打开点火开关,那么这把钥匙匹配无效。

(2)如果系统在读识钥匙的过程中发现错误,如将已匹配的钥匙再进行匹配等,则警告灯以每秒两次的频率闪亮,读钥匙过程自动中断。

（3）每次匹配的过程顺利完成后,警告灯以每秒两次的频率闪亮,然后熄灭0.5s,再点亮0.5s,最后熄灭。

2. 奥迪 A6 轿车内部监控系统检修

1）故障码表

奥迪 A6 内部监控系统的故障码、故障原因和排除方法见表 11-1。

故　障　码　表　　　　　　　　　　　　　　表 11-1

故　障　码	故　障　原　因	排　除　方　法
01377 左超声波传感器 G170 （1）对正极短路/搭铁短路； （2）不可靠信号	（1）G170 和 J347 之间导线断路； （2）G170 损坏； （3）启动防盗报警系统时出现故障	（1）按电路图查询故障； （2）更换 G170； （3）检测
01378 右超声波传感器 G171 （1）对正极短路； （2）断路/搭铁短路； （3）不可靠信号	（1）G171 和 J347 之间导线断路； （2）G171 损坏； （3）启动防盗报警系统时出现故障	（1）按电路图查询故障； （2）更换 G171； （3）检测
01379 内部监控开关 E183 搭铁短路	（1）E183 和 J347 间导线损坏； （2）E183 损坏	（1）按电路图查询故障； （2）更换 E183
01380 通过左后防盗报警系统传感器发出警报	（1）试图从左后车窗进入车内或功能检测后； （2）因误操作而启动警报	（1）清除故障存储器； （2）功能检查； （3）进行传感器灵敏度自适应
01381 通过右后防盗报警系统传感器发出警报	（1）试图从右后车窗进入车内或功能检测后； （2）因误操作而启动警报	（1）清除故障存储器； （2）功能检查； （3）进行传感器灵敏度自适应
01382 通过左前防盗报警系统传感器发出警报	（1）试图从左前车窗进入车内或功能检测后； （2）因误操作而启动警报	（1）清除故障存储器； （2）功能检查； （3）进行传感器灵敏度自适应
01383 通过右后防盗报警系统传感器发出警报	（1）试图从右前车窗进入车内或功能检测后； （2）因误操作而启动警报	（1）清除故障存储器； （2）功能检查； （3）进行传感器灵敏度自适应

2）自诊断

自诊断功能用来检查超声波传感器控制单元、超声波传感器、执行元件,可用故障诊断仪 V. A. G1551、V. A. G1552、VAS5051、VAS5052 检查系统。

防盗报警系统的地址码是"45",可执行下列功能:

01——查询控制单元版本。

02——查询故障记忆。

03——执行元件诊断。

05——删除故障记忆。

06——结束输出。

07——对控制单元编码。

08——阅读测量数据块。

10——匹配。

（1）功能03：执行元件诊断。在"执行元件诊断"状态下，可诊断下述执行元件：

①左车门警报灯（M27）及右车门警报灯（M28）发光二极管处于发光状态。

②触发报警器，超声波传感器控制单元向防盗控制单元传送警报信号，防盗报警喇叭和转向信号灯被触发。

③电源线，该导线电压为8V。

④时钟信号线，该导线电压为5V。

（2）功能07：对控制单元编码。5位编码含义为：

①第1位：总为0。

②第2位：总为0。

③第3位：轿车，0 = A3、A6；1 = A4、A8。

④第4位：状态模式，0 = 静态；1 = 动态。

当新一代超声波传感器控制单元（具有自诊断功能）同老一代中控门锁电动机（V94）匹配安装时，状态模式必须被编码。

⑤第5位：Avant/Saloon，1 = Saloon；2 = Avant。

（3）功能08：阅读测量数据块。在功能08状态下，可读取下述信息。

测量数据块显示组0000。

①第1位：内部监控器开关（1 = 按下；0 = 未按下）。

②第2位：门触发开关（左前）（1 = 驾驶人侧门打开；0 = 驾驶人侧门关闭）。

③第3位：来自防盗报警器的触发信号（1 = 触发；0 = 未触发）。

④第4位：玻璃破碎传感器（仅用于 Avant 型车）（1 = 玻璃破碎；0 = 玻璃正常）。

（4）功能10：匹配。在"匹配"状态下，可改变超声波传感器的灵敏度，灵敏度可在50% ~100%之间进行调整（自适应）。

任务小结

（1）系统由各种开关、ECU 和报警装置等组成。

（2）防盗报警系统增加了防盗功能，主要有增强中控门锁功能和增强车辆锁止功能。

（3）增强中控门锁功能：测量门锁钥匙电阻、加装密码锁、遥控器增加保险功能、意外振动报警器。

（4）增强汽车锁止功能：使起动机无法工作、使发动机无法工作、使发动机 ECU 处于非工作状态。

（5）防盗报警系统的设定：关闭所有车门，关闭发动机罩和行李舱门，从点火开关锁芯中拔出点火钥匙；用钥匙锁住左侧或右侧前门；用门锁遥控器锁住所有车门；保持所有后门锁住及一扇前门锁住，不用钥匙锁住另一扇前门。

（6）解除防盗报警功能：用钥匙打开左侧或右侧前门；用无线遥控器打开所有车门；将点火钥匙插入点火锁芯，并将其转至 ACC 或 ON 位置时，用钥匙打开行李舱门。

学习任务十二 安全气囊系统故障诊断与排除

📖 任务描述

一位客户反映他所驾驶的一汽宝来1.8L轿车,发生交通事故后,车内正副驾驶安全气囊引爆,但经过更换双安全气囊及安全气囊控制单元后,仪表板上的安全气囊警告灯常亮且无故障码输出。

现在你需要学习检修安全气囊的方法。

📖 学习目标

(1)认识汽车安全气囊系统的功能、组成和各部分功用;

(2)掌握汽车安全气囊系统的工作原理;

(3)掌握汽车安全气囊系统的分类;

(4)掌握汽车安全气囊系统的控制过程、动作过程和有效作用范围;

(5)具备信息查询和手册使用的基本能力;

(6)能够按照企业5S要求和安全生产规范进行操作;

(7)正确识读和分析汽车安全气囊系统电路图;

(8)诊断与修复汽车安全气囊系统的故障;

(9)能与同学密切合作,规范安全地完成学习活动;

(10)养成自主学习的习惯,培养规范操作的工作作风及环保意识。

建议学时:6学时。

📖 知识准备

当汽车发生事故时,对乘员的伤害是在瞬间发生的。例如,以车速50km/h进行正面撞车时,其发生时间只有0.1s左右。为了在这样短暂的时间中防止对乘员的伤害,必须设置安全装备,目前主要有安全带、防撞式车身和安全气囊系统(Supplemental Restraint System, SRS),如图12-1所示。

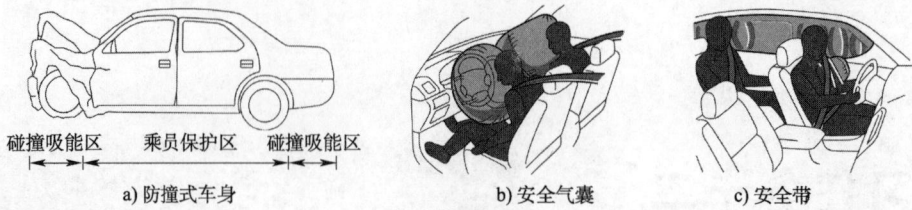

图 12-1　安全装备

一、安全气囊系统种类

1. 按传感器类型分类

按传感器的类型不同可分为机械式和电子式两种。机械式安全气囊系统不需用电源，全部零件组装在转向盘装饰盖板下面，检测碰撞动作和引爆点火剂都是利用机械动作来完成的。电子式安全气囊系统有两种布置方式，早期的电子式传感器安装在汽车的前端部，气囊引爆装置安装在转向盘上，前端的传感器需要引线连接。现在开发出的整体式安全气囊，把电子式传感器后移，和点火引爆装置作为一个整体安装在转向盘内，可以取消线束，消除了由于线路短路或断路导致气囊失效的故障。

2. 按照安装位置不同分类

根据安装位置不同，安全气囊分为正面碰撞防护安全气囊系统、侧面碰撞防护安全气囊系统、后排碰撞防护安全气囊系统、顶部碰撞防护安全气囊系统和膝部碰撞防护安全气囊系统等，如图 12-2 所示。实际交通事故统计表明，正面碰撞防护安全气囊和三点式安全带配合使用，对正面碰撞事故中的乘员具有更好的保护效果，因此正面碰撞防护安全气囊使用最广。

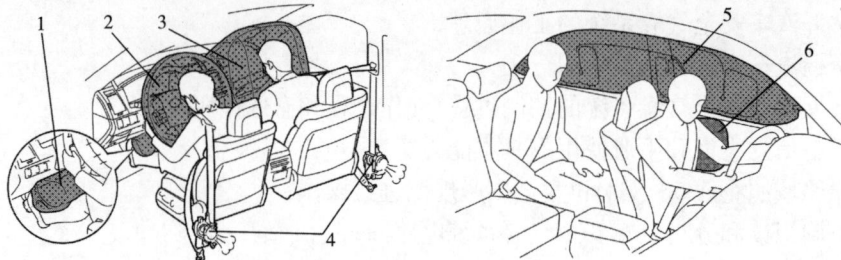

图 12-2　安全气囊的安装位置

1-膝部安全气囊；2-驾驶人侧安全气囊；3-乘客侧安全气囊；4-安全带收紧器；5-侧面窗帘式安全气囊；6-侧面安全气囊

3. 按照安全气囊安装数量分类

按照安全气囊安装数量分为单气囊系统（只装在驾驶人侧）、双气囊系统（驾驶人侧和前乘客侧各有一个）和多气囊系统（前排、后排、侧面等）。

二、安全气囊系统的组成与工作原理

安全气囊系统分布在汽车的不同位置，各型汽车所采用部件的结构和数量有所不同，但其基本组成和工作原理都大致相同。汽车安全气囊系统主要由传感器、电控单元（ECU）、安全气囊警告灯、安全气囊组件等组成，如图 12-3 所示。

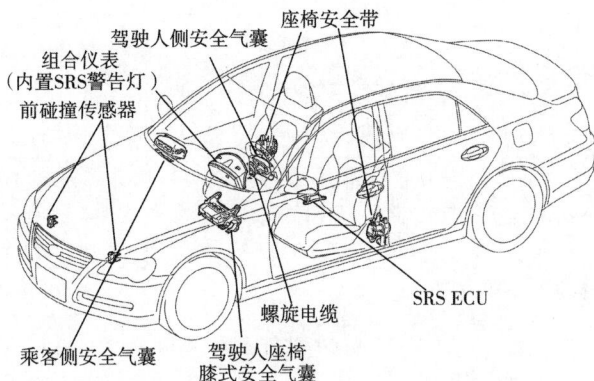

图 12-3　安全气囊系统组成

1. 安全气囊传感器

安全气囊传感器的功用是检测、判断汽车发生事故后的碰撞信号，以便及时启动安全气囊，并提供足够的电能或机械能点燃气体发生器。

安全气囊传感器包括前碰撞传感器、中央碰撞传感器和安全传感器。

1）前碰撞传感器

前碰撞传感器用来检测汽车遭受碰撞的激烈程度，大多设置 2～4 个，一般安装在车身前部翼子板内侧、前照灯支架下面及散热器支架侧等处。对装有侧向安全气囊系统的汽车，在左右侧也装有碰撞传感器。

前碰撞传感器相当于一个控制开关，按结构可分为机械式和电子式两种，机械式又有滚球式、偏心锤式和滚轴式等类型。

图 12-4 所示为丰田轿车所采用的偏心锤式传感器的外形，图 12-5 所示为其结构，主要由外壳、偏心转子、偏心重块、固定触点和旋转触点等组成。在传感器本体外侧有一个电阻 R，其作用是对系统进行自检时，检测安全气囊 ECU 与碰撞传感器之间的线路是否有断路或短路。

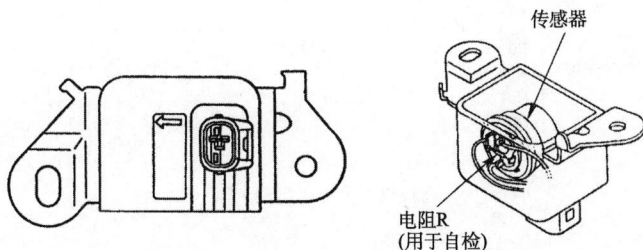

图 12-4　偏心锤式传感器外形

偏心锤式传感器的工作原理如图 12-6 所示。在正常情况下，偏心转子和偏心重块在螺旋弹簧力的作用下，紧靠在与外壳相连的止动器上。此时固定触点和旋转触点并未接合。当发生正面碰撞，如果碰撞的减速度超过预定值时，由于偏心重块惯性的作用，使偏心重块连同偏心转子和旋转触点作为整体一起转动，使固定触点和旋转触点接触，碰撞传感器输出电信号。

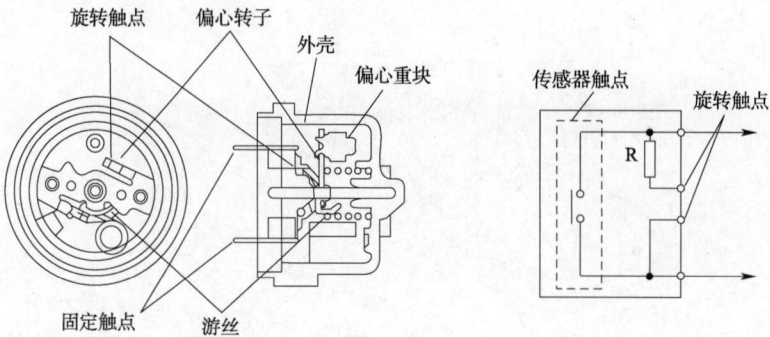

图 12-5 偏心锤式传感器的结构

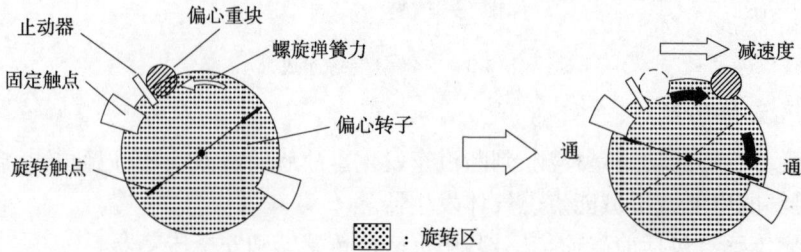

⬚：旋转区

图 12-6 偏心锤式传感器的工作过程

2）中央碰撞传感器

中央碰撞传感器安装在车身前部中央位置,还有部分车型安装在安全气囊 ECU 内部。

中央碰撞传感器根据应变电阻片的不同分为电子式和机械式两种。电子式中央碰撞传感器是一个半导体压力传感器,它将传感元件、信号适配器和滤波器等集成在一块集成电路(IC)上,具有可靠性高、功能强等优点。如图 12-7 所示,传感器有一悬臂梁,悬臂梁的质量就是惯性质量,当传感器承受冲击时,悬臂梁会发生弯曲。这一弯曲变形可由其上的应变电阻片测出,并转换成电信号,经集成电路整理放大后输出。这个输出信号随减速率线性变化。

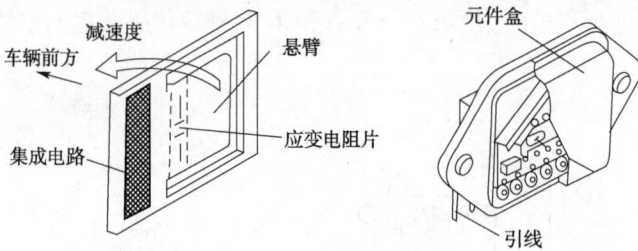

图 12-7 中央碰撞传感器

3）安全传感器

安全传感器也称为触发传感器或保护传感器。安全传感器用来防止在非碰撞的情况下引起气囊的误动作,信号供给安全气囊电控单元以判断是否真发生碰撞。安全传感器一般安装在安全气囊 ECU 内部,通常有两个。

如图 12-8 所示是以配重动能为基础而闭合触点的机械式和以汞为导体的汞开关式传感器。在汞开关式传感器中,当汽车发生碰撞时,减速度将使汞产生惯性力。惯性力在汞运动方向的分力将汞抛向传感器电极,从而将电路接通。

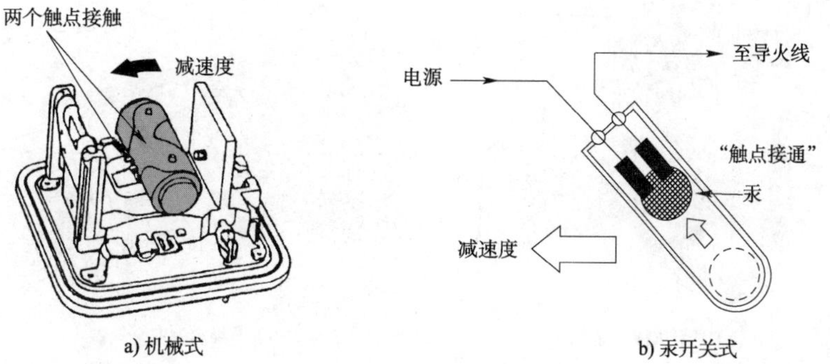

图 12-8　安全传感器

一般情况下,安全传感器动作所需要的惯性力或减速度要小些。在 SRS 中,只有当安全传感器与任意一个碰撞传感器同时接通时,SRS 电路才接通,气囊才可能充气。

2. 乘客检测传感器(座椅占用传感器)

为了避免前乘客气囊不必要爆炸造成浪费(如座椅上没有乘客时),可以通过开关或仪器将前乘客气囊关闭。有些汽车设计了乘客检测传感器来识别座椅是否被使用,如果座椅为空,则对应的气囊不会引爆。

乘客检测传感器如图 12-9 所示,它用两片电极夹住一块隔片。当乘客坐在座椅上时,电极片通过垫片的孔彼此接触,这样允许电流流动,于是就检测到有乘客。

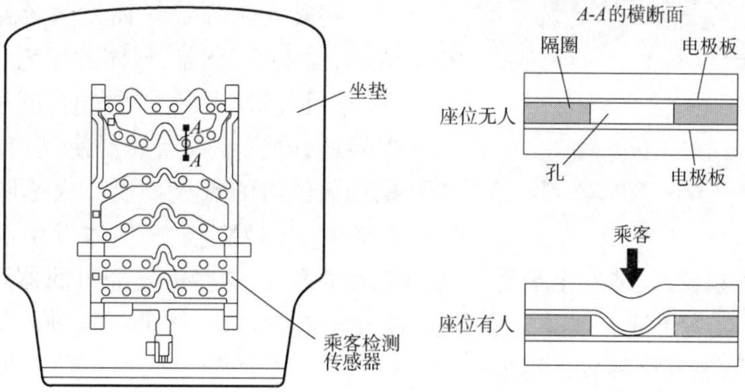

图 12-9　乘客检测传感器

3. 安全气囊组件

安全气囊组件主要由气囊、气体发生器和点火器组成。

1)气囊

如图 12-10 所示,气囊安装在充气装置上部,用塑料盖板护住。气囊在静止状态时,像降落伞未打开时一样折叠成包,安放在气体发生器上部与气囊饰盖之间。气囊一般由尼龙制成,上面有一些排气孔,充气结束后,排气孔立即排气使气囊变软,这样起到缓冲作用以减轻对驾乘人员的伤害。

驾驶人侧气囊安装在转向盘的中央,撞车时可保护驾驶人不被转向盘挤压而造成伤亡。前乘客侧气囊安装在前乘客座椅正前方,仪表板上的杂物箱和仪表板之间,撞车时可保护前乘客不会撞击前风窗玻璃而造成伤亡。

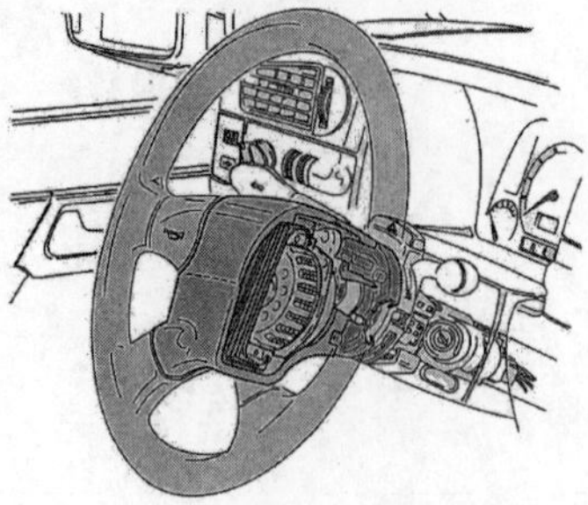

a）驾驶人侧安全气囊 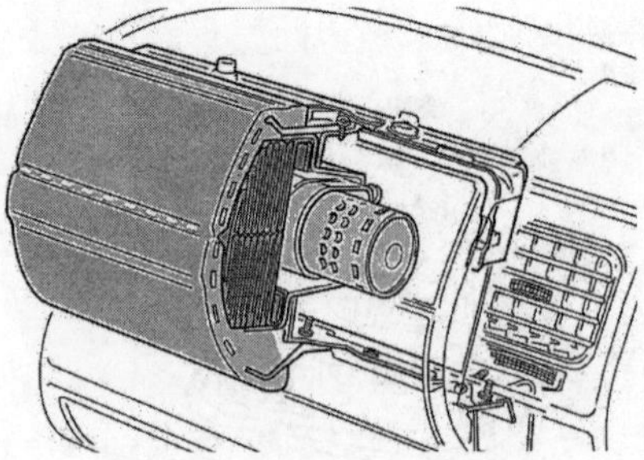　　　　　　　　　b）前乘客侧安全气囊

图 12-10　安全气囊

　　侧面安全气囊分为驾驶人侧和乘客侧安全气囊,分别安装在驾驶人座椅靠背的左侧和前乘客座椅靠背的右侧,以防翻车时驾驶人和前乘客与左右侧车窗玻璃相撞而造成伤亡。发生剧烈的侧面碰撞时,在汽车发生事故的那一侧会触发侧面安全气囊。

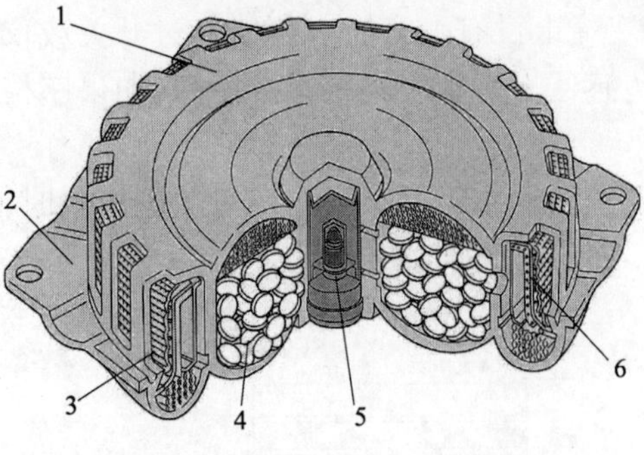

图 12-11　气体发生器

1-上盖;2-充气孔;3-下盖;4-气体发生剂;5-点火器药筒;6-过滤器

2）气体发生器

　　气体发生器又称为充气器,其功用是在点火器引爆气体发生剂时,产生气体向气囊充气,使气囊张开。根据驾驶人侧或乘客侧的使用情况不同,气体发生器有罐状或筒状结构。

　　驾驶人侧罐状气体发生器结构如图 12-11所示,由上盖、下盖、气体发生剂、过滤器等组成。在车辆正面发生严重碰撞时,减速力使气囊传感器导通,电流流入点火器使其产生高热,从而点燃点火器内的点火物质。火焰随即扩散到点火药粉和气体发生剂。气体发生剂是由氮化钠为原料制成的片状颗粒,气体发生剂受热后产生大量氮气,这些氮气经过滤器降温后进入气囊内(图 12-12)。气囊迅速充气并急剧膨胀,冲破转向盘衬垫,缓冲了驾驶人的碰撞冲击。气囊在充气完成后,氮气由释放孔迅速排泄,这不但可减少驾驶人对气囊的冲击力量,而且可确保驾驶人有良好的视野。

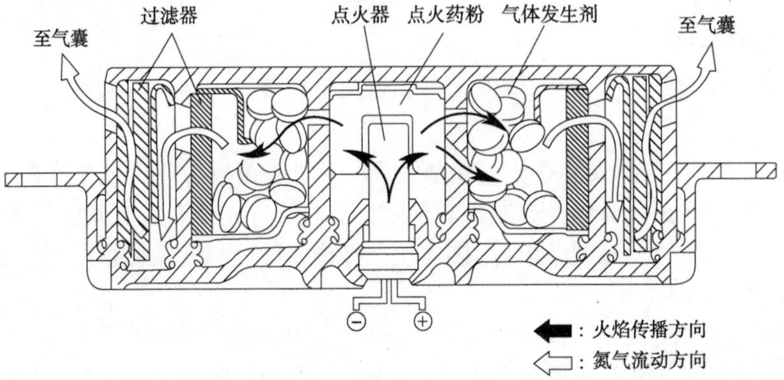

过滤器　　　点火器　点火药粉　气体发生剂

至气囊　　　　　　　　　　　　　　　　　　　　　　至气囊

◀：火焰传播方向
◁：氮气流动方向

图 12-12　驾驶人侧罐状气体发生器

乘客侧筒状气体发生器如图 12-13 所示,点火器点燃后,引燃抛射体,随后突破封闭盘并撞向动作活塞,引起引燃器点火。传播到增强剂和气体发生剂颗粒后,产生大量气体,并经气体释放孔流入气囊,使气囊膨胀。

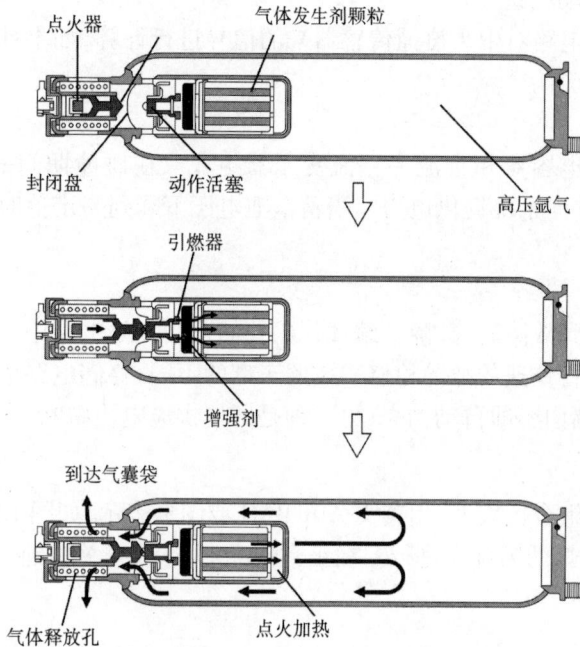

图 12-13　前乘客侧筒状气体发生器

气体发生器使用专用螺栓固定在气囊支架上,只有使用专用工具才能进行装配。气体发生器自安装之日起,应 10 年更换 1 次。

4.电控单元(ECU)

安全气囊电控单元(SRS ECU)是 SRS 的控制中心,它由诊断电路、点火控制和驱动电路、中央碰撞传感器电路、安全传感器电路等组成,如图 12-14 所示。

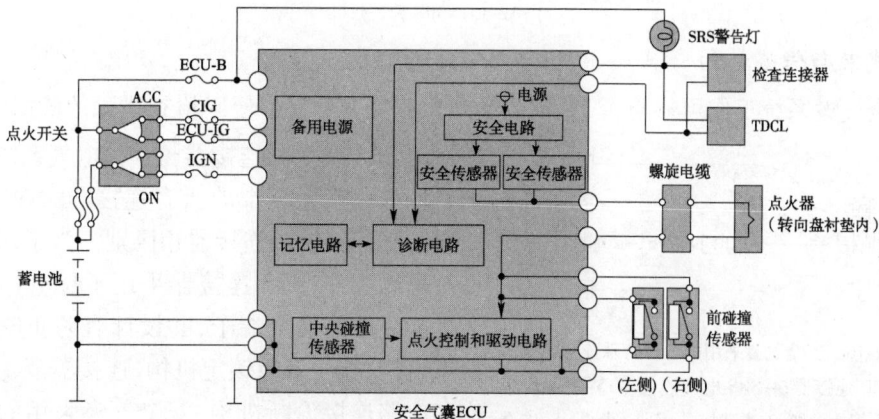

图 12-14　SRS ECU 电路原理图

1）诊断电路

此线路不断地诊断SRS系统是否有故障。当检测到故障时,SRS警告灯点亮或闪烁,对驾驶人进行警告。

2）点火控制和驱动电路

点火控制与驱动电路对中央碰撞传感器来的信号进行计算,如果计算值比预定值大,它就触发点火,使气囊充气。

3）备用电源

备用电源由备用电容器和直流－直流变压器组成。在碰撞期间一旦电源系统发生故障,备用电容器放电并向系统提供电力。当蓄电池电压下降到一定值时,直流－直流变压器用于提高电压。

4）存储电路

当诊断电路检测到故障时,故障被编成代码并储存在存储电路中。故障码可随时取出,以确定故障部位并进行快速的故障检修。按照车型的不同,存储电路可分为两种形式:一种是当电源中断时,存储内容即自动消失;另一种是即使供应电源中断,存储内容仍能保留。

5. SRS警告灯

SRS警告灯装在组合仪表上,用英文AIR BAG或图形表示,如图12-15所示。故障码的输出也可由SRS警告灯的闪烁来进行。在正常情况下,点火开关转到ACC或ON位置时,该灯亮约6s,然后熄灭。

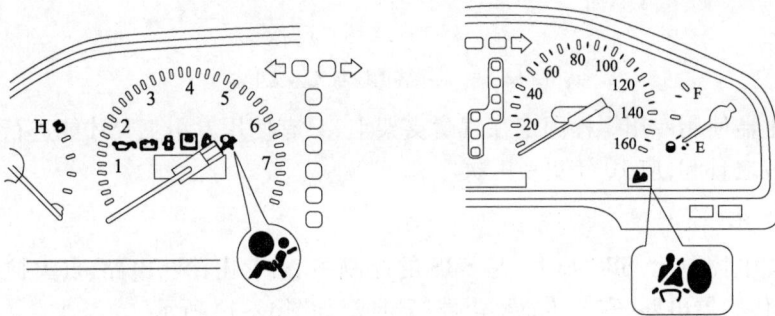

图12-15　SRS警告灯

6. 线束与保险机构

安全气囊系统工作可靠与否,直接关系到人身安全。为了便于检查排除故障隐患,设计

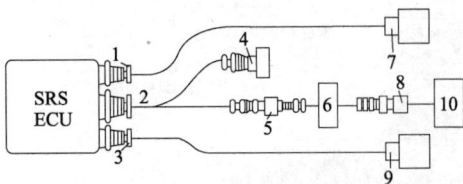

图12-16　安全气囊采用的各种特殊连接器

1、2、3-ECU连接器;4-SRS电源连接器;5-中间线束连接器;6-螺旋电缆;7-右碰撞传感器连接器;8-安全气囊组件连接器;9-左碰撞传感器连接器;10-点火器

制造的SRS线束和连接器与其他电气系统都有区别。安全气囊系统中的所有连接器大多为黄色,以便与其他系统的连接器相区别。为了保证气囊系统可靠工作,SRS连接器采用了导电性能和耐久性能良好的镀金端子,并设计有防止安全气囊误爆机构、端子双重锁定机构、连接器双重锁定机构和电路连接诊断机构,安全气囊采用的各种特殊连接器如图12-16所示。系统中不同的连接器

有不同的特殊机构,一个连接器可有多种不同的机构,见表12-1。

连接器采用的保险机构 表12-1

编号	名　　称	连接器代号	编号	名　　称	连接器代号
1	防止安全气囊误爆机构	2、5、8	3	连接器双重锁定机构	5、8
2	端子双重锁定机构	1、2、3、4、5、7、8、9	4	电路连接诊断机构	1、3、7、9

1)防止SRS误爆机构

从SRS ECU至SRS气囊点火器之间的连接器,均采用防止误爆机构。防止误爆机构为一块短路簧片,当连接器插头与插座接在一起时,插头的绝缘体将短路簧片顶起,如图12-17a)所示,短路簧片与点火器的两个端子分开,点火器中的电热丝电路处于正常连接状态。当连接器拔开或插座未完全结合时,短路簧片自动将靠近点火器一侧插座上的两个引线端子短接,如图12-17b)所示,防止静电或误通电将点火器电路接通而造成气囊误膨胀开。

a)连接器正常插接时　　　　　　b) 连接器拔下时

图12-17　安全气囊防误爆机构

2)端子双重锁定机构

在安全气囊系统的任一个连接器中,接线端子都设有双重锁定机构,用于防止接线端子产生滑动,如图12-18所示。连接器的插头和插座都是由壳体上的锁柄与分隔片两部分组成,锁柄为一次性锁定机构,防止端子沿导线轴线方向滑动;分隔片为二次锁定机构,防止端子沿导线径向移动。

3)连接器双重锁定机构

安全气囊系统在线束的重要连接部位,连接器采用了双重锁定机构,用于锁定连接器,防止连接器脱开。连接器双重锁定机构如图13-19所示。在连接器插头上,设有主锁和两个凸缘。

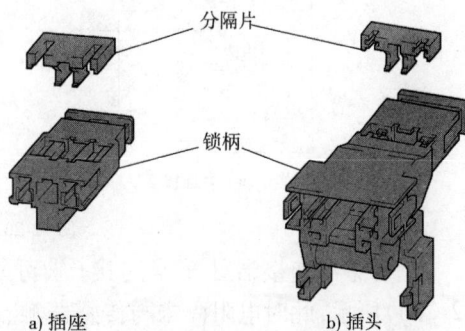

a) 插座　　　　　　　　　b) 插头

图12-18　接线端子双重锁定机构

在连接器插座上,设有锁柄能够转动的副锁。当主锁未锁定时,插头上的两个凸台就会阻止副锁锁定,如图 12-19a)所示;当主锁完全锁定时,副锁锁柄方能转动并锁定,如图 12-19b)所示;当主锁与副锁双重锁定后,连接器插头与插座的连接状态如图 12-19c)所示,从而防止连接器脱开。

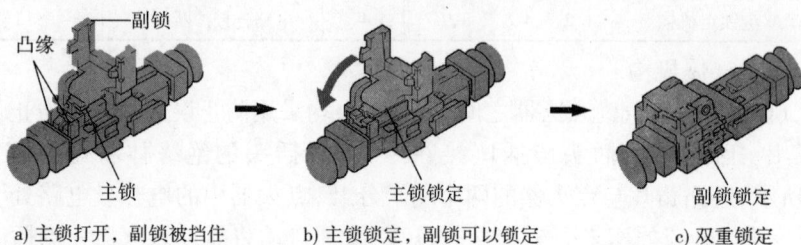

a) 主锁打开,副锁被挡住 b) 主锁锁定,副锁可以锁定 c) 双重锁定

图 12-19 连接器双重锁定机构

4)电路连接诊断机构

电路连接诊断机构用于检测连接器插头与插座是否可靠连接。前碰撞传感器连接器及其与 SRS ECU 连接的连接器采用了电路连接诊断机构,其结构如图 12-20 所示。连接器上有一个诊断销和两个诊断端子,前碰撞传感器触点为动合触点。

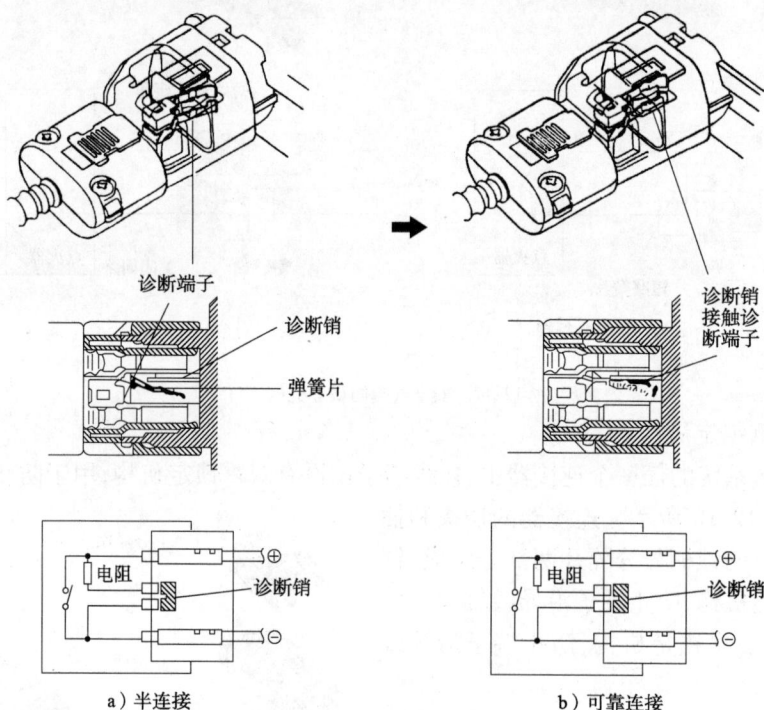

a)半连接 b)可靠连接

图 12-20 电路连接诊断机构

当传感器连接器处于半连接(未可靠连接)状态时,诊断端子与诊断销未接触,如图 12-20a)所示,此时电阻尚未与传感器触点构成并联电路,连接器引线"＋"与"－"之间的电阻为无穷大。当 SRS ECU 监测到碰撞传感器的电阻无穷大时,即判定连接器连接不可靠,诊断检测电路就会控制 SRS 故障警告灯闪亮报警,同时将故障编成代码存储在存储器中。

当传感器连接器可靠连接时,诊断端子与诊断销可靠接触,如图 12-20b)所示,此时电阻与碰撞传感器触点构成并联电路。因为碰撞传感器触点为动合触点,所以当 SRS ECU 检测到阻值为并联电阻的阻值时,即判定连接器可靠连接,传感器电路连接正常。

7. 螺旋电缆

安全气囊系统的所有线束都套装在黄色波纹管内,并与车颈线束连成一体,以便于区别。为了保证转向盘具有足够的转动角度而又不致损伤驾驶人侧气囊组件的连接线束,在转向盘与转向柱管之间采用了螺旋线束,即将线束安装在螺旋形弹簧内,再安放到弹簧壳体内,成为螺旋电缆,如图 12-21 所示。通常电喇叭线束也安装在螺旋电缆内。螺旋电缆安装在转向盘与转向柱管之间,安装时应注意其安装位置与方向,否则将会导致转向盘转动角度不足或转向沉重。

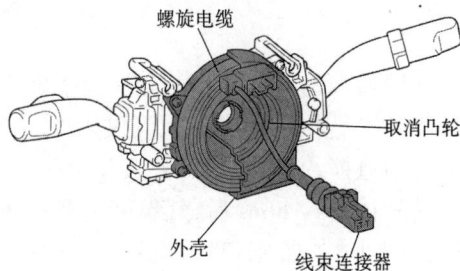

图 12-21 螺旋电缆

三、安全气囊系统的控制过程

安全气囊系统的工作原理如图 12-22 所示,当汽车前进受前方一定角度范围内的碰撞时,车体会受到强烈的撞击,车速急剧下降。安装在汽车前端的前碰撞传感器和安装在 SRS ECU 内部的中央碰撞传感器都会检测到汽车突然减速的信号,并将此信号输送给 SRS ECU,以便判断是否发生碰撞。当汽车遭受碰撞且减速度达到设定值时,SRS ECU 发出控制指令由驱动电路将气囊组件中的点火器的电路接通,点火器内的点火物质点燃并引燃气体发生剂,气体发生剂受热后放出大量气体并经过滤后进入安全气囊,气囊便冲开气囊组件上的装饰盖迅速展开,在驾驶人和乘客面部和胸部前形成弹性气垫。然后及时泄漏和收缩,将人体与车内构件之间的碰撞变为弹性碰撞,通过气囊产生变形和排气节流来吸收人体碰撞产生的动能,从而有效地保护人体。

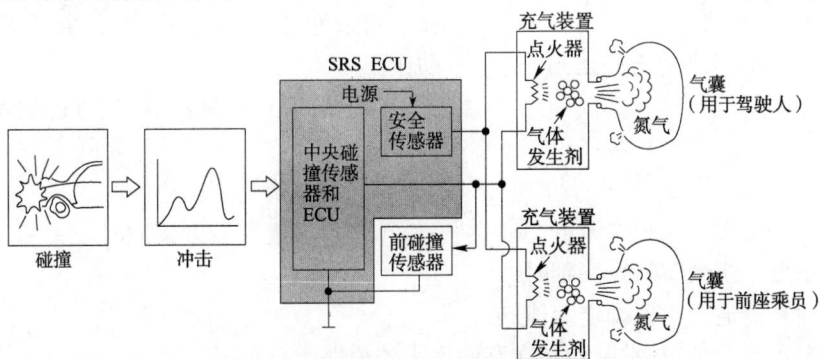

图 12-22 安全气囊系统的工作原理

1. 安全气囊系统的动作过程

当汽车以 50km/h 车速与前面障碍物碰撞时,安全气囊系统的动作过程如图 12-23 所示。

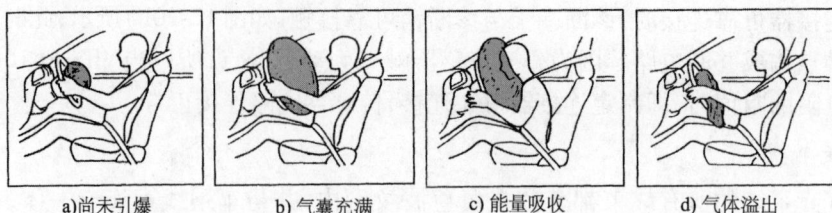

a)尚未引爆　　　　b)气囊充满　　　　c)能量吸收　　　　d)气体溢出

图 12-23　安全气囊系统的工作过程

（1）碰撞约 10ms 后，安全气囊系统达到引爆极限，点火器引爆气体发生剂并产生大量热量，使气体发生剂受热分解，驾驶人此时尚未动作，如图 12-23a)所示。

（2）碰撞约 20ms 后驾驶人开始移动，但还没有到达气囊。

（3）碰撞约 40ms 后，气囊完全充满涨起，体积达到最大，安全带被拉长，人的部分冲击能量已被吸收，如图 12-23b)所示。

（4）碰撞约 60ms 后，驾驶人的头部已经开始沉向气囊。

（5）碰撞约 80ms 后，驾驶人的头部及身体上部都沉向气囊。气囊背后的排气孔打开，在气囊内部的气体压力和人体压力作用下排气，利用排气孔的节流作用吸收能量，如图 12-23c)所示。

（6）碰撞约 100ms 后，车速已接近为 0，这时对车内乘客来说，危险期已接近结束。

（7）碰撞约 110ms 后，驾驶人已经前移到最大距离，随后身体开始后移回到座椅靠背上。这时候，大部分气体已经从气囊中逸出，汽车前方视野恢复，如图 12-23d)所示。

（8）碰撞约 120ms 后，碰撞危害全部解除，车速降至 0。

2. 安全气囊的有效作用范围

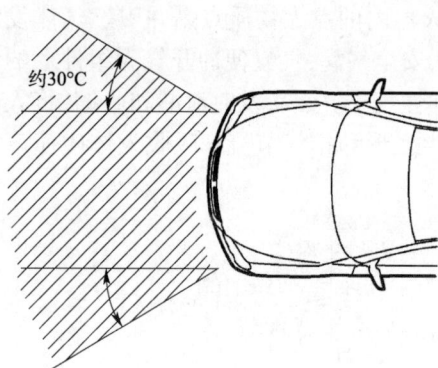

约30℃

图 12-24　正面碰撞安全气囊的有效作用范围

安全气囊系统并非在所有碰撞情况下都能起作用。正面碰撞安全气囊系统在汽车正前方或斜前方 ±30°角（图 12-24）范围内发生碰撞且其纵向减速度达到某一值时，气囊才能被引爆。在下列条件之一的情况下，安全气囊系统不会动作。

（1）汽车遭受侧面碰撞超过斜前方 ±30°角时。

（2）汽车遭受横向碰撞时。

（3）汽车遭受后方碰撞时。

（4）汽车发生绕纵向轴线侧翻时。

（5）纵向减速值未达到设定阈值。

（6）汽车正常行驶、正常制动和在路面不平的道路上行驶时。

侧面气囊只有在汽车遭受侧面 ±30°角撞击且横向加速度达到设定值时，才能引爆充气，且不会引爆正面气囊。

侧面安全气囊系统在下列情况下不会工作：①正面碰撞；②轻微的侧面碰撞；③尾部碰撞；④侧翻。

3.安全气囊的触发条件

为了保证 SRS 系统工作可靠,防止误引爆,系统随时检测前碰撞传感器、中央碰撞传感器和安全传感器。三者相互间的连接关系如图 12-25 所示,其中中央碰撞传感器与前碰撞传感器并联,安全传感器与前碰撞传感器串联。因此安全气囊的触发条件是:只有当 SRS 安全传感器、中央碰撞传感器或碰撞传感器同时被接通时,安全气囊控制系统才能使安全气囊充气。

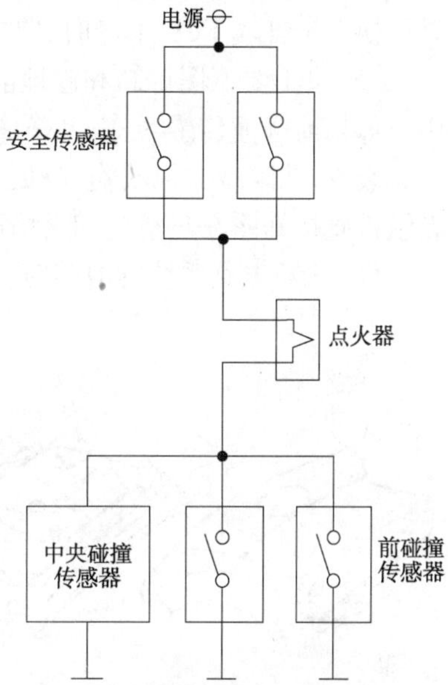

图 12-25　正面碰撞时安全气囊点火的条件

操作指引

1.组织方式

(1)场地设施:举升机 1 台。

(2)设备设施:迈腾轿车 1 辆。

(3)工量具:迈腾轿车拆卸工具 1 套、数字万用表、专用诊断仪等。

(4)安全气囊系统所需要的专用工具及维修设备:扭力扳手 V. A. G 1783、座椅修理台 VAS 6136、发动机和变速器托架。

2.操作要点

(1)穿戴干净整洁的工作服。

(2)遵守场地安全规定,注意用电安全。

(3)正确使用拆装工具、数字万用表、专用诊断仪等工量具。

任务实施

1.安全气囊系统故障诊断的注意事项

在维修、检测安全气囊系统时,要严格按正确顺序进行操作,否则,会使安全气囊系统在检修过程中意外展开而造成严重事故,或致使安全气囊系统不能正常运作,因此,在排除故障之前,一定要注意以下几点。

(1)由于安全气囊系统的故障症状难以确诊,故障排除时最重要的信息来源就是故障码。因此在进行安全气囊系统故障排除时,务必要检查故障码。

(2)必须在将点火开关转到 LOCK 位置并拆下蓄电池搭铁线 90s 或更长一些时间才能开始检修。这是因为安全气囊系统配有备用电源,如果在拆下蓄电池搭铁线后 90s 之内进行检修,就有可能使安全气囊打开。

(3)即使只发生轻微碰撞而安全气囊未打开,也要对前安全气囊传感器和气囊组件进行检查。但绝对不可使用其他车辆上的安全气囊组件。如需更换,务必使用新零件。在检修过程中,如有可能对安全气囊传感器产生冲击,那么在修理之前应将安全气囊传感器拆下。

(4)安全传感器总成含有汞。更换之后,不要将换下的旧零件随意毁掉,当报废车辆或只更换安全气囊 ECU 本身时,应拆下气囊安全传感器并作为有害废弃物处置。

(5)决不要试图拆卸和修理前碰撞传感器、中央碰撞传感器总成或气囊组件以供重新使用。如果前碰撞传感器、中央碰撞传感器总成或气囊组件跌落过,或在壳体、托架或连接器上有裂纹、凹陷或其他缺陷,应更换新件。不要将前碰撞传感器、中央碰撞传感器总成或气囊组件直接暴露在热空气和火焰面前。

(6)诊断电路系统的故障时,必须使用高阻抗万用表。

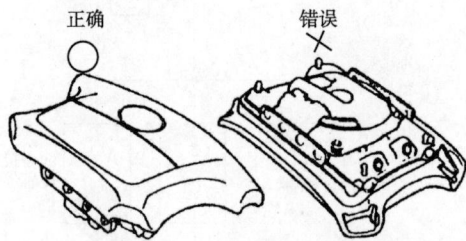

图 12-26 安全气囊饰盖朝上

(7)拆卸或搬运 SRS 气囊组件时,安全气囊饰盖一面应朝上,如图 12-26 所示。不得将 SRS 气囊组件重叠堆放,以防安全气囊误爆开造成严重事故。

(8)在报废整车或报废 SRS 气囊组件时,应在报废之前使用专用维修工具将安全气囊引爆。引爆工作应在远离电场干扰的地方进行,以免电场过强而导致安全气囊误引爆。

(9)汽车已发生过碰撞、安全气囊一旦引爆膨胀开后,SRS ECU 就不能继续使用。

(10)安装转向盘时,其安装位置必须正确,即必须安装在转向柱管上,并使螺旋弹簧位于中间位置,否则会造成螺旋线束脱落或发生故障。

(11)所有与安全气囊系统有关的检修工作,必须在安全气囊系统正确拆除后进行,安装安全气囊时不要试探任何连接处。如果在车上检修安全气囊系统,在气囊组件安全拆除前,不要坐在气囊附近。

(12)传感器的安装方向是气囊系统发挥正常功能的关键,应将其恢复到原来位置。配线作业要十分小心,在作业前必须使气囊组件安全拆除。

(13)检修完成后,不要急于将气囊组件接入电路,应先进行电气检查,确认无误时,再将气囊组件接入。

(14)在安全气囊系统零部件的外表面上有说明标牌,必须遵照这些注意事项。

(15)完成安全气囊系统的检查之后,必须对 SRS 警告灯进行检查。正常情况下,当点火开关转到 ON 或 ACC 位置时,SRS 警告灯亮 6s 左右后自动熄灭。

2.迈腾轿车安全气囊系统故障诊断

1)迈腾轿车安全气囊系统布置

迈腾轿车安全气囊系统在汽车上的布置如图12-27 所示,系统包括驾驶人侧安全气囊、副驾驶人

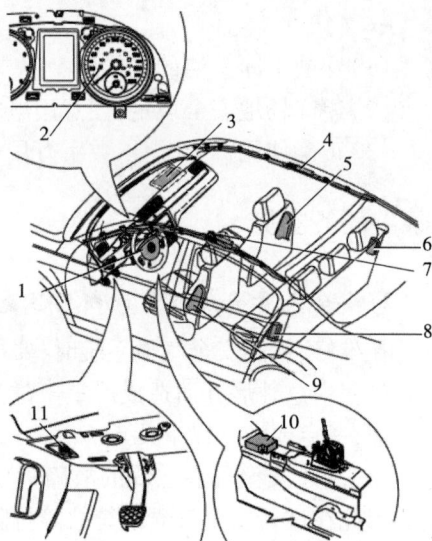

图 12-27 迈腾 SRS 系统布置

1-驾驶人侧安全气囊;2-安全气囊指示灯;3-副驾驶人侧安全气囊;4-副驾驶人侧头部安全气囊;5-副驾驶人侧前排侧面安全气囊;6-副驾驶人侧后排侧面安全气囊;7-驾驶人侧头部安全气囊;8-驾驶人侧后排侧面安全气囊;9-驾驶人侧前排侧面安全气囊;10-安全气囊控制单元 J234;11-诊断插头

侧安全气囊、副驾驶人侧头部安全气囊、副驾驶人侧前排侧面安全气囊、副驾驶人侧后排侧面安全气囊、驾驶人侧头部安全气囊、驾驶人侧后排侧面安全气囊、驾驶人侧前排侧面安全气囊、安全气囊系统控制模块等。

2）发生事故后更换安全气囊单元

（1）如果发生事故时触发了安全气囊，原则上必须更换以下部件：

①所有已触发的安全气囊单元。

②副驾驶人侧模块（副驾驶人侧安全气囊已触发）。

③带滑环的复位环（驾驶人侧安全气囊已触发）。

④所有安全带拉紧器已触发的安全带。

⑤根据需要（通过目检）还必须更换所有损坏的部件。

（2）如果安全气囊指示灯未显示存在故障，则无须更换安全气囊部件。必须单独检查安全带。

3）拆卸和安装安全气囊控制单元

（1）拆卸。

①断开车辆蓄电池。

②拆卸左右两侧脚部空间饰板。

③旋出三个螺母，如图 12-28 箭头所示。

④从驾驶人侧脚部空间中取出控制单元 4。

⑤沿箭头 B 方向推动固定件 1，沿箭头 A 方向按压锁止件 5，同时沿箭头方向向后翻转卡箍 3，将连接头 2 从控制单元 4 中压出。

（2）安装。

安装大体以倒序进行，同时注意以下事项：

①车内应无人逗留。

②连接车辆蓄电池。

③如果更换了控制单元，则必须对其进行编码并匹配部件。

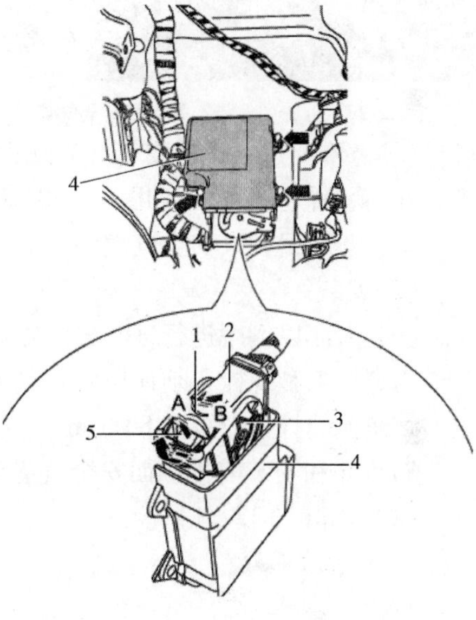

图 12-28　拆卸和安装安全气囊控制单元
1-固定件；2-连接头；3-卡箍；4-控制单元；5-锁止件

4）拆卸和安装驾驶人侧安全气囊单元

（1）拆卸。

①打开点火开关。

②调节转向盘高度，使其位于最低位置。

③调节转向盘深度，将转向盘拉出至极限位置。

④将转向盘转到图 12-29 所示位置。

⑤将螺丝刀插入转向盘背面的孔中，直至限位位置（约 8mm）。

⑥沿箭头方向转动螺丝刀，松开转向盘右侧安全气囊单元锁止件。

⑦将转向盘旋转 180°，并按照上面所描述的方法松开转向盘左侧安全气囊单元锁止件。

⑧将转向盘旋转 90°回到中间位置。

⑨关闭点火开关。

图12-29 拆卸和安装驾驶人侧安全气囊单元

取出(注意不要过度拉伸安全气囊线束)。

⑥小心撬起锁止卡,如图12-30箭头所示。

⑦脱开副驾驶人安全气囊线束。

(2)安装。

安装大体以倒序进行,同时注意以下事项:

①螺栓1和螺栓2须使用防松剂D197300A1。

②螺栓的拧紧力矩为8N·m。

6)拆卸和安装前排侧面安全气囊单元

(1)拆卸(图12-31)。

⑩断开车辆蓄电池。

⑪将安全气囊单元从转向盘上松开。

(2)安装。

①将安全气囊单元压入转向盘内。

②检查安全气囊单元是否在左右两侧卡入转向盘内。

③打开点火开关。

④连接车辆蓄电池。

5)拆卸和安装副驾驶人侧安全气囊单元

(1)拆卸。

①断开车辆蓄电池。

②拆卸杂物箱。

③如图12-30所示旋出两个螺栓1。

④如图12-30所示旋出两个螺栓2。

⑤将副驾驶人安全气囊从仪表板定位件中

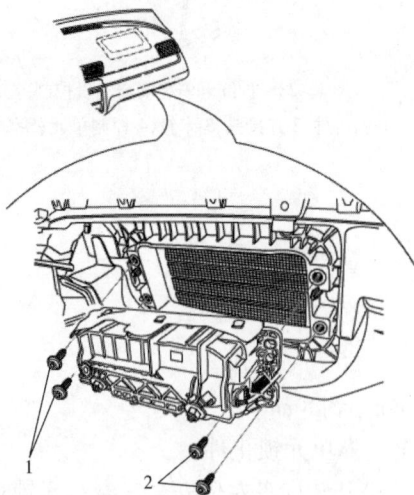

图12-30 拆卸和安装副驾驶人侧安全气囊单元
1、2-螺栓

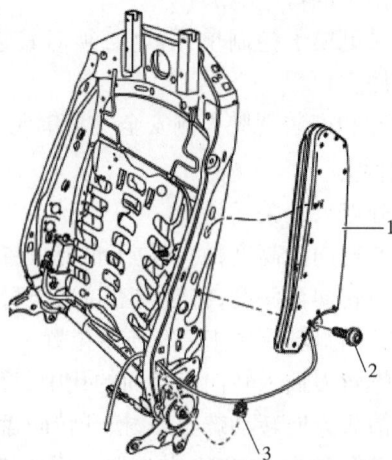

图12-31 拆卸和安装前排侧面安全气囊单元
1-侧面安全气囊;2-螺栓;3-线束固定卡

①拆卸前排座椅。

②拆卸前排座椅靠背套和靠背套垫。

③将线束固定卡 3 从靠背框架中松开。

④旋出螺栓 2。

⑤将侧面安全气囊 1 从靠背框架定位件中取出。

(2)安装。

安装大体以倒序进行。

7)拆卸和安装后排侧面安全气囊单元

(1)拆卸(图 12-32)。

①断开车辆蓄电池。

②拆卸后排座椅。

③拆卸侧面软垫和侧面安全气囊。

④将插头 1 从侧面软垫定位板 2 上松开。

⑤脱开线束插头。

⑥旋出两个螺栓 3。

⑦打开安全气囊罩,取出安全气囊。

(2)安装。

安装大体以倒序进行。

8)拆卸和安装头部安全气囊单元

(1)拆卸(图 12-33)。

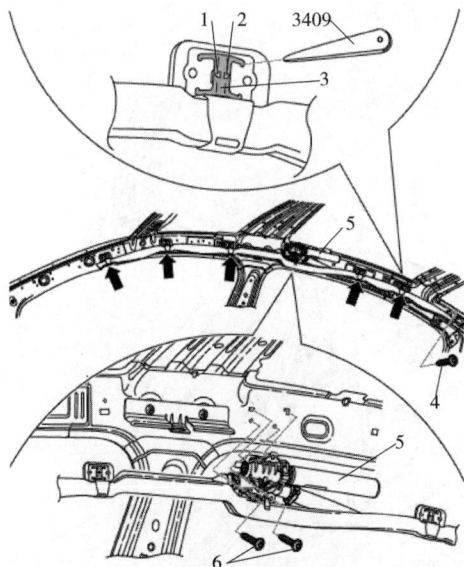

图 12-32　拆卸和安装后排侧面安全气囊单元
1-插头;2-定位板;3-螺栓

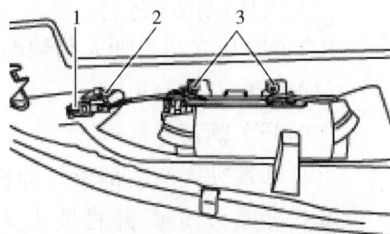

图 12-33　拆卸和安装头部安全气囊单元
1-左开口;2-右开口;3-夹子;4-螺栓;5-头部安全气囊;6-螺栓

(1)拆卸(图 12-34)。

①降下成形顶篷。

②断开车辆蓄电池。

③脱开头部安全气囊 5 的插头连接,并从头部安全气囊上脱开线束固定卡。

④旋出螺栓 4。

⑤在夹子 3 的右开口 2 中放入一把螺丝刀(刀口宽度 2.5mm)。

⑥转动螺丝刀,将夹子右侧从车身上松开。

⑦将拆卸楔推入夹子和车身之间,以防止夹子右侧重新卡入车身里。

⑧将螺丝刀放入夹子的左开口 1 中。

⑨转动螺丝刀,将夹子从车身上松开。

⑩旋出两个螺栓 6。

⑪将头部安全气囊 5 从车身定位件中松开。

(2)安装。

安装大体以倒序进行。

9)拆卸和安装副驾驶人侧座椅占用传感器

①拆卸前排座椅。

②将座套的前部和通道侧成形件从座椅架上取出。

③将座套连同座椅软垫一起向上翻起。

④将副驾驶人侧座椅占用传感器 1 的线束从座椅架上脱出。

⑤将两个夹子 2 从座椅架上脱出，并取下副驾驶人侧座椅占用传感器 1。

（2）安装。

安装大体以倒序进行。

10）拆卸和安装驾驶人侧侧面安全气囊碰撞传感器

（1）拆卸（图 12-35）。

①断开车辆蓄电池。

②拆卸驾驶人侧前部车门饰板。

③松开插头锁扣，并将插头 2 沿箭头方向从驾驶人侧侧面安全气囊碰撞传感器 1 上拔下。

④钻出盲铆钉 3。

⑤钻出盲铆钉 4。

⑥取下驾驶人侧侧面安全气囊碰撞传感器 1。

（2）安装。

安装大体以倒序进行。

11）拆卸和安装驾驶人侧后排侧面安全气囊碰撞传感器

（1）拆卸（图 12-36）。

图 12-34　拆卸和安装副驾驶人侧座椅占用
传感器
1-副驾驶人侧座椅占用传感器；2-夹子

图 12-35　拆卸和安装驾驶人侧侧面安全
气囊碰撞传感器
1-侧面安全气囊传感器；2-插头；3、4-盲铆钉

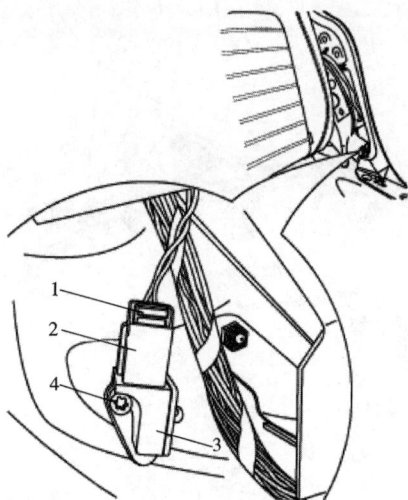

图 12-36　拆卸和安装驾驶人侧后排侧面
安全气囊碰撞传感器
1-插头锁止卡；2-插头；3-侧面安全气囊碰
撞传感器；4-螺栓

①断开车辆蓄电池。

②拆卸后排座椅。

③拆卸侧面软垫。

④松开插头锁止卡1,并将插头2从驾驶人后排侧面安全气囊碰撞传感器3上拔下。

⑤旋出螺栓4。

⑥取下驾驶人侧后排侧面安全气囊碰撞传感器3。

(2)安装。

安装大体以倒序进行。

任务小结

(1)汽车安全气囊系统主要由传感器、电控单元(ECU)、安全气囊警告灯、安全气囊组件等组成。

(2)安全气囊传感器的功用是检测、判断汽车发生事故后的碰撞信号,以便及时启动安全气囊,并提供足够的电能或机械能点燃气体发生器。

(3)安全气囊传感器包括前碰撞传感器、中央碰撞传感器和安全传感器。

(4)前碰撞传感器用来检测汽车遭受碰撞的激烈程度,一般安装在车身前部翼子板内侧、前照灯支架下面及散热器支架侧等处。

(5)中央碰撞传感器安装在车身前部中央位置,还有部分车型安装在安全气囊ECU内部。

(6)安全传感器也称为触发传感器或保护传感器。安全传感器用来防止在非碰撞的情况下引起气囊的误动作,信号供给安全气囊电控单元以判断是否真发生碰撞。

(7)安全气囊组件主要由气囊、气体发生器和点火器组成。

(8)气体发生器又称为充气器,其功用是在点火器引爆气体发生剂时,产生气体向气囊充气,使气囊张开。

(9)为了保证气囊系统可靠工作,SRS连接器采用了导电性能和耐久性能良好的镀金端子,并设计有防止安全气囊误爆机构、端子双重锁定机构、连接器双重锁定机构和电路连接诊断机构。

(10)正面碰撞安全气囊系统在汽车正前方或斜前方±30°角范围内发生碰撞且其纵向减速度达到某一值时,气囊才能被引爆。

(11)为了保证SRS系统工作可靠,防止误引爆,系统随时检测前碰撞传感器、中央碰撞传感器和安全传感器。

学习任务十三　汽车空调系统故障诊断与修复

任务概述

随着人们对汽车舒适性要求的提高,汽车空调系统已成为汽车上的标配系统,在天气炎热或寒冷的时候,以及雨雾天气中发挥着重要的作用。但汽车空调系统在长时间不使用后,会由于制冷剂的泄漏或其他故障而不能进行有效制冷或取暖,必须定期进行维护,并在出现故障后及时进行维修,这是保证空调系统有效运行的必要措施。

伴随着汽车技术的发展,以及人们要求的提高,汽车空调系统也经历了从手动空调到自动空调的过渡,目前市场上依据汽车价格及配置的不同而主要采取手动和自动空调两种类型。同时也引入了很多新型技术,如可变排量压缩机、双区空调等,在提高制冷供暖能力和节能减排方面均有很大的改进。

保证汽车空调系统良好的技术状况对于提高汽车乘坐舒适性和行车安全性均有重要作用。因此,必须定期对汽车空调系统进行检查与维护,并及时加注制冷剂和冷冻油,并更换已严重磨损或损坏的零部件,以便及时发现和排除故障,确保汽车空调系统的工作性能良好。

主要学习任务

1. 制冷系统不制冷故障的检修

2. 暖风系统暖风不足故障的检修

3. 自动空调故障警告灯报警故障检修

子任务1　制冷系统不制冷故障的检修

任务描述

夏天快到了,车主王先生反映,他所驾驶的一辆2006款丰田卡罗拉轿车,已经4个多月没使用空调,空调使用效果不理想,制冷不足,甚至不制冷。

汽车空调系统能够将车内空气环境调节到舒适的环境,已经成为汽车的重要子系统,当长时间不适用空调时,会由于制冷剂和冷冻油的泄漏、机械部件的缺乏润滑而导致空调制冷通风效果的降低,从而影响到空调的正常使用。

现在需要你对客户轿车的空调系统进行诊断与修复。

学习目标

(1)认识汽车空调系统的功能、组成与分类;

(2)掌握汽车空调制冷系统的组成及工作原理;

(3)掌握典型汽车空调压缩机的构造及各工作原理;

(4)掌握冷凝器与蒸发器的分类与构造;

(5)认识膨胀阀与孔管的类型、构造与工作原理;

(6)认识储液干燥器与集液器的构造;

(7)能正确拆装汽车空调系统主要总成部件;

(8)会运用所学知识和经验,为客户提供汽车空调系统日常维护的建议;

(9)能对汽车空调进行检漏、抽真空作业;

(10)能对汽车空调进行制冷剂和冷冻油加注作业;

(11)会对压缩机、冷凝器、蒸发器、膨胀阀和储液干燥器等制冷系统主要部件进行检修操作;

(12)具备信息查询和手册使用的基本能力;

(13)能够按照企业5S要求和安全生产规范进行操作;

(14)能与同学密切合作,规范安全地完成学习活动;

(15)养成自主学习的习惯,培养规范操作的工作作风及环保意识。

建议学时:6学时。

知识准备

一、汽车空调基本知识

1.汽车空调系统的功用

汽车空调系统通过人为的方式创造一个对人体适宜的环境,即对车内的温度、湿度、气流速度进行调节,且具有净化空气的功能。除此之外,汽车空调还能在特殊气候季节除去风窗玻璃上的雾、霜、雪等,使驾驶人视野清晰,确保行车安全。

(1)调节车内温度。驾驶人根据气候的变化,通过调节或设定空调控制面板上的温度调节开关,调节或设定适宜的车内温度。

(2)调节车内湿度。通过制冷或取暖装置去除空气中的水分,使车内湿度控制在50%~70%的人体舒适范围之内。

(3)调节车内气流速度。根据人体生理特点,使空气流动方向形成上凉足暖的环境,且通过出风口位置、出风方向和鼓风机挡位来调节车内空气的流速。

(4)车内空气过滤和净化。车内空间小、乘客密度大,且发动机废气和道路上的粉尘都容易进入车内,容易造成车内空气污浊,严重影响乘员的舒适性和身体健康。因此,必须要求汽车空调具有补充车外新鲜空气、过滤和净化车内空气的功能。

(5)除霜除雾功能。当车内外温差相差太大时,车窗玻璃上会出现霜或雾,会影响驾驶人视线,可以利用空调相应模式予以去除。

2.汽车空调系统组成

汽车空调系统按其功能可分为制冷系统、暖风系统、通风系统、空气净化系统和控制系统5个基本部分。

1)制冷系统

车内的空气或外部进入车内的新鲜空气进行冷却与除湿,使车内空气变得凉爽舒适。制冷系统主要由制冷循环装置和电气调节与控制装置两部分组成

2)暖风系统

对车内或外部进入车内的新鲜空气进行加热,以提高车内空气的温度,同时还可以对前窗玻璃进行除霜、除雾。

3)通风系统

将外部新鲜空气吸进车内,起通风和换气作用。同时,通风对防止风窗玻璃起霜也起着良好作用。

4)空气净化装置

除去车内空气中的尘埃、臭味、烟气及其他有毒气体,使车内空气变得清新。

5)控制系统

其作用是对制冷系统、暖风系统及通风系统的工作进行控制,同时对车内的空气温度、风量、流量进行调节,保证空调系统正常工作。

将上述全部或部分有机地组合在一起安装在汽车上,便组成了汽车空调系统。在一般的轿车和客、货车上,通常只有制冷系统、暖风系统、通风系统、空气净化装置和控制系统,在高级轿车和高级大、中客车上,还有加湿装置。

3.汽车空调系统的分类

1)按功能分类

汽车空调按功能可分为冷暖分开型、冷暖合一型和全功能型。

(1)冷暖分开型。制冷和采暖系统各自分开,一般用于大型客车。

（2）冷暖合一型。在暖风机的基础上增加蒸发器芯和冷气出风口，但制冷和采暖各自分开，不能同时工作。

（3）全功能型。集制冷、除湿、采暖、通风和净化于一体，其功能完善，提高了乘员的舒适性，越来越多的汽车空调采用了这种形式，如图13-1所示。

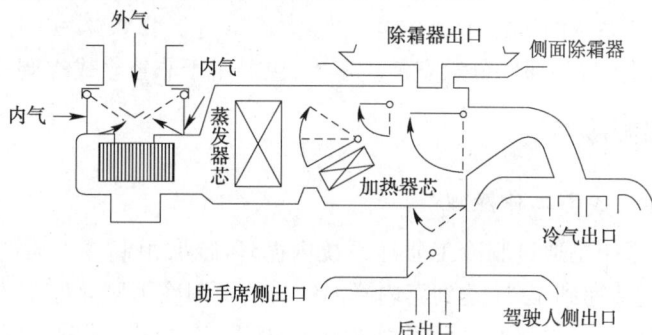

图13-1　全功能型汽车空调

2）按驱动方式分类

汽车空调根据压缩机驱动形式的不同分为独立式和非独立式两种。

（1）独立空调。制冷压缩机由专门的空调发动机或电动机驱动，系统的制冷性能不受汽车发动机工况的影响，工作稳定，制冷量大。多用于大、中型汽车上。

（2）非独立空调。空调制冷压缩机由汽车本身的发动机驱动，系统的制冷性能受汽车发动机工况的影响较大，工作稳定性较差。多用于中、小型汽车上。

3）按自动化控制程度分类

按自动化控制程度可分为手动空调（MTC）和自动空调（ATC）两种。

（1）手动空调。在手动空调系统中，进气源、空气温度、空气分配及鼓风机速度等功能都是驾驶人通过旋钮或拨杆进行手动调节选择的，典型的手动空调控制面板如图13-2所示。

（2）自动空调。自动空调系统自动监控并调节温度、鼓风机速度和空气分配。典型的自动空调控制面板如图13-3所示。

4）按送风方式分类

汽车空调按送风方式不同可分为直吹式和风道式。

（1）直吹式。冷气或暖气直接从空调器送风面板吹出，主要用于非独立式空调系统。

图13-2　手动空调控制面板

图13-3　自动空调控制面板

（2）风道式。将空调器处理后的空气用风机送到塑料风道，再由车厢顶部或座位下的各风口送至车内，主要用于独立式空调系统。

5）按布置形式分类

按布置形式可分为整体式空调、分体式空调、分散式空调。

(1)整体式空调。将各部件安装在一个专门机架上,构成一个独立总成,动力源为副发动机,最终由送风管将冷风送入车内。主要用于独立式空调系统的布置。

(2)分体式空调。将各部件根据汽车具体结构,部分或全部分开布置,用管道相互连接。主要用于独立式空调系统的布置。

(3)分散式空调。将各部件分散安装于车上,主要用于非独立式空调系统的布置。

二、汽车空调制冷系统

1. 制冷系统的组成与工作原理

汽车空调制冷系统是通过制冷工质在系统内循环流动,由制冷工质的液态和气态转换过程,将车内的热量传递到车外,达到车内降温的目的。制冷工质此处称为制冷剂,目前,空调系统多采用 R134a。空调制冷循环系统是由压缩机、冷凝器、储液干燥器、膨胀阀、蒸发器、鼓风机和制冷管道等组成,如图 13-4 所示。各部件之间采用钢管(或铝管)和高压橡胶管连接成一个密闭系统。汽车制冷系统工作时,制冷剂以不同的状态在这个密闭系统内循环流动,汽车空调系统的制冷循环流程如图 13-5 所示,每个循环都有四个基本过程。

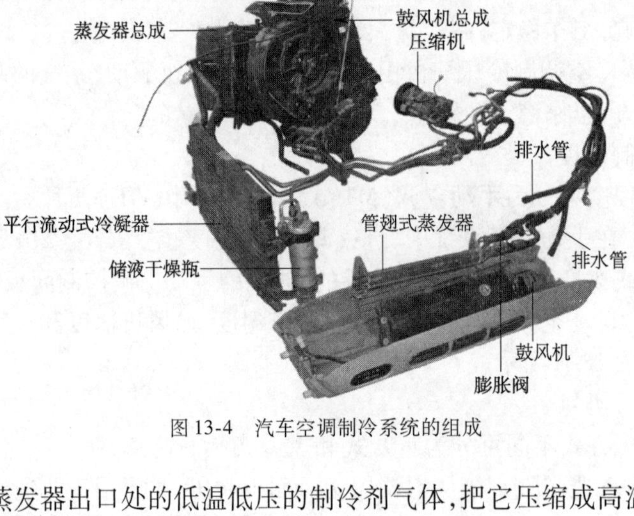

图 13-4　汽车空调制冷系统的组成

1)压缩过程

压缩机吸入蒸发器出口处的低温低压的制冷剂气体,把它压缩成高温高压的气体,经管道送入冷凝器。

2)放热过程

高温高压的过热制冷剂气体进入冷凝器(散热器)与大气进行热交换。由于压力及温度的降低,制冷剂气体冷凝成液体,并放出大量的热。

3)节流过程

高压高温制冷剂液体经膨胀阀节流降温降压,以雾状(细小液滴)排出膨胀装置。

4)吸热过程

经膨胀阀降温降压后的雾状制冷剂液体进入蒸发器,因此时制冷剂沸点远低于蒸发器内温度,故制冷剂液体在蒸发器内蒸发、沸腾成气体。在蒸发过程中大量吸收周围的热量,降低车内温度。而后低温低压的制冷剂气体流出蒸发器等待压缩机再次吸入。

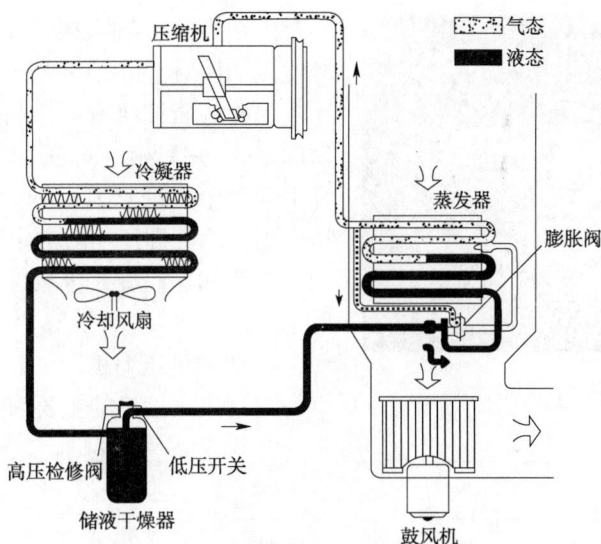

图 13-5　汽车空调系统的制冷循环流程图

上述过程周而复始地进行,便可使汽车内温度达到并维持在给定的状态。

2.空调压缩机

制冷压缩机是汽车空调制冷系统的心脏,其作用是维持制冷剂在制冷系统中的循环,吸入来自蒸发器的低温低压制冷剂蒸气,压缩制冷剂蒸气使其压力和温度升高,并将制冷剂蒸气送往冷凝器。

压缩机种类较多,大客车一般采用曲柄连杆式,轿车多采用斜盘式和涡旋式。

1)曲柄连杆式

曲轴连杆式压缩机主要由曲柄连杆机构、阀门组件、润滑装置和密封装置等组成,与汽车发动机类似。压缩机的工作可分为压缩、排气、膨胀、吸气等四个过程,如图13-6所示。

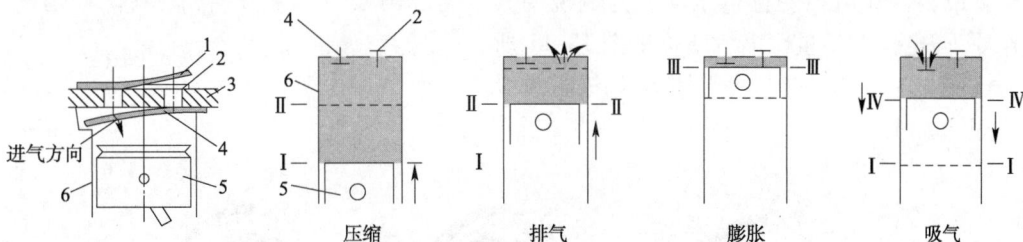

图 13-6　曲轴连杆式压缩机工作原理
1-限位板;2-排气阀片;3-阀板;4-吸气阀片;5-活塞;6-汽缸

2)斜盘式压缩机

旋转斜盘式压缩机的结构如图 13-7 所示,采用往复式双头活塞。工作原理如图 13-8 所示。当主轴带动斜盘转动时,斜盘便驱动活塞做轴向移动,由于活塞在前后布置的汽缸中同时作轴向运动,这相当于两个活塞在作双向运动。

3)涡旋式压缩机

涡旋式压缩机是一种新型的容积式压缩机,主要用于汽车空调,与往复式压缩机相比,

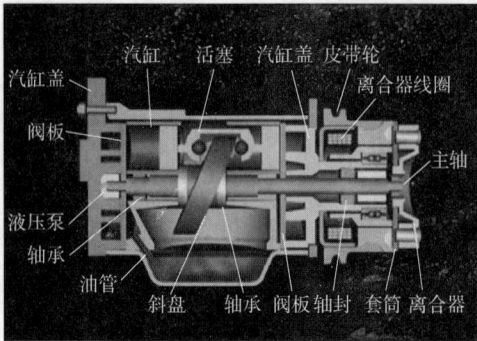

图 13-7 旋转斜盘式压缩机结构

具有效率高、噪声低、振动小、质量小、结构简单等优点，其结构如图 13-9 所示。

涡旋式压缩机有一个可动的和一个固定不动的蜗壳，并有相对偏心运动。它们之间相互错开 180°，当压缩机轴旋转时，可动蜗壳将制冷剂压向固定蜗壳即压缩机的中心，这种运动使制冷剂压力增加。涡旋式压缩机工作原理如图 13-10 所示。

4）变排量压缩机

变排量压缩机的主要优点如下：

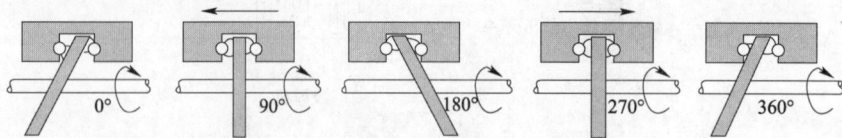

图 13-8 旋转斜盘式压缩机工作示意图

（1）消除了由于电磁离合器吸合和脱开引发的发动机转速的波动。

（2）在某些工况下（如低速、爬坡）可防止发动机熄火。

（3）减少了空调系统制冷温度的波动。

（4）功率消耗减少，最大可减少 25%。

（5）根据发动机转速、车内温度，自动调节压缩机输出的制冷量。

现以斜盘式电控变排量压缩机为例说明其工作原理，电控变排量压缩机结构如图 13-11 所示，其内部有一个电磁阀，由空调 ECU 进行无级调节控制。

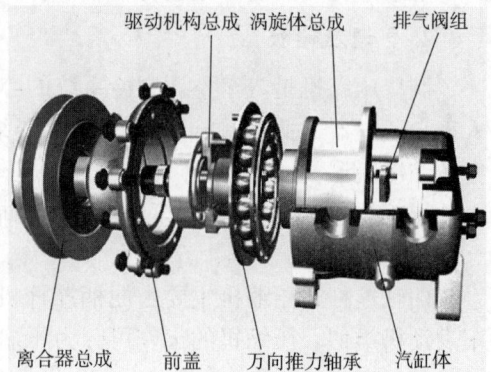

图 13-9 汽车空调涡旋式压缩机

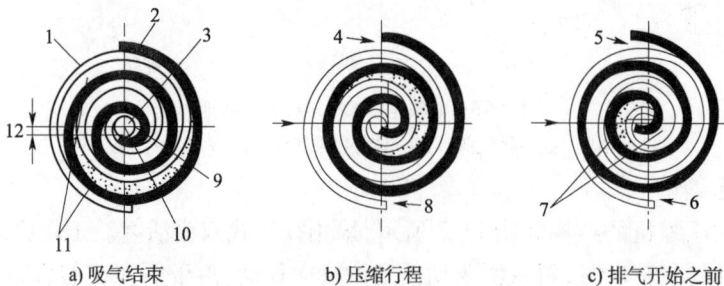

a) 吸气结束   b) 压缩行程   c) 排气开始之前

图 13-10 涡旋式压缩机工作原理

1-固定圈;2-动圈;3-固定圈涡旋中心;4、5、6、8-制冷剂蒸气;7-最小压缩容积;9-排气口;10-动圈涡旋中心;11-开始压缩容积（最大容积）;12-回旋半径

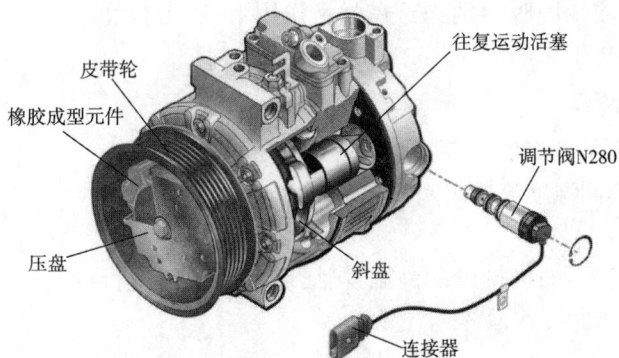

图 13-11　电控变排量压缩机结构(斜盘式)

其工作原理如图 13-12 所示。在无电流状态下,调节阀阀门开启,压缩机高压腔和曲轴箱相通,压力达到平衡。满负荷时,阀门关闭,曲轴箱和高压腔之间通道被隔断,曲轴箱压力下降,斜盘的倾斜角度加大直至排量达到 100%;关掉空调或所需的制冷量较低时,阀门开启,曲轴箱和高压腔之间的通道被打开,斜盘的倾斜角度减小直至排量低于 2%。当系统的低压较高时,真空膜盒被压缩,阀门挺杆被松开,继续向下移动,使得高压腔和曲轴箱被进一步隔离,从而使压缩机达到 100% 的排量。当系统的吸气压力特别低时,压力元件被释放,使挺杆的调节行程受到限制,高压腔和曲轴箱不再能完全被隔断,从而使压缩机的排量变小。

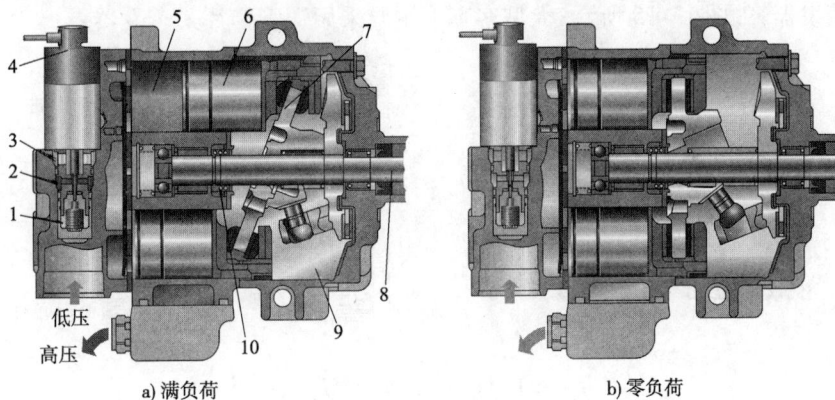

a) 满负荷　　　　　　　　　　　　　　　　b) 零负荷

图 13-12　电控变排量压缩机工作原理

1-进气压力;2-高压;3-曲轴箱压力;4-空调压缩机调节阀 N280;5-压缩室;6-空心活塞;7-斜盘;8-驱动轴;9-曲轴箱;10-复位弹簧

5)电磁离合器

在汽车空调系统中,电磁离合器一般安装在压缩机前端面,成为压缩机总成的一部分。其作用是控制发动机与压缩机的动力传递。

电磁离合器由带轮、电磁线圈、压力板等主要部件组成。如图 13-13 所示,电磁线圈固定在压缩机外壳上。压力板与压缩机的主轴相连接。带轮通过轴承套在轴上,可以自由转动。

当空调开关接通时,电流通过电磁离合器的电磁线圈,电磁线圈产生电磁吸力,使压缩机的压力板与带轮结合在一起,将发动机的转矩传递给压缩机主轴,使压缩机主轴旋转。当断开空调开关时,电磁线圈吸力消失。在弹簧作用下,压力板和带轮分离,压缩机停止工作。

3.冷凝器与蒸发器

冷凝器和蒸发器是汽车空调系统中两个重要的部件。它们的作用是实现两种不同温度流体之间的热量交换,所以通常又称为热交换器。

冷凝器作用是:将压缩机排出的高温、高压制冷剂蒸气进行冷却,使其凝结为高压制冷剂液体。

汽车用冷凝器主要有管片式、管带式和平行流式,目前轿车多采用平行流式,如图13-14所示,大客车多采用铜管铝片式。

对于轿车,冷凝器一般安装在散热器之前,与散热器共用风扇。对于大客车,冷凝器多安装在车厢顶部,在冷凝器旁安装辅助冷却风扇,加速冷却。

蒸发器的作用是将膨胀阀出来的低温低压制冷剂蒸发并吸收车内空气的热量,从而达到车内降温的目的。多安装于汽车驾驶室仪表台下方的再循环外壳内。

蒸发器主要有管片式、管带式和层叠式。轿车上主要采用全铝层叠式蒸发器,如图13-15所示,大型客车上主要采用铜管铝片式蒸发器。

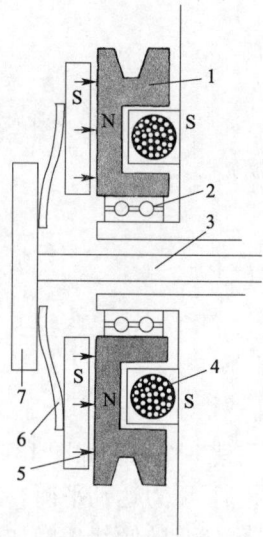

图13-13　电磁离合器的工作原理
1-带轮;2-轴承;3-压缩机主轴;4-线圈;5-压力板;6-弹簧片;7-驱动盘

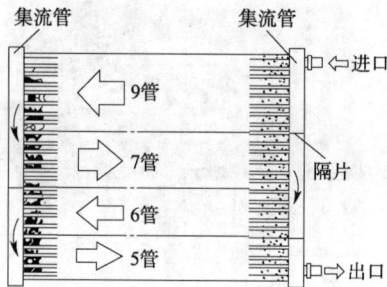

图 13-14　平行流式冷凝器

4.节流膨胀装置

现代轿车用的节流膨胀装置主要有热力膨胀阀和孔管节流阀等。

1)热力膨胀阀

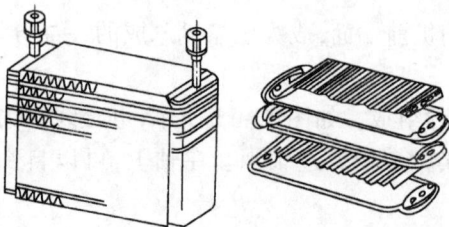

图 13-15　层叠式蒸发器

热力膨胀阀安装在蒸发器入口,作用是把来自储液干燥器的高温高压的液态制冷剂节流降压成低温低压的液态蒸气,同时可防止压缩机发生液击现象和蒸发器出口蒸气异常过热。

热力膨胀阀的结构形式有三种,分别为内平衡式膨胀阀、外平衡式膨胀阀和 H 型膨胀阀,目前轿车上多使用 H 型膨胀阀,以下主要介绍 H 型膨胀阀。

　　H 型膨胀阀结构如图 13-16 所示。当蒸发器的温度高时,感温元件内部制冷剂压力增大,克服弹簧压力,球阀开度增大,制冷剂流量增加,制冷量增大。反之亦然。

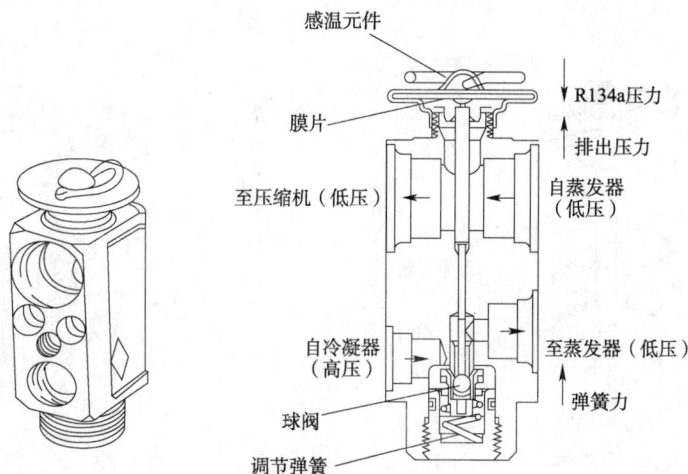

图 13-16　H 型膨胀阀结构示意图

　　2)孔管式节流阀

　　孔管节流阀安装在蒸发器进口管中,它的作用是节流降压,但无法调节制冷剂流量。装有孔管的系统必须在蒸发器的出口和压缩机的进口之间安装一个集液器,实行气液分离,以防止液态制冷剂冲击压缩机。其结构如图 13-17 所示,节流管没有运动部件,具有结构简单、成本低、可靠性高、节能的优点。

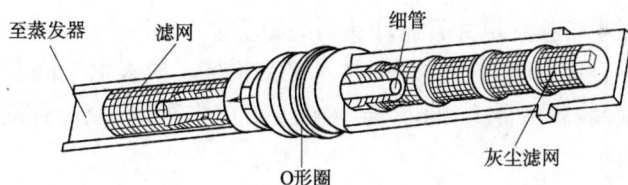

图 13-17　孔管结构示意图

　　孔管节流阀失效的主要原因是节流元件堵塞,这通常是由于集液器内干燥剂滤网失效引起。此时最好更换节流阀,同时更换集液器,不同车型的孔管不能互换。

5. 过滤装置

　　汽车空调中按照节流装置的不同采用不同的过滤装置,主要有储液干燥器和集液器。

　　1)储液干燥器

　　储液干燥器用于膨胀阀式空调系统,安装在冷凝器与膨胀阀之间的管路上,在制冷系统中,它起到储液、干燥和过滤液态制冷剂的作用。

　　储液干燥器结构如图 13-18 所示。从冷凝器来的液态制冷剂,从储液干燥器进口处进入,经粗滤器过滤和干燥剂除去水分和杂质后从出口流向膨胀阀。

　　部分车型上的储液干燥器上装有易熔塞,在系统压力、温度过高时,易熔塞熔化,放出制冷剂,保护系统重要部件不被破坏。

2）集液器

集液器用于节流管式空调制冷系统中，一般安装在蒸发器出口与压缩机入口之间，结构如图 13-19 所示。

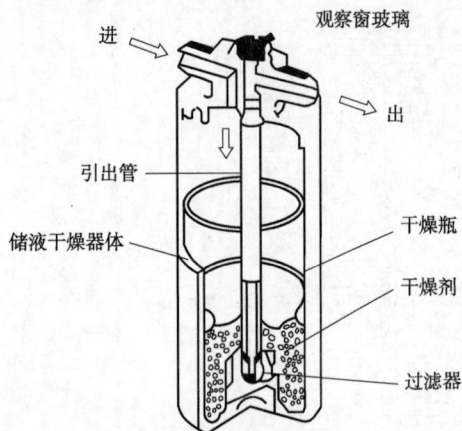

图 13-18　储液干燥器结构

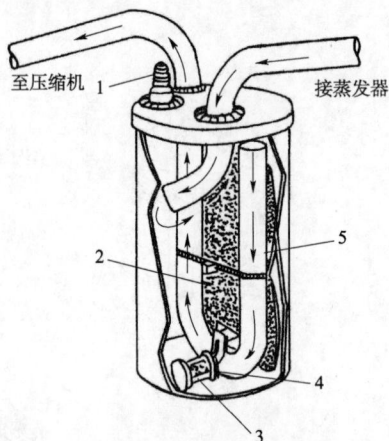

图 13-19　集液器结构

1-测试孔口;2-干燥剂;3-滤网;4-泄油孔;5-出气管

集液器的主要作用：一是捕获液态制冷剂，防止其进入压缩机；二是吸收制冷剂中的水分；三是过滤杂质。

6. 制冷剂与冷冻油

1）制冷剂

在制冷系统中用于转换热量并且循环流动的物质称为制冷剂。

制冷剂的特性能直接影响制冷循环的技术经济指标。应根据不同制冷装置的特点，合理选择制冷剂，使制冷装置正常工作和安全运行。目前汽车空调系统普遍使用的制冷剂为 R134a，如图 13-20 所示。

汽车空调制冷系统多数故障与制冷剂的泄漏有关，应注意检查，并按规定予以加注。

2）冷冻油

冷冻油也称为冷冻机油，是压缩机的专用润滑油，它保证压缩机正常运转、可靠工作和延长使用寿命。其在空调制冷系统中具有润滑、密封、冷却、降噪的作用，如图 13-21 所示。

图 13-20　R134a 制冷剂

图 13-21　冷冻油

选择冷冻油时,要充分考虑空调压缩机内部润滑油的工作状态,如吸、排气温度等。在使用时必须严格使用原车空调压缩机所规定的冷冻油牌号,或换用具有同等性能的冷冻油,不得使用其他润滑油代替;注意防潮;不能使用变质的冷冻油;加注时也不宜过量,否则会导致制冷不好。

操作指引

1. 组织方式

(1)场地设施:装有压缩空气、废气抽排系统和消防设施的场地。

(2)设备设施:自动挡卡罗拉轿车。

(3)工量具:常用维修工具套件、扭力扳手、电子检漏仪、真空泵、歧管压力计、制冷剂回收机等。

(4)耗材:制冷剂、冷冻油等。

2. 操作要点

(1)穿戴干净整洁的工作服。

(2)遵守场地安全规定,注意用电安全。

(3)正确使用歧管压力计、诊断仪等工量具。

(4)在使用制冷剂时,应注意对皮肤的防护。

任务实施

1. 制冷剂的加注

1)汽车空调制冷系统检漏

汽车空调系统工作条件比较恶劣,极易造成部件、管道损坏和接头松动,使制冷剂发生泄漏,其泄漏的常见部位见表13-1。

汽车空调系统泄漏的常发部位　　　　　　　　表13-1

部　件	泄漏常发部位	部　件	泄漏常发部位
冷凝器	(1)冷凝器进气管和出液管连接处; (2)冷凝器盘管	制冷剂管道	(1)高、低压软管; (2)高、低压软管各接头处
蒸发器	(1)蒸发器进气管和出口管连接处; (2)蒸发器盘管; (3)膨胀阀	压缩机	(1)压缩机油封; (2)压缩机吸排气阀处; (3)前后盖密封处; (4)制冷剂管道接头处
储液干燥器	(1)易熔塞; (2)管道接口喇叭口处		

汽车空调制冷系统常用的检漏方法有:外观检漏、肥皂泡检漏、染料检漏、电子检漏仪检漏、真空检漏、压力检漏等。

(1)外观检漏。制冷剂泄漏部位往往会渗出冷冻油,若发现在某处有油污渗出,可进一步用清洁的白纸擦拭或用手直接触摸检查。如仍有油冒出,则可能有渗漏。

(2)肥皂泡检漏。有些漏点局部凹陷,电子检测仪器很难进入,要想确定泄漏的准确位置,可采用皂泡检漏。首先,调好肥皂溶液,用皂粉(块)加水即可。溶液的浓度要黏稠到用刷子一抹就可形成气泡的程度;其次,将全部接头或可疑区段抹上皂液;最后观察肥皂泡的出现情况,泡形成处就是漏点所在,如图 13-22 所示。

(3)荧光剂或染料检漏。将荧光剂加入空调(加注方法与加注冷冻油相同),使空调运转,打开荧光电筒,若空调系统有泄漏,可看见泄漏处有荧光渗漏。

也可用棉球蘸制冷剂专用着色剂检测,当这种着色剂一遇到制冷剂时,就会变成红色。据此可以判定泄漏点。目前有些制冷剂溶有着色剂,使用这类制冷剂时,系统一旦有泄漏,便在泄漏点显示鲜艳的着色剂,可以据此方便的检测出泄漏部位。

(4)电子检漏仪检漏。使用专用仪器的探头在所有可能渗漏的部位附近移动(速度不要过快),当检漏装置发出报警时,即表明此处存在泄漏。因制冷剂挥发快,此种方法在小空间使用效果较佳,如蒸发器等部位。空调风机建议使用低挡转速。但仪器探头会受水分、油污等不利因素的影响,有时会产生误报,所以要注意使用技巧,如图 13-23 所示。

图 13-22 肥皂泡检漏

图 13-23 电子检漏仪检漏

(5)真空检漏。应用真空泵进行,真空度应达到 0.1MPa,保持 24h 内真空度没有显著升高即可。抽真空的目的有三个:一是抽出系统中残留的氮气;二是检查系统有无渗漏;三是使系统干燥。只有在系统抽真空后才能加注制冷剂,如图 13-24 所示。

(6)压力检漏。压力检漏有充氮气压力检漏(图 13-25)和充制冷剂检漏。

2)汽车空调制冷系统的抽真空

抽真空是为了排除制冷系统内的空气和水分,当对空调制冷系统进行维修或更换元件时,空气会进入系统,且空气中含有一定量的水蒸气(湿空气)。

抽真空并不能直接把水分抽出制冷系统,而是产生真空后降低了水的沸点,水汽化成蒸汽后被抽出制冷系统。因此,系统抽真空时,时间越长,系统内残余的水分就越少。为最大限度地将系统内的空气及湿气抽出,必要时采用重复抽真空法,即第一次抽真空完毕后,再连续抽 30min 以上。图 13-24 所示为抽真空管路连接方法,具体操作过程如下:

(1)将歧管压力计上的两根高、低压力软管分别与压缩机上的高、低压阀接口相连;将歧管压力计上中间软管与真空泵相连。

图 13-24　真空检漏

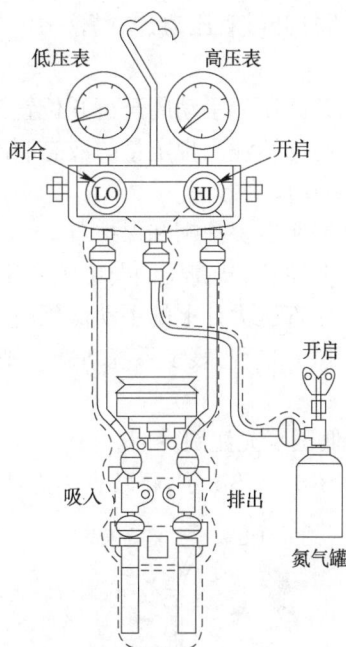

图 13-25　压力检漏

（2）打开歧管压力计上的手动高、低压阀,起动真空泵,并注意两个压力表,将系统压力抽真空至 96.60 ~ 99.99kPa。

（3）关闭歧管压力计上的手动高、低压阀,观察压力表指示压力是否回升。若回升,则表示系统泄漏,此时应进行检漏和修补。若压力表针保持不动,则打开手动高、低压阀,起动真空泵继续抽真空 15 ~ 30min,使其真空压力表指针稳定。

（4）关闭歧管压力计上的手动高、低压阀。

（5）关闭真空泵。先关闭手动高、低压阀;然后关闭真空泵,目的是防止空气进入制冷系统。

3）汽车空调系统制冷剂的充注

当制冷系统抽真空达到要求,且经检漏确定制冷系统不存在泄漏部位后,即可向制冷系统充注制冷剂。充注前,先确定注入制冷剂的数量,充注量过多或过少,都会影响空调制冷效果。维修手册或压缩机的铭牌上一般都标有所用的制冷剂的种类及其充注量。

充注制冷剂的方法有两种,一种是从压缩机排气阀(高压阀)的旁通孔(多用通道)充注,称为高压端充注,充入的是制冷剂液体,其特点是安全、快速,适用于制冷系统的第 1 次充注,即经检漏、抽真空后的系统充注。但用该方法时必须注意,充注时不可开启压缩机(发动机停转),且制冷剂罐要求倒立。另一种是从压缩机吸气阀(低压阀)的旁通孔(多用通道)充注,称为低压端充注,充入的是制冷剂气体,其特点是充注速度慢,可在系统补充制冷剂的情况下使用。

（1）高压端充注制冷剂。

①当系统抽真空后,关闭歧管压力计上的高、手动低压阀。将歧管压力计与系统连接。

②将中间软管的一端与制冷剂罐注入阀的接头连接起来,如图 13-26 所示,打开制冷剂

罐开关,再拧开歧管压力计软管一端的螺母,让气体溢出几分钟,把空气赶走,然后再拧紧螺母。

③拧开高压侧手动阀至全开位置,将制冷剂罐倒立,以便从高压侧充注液态制冷剂。

④从高压侧注入规定量的液态制冷剂。关闭制冷剂罐注入阀及歧管压力计上的手动高压阀,然后将仪表卸下。

⑤装回所有保护帽和保护罩。

特别要注意,从高压侧向系统充注制冷剂时,发动机处于不起动状态(压缩机停转),更不可拧开歧管压力计上的手动低压阀,以防止产生液压冲击。另外,如果低压表不从真空量程移动到压力量程,表示系统堵塞。则应按要求消除堵塞后重新对系统抽真空并继续充注制冷剂。

(2)低压端充注制冷剂。

①按图13-27所示,将歧管压力计与压缩机和制冷剂罐连接好。

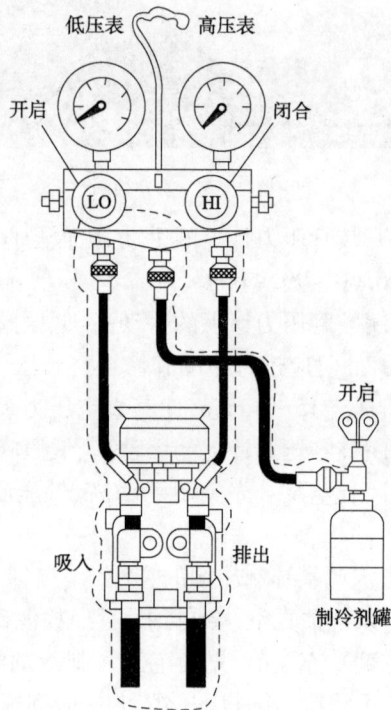

图13-26 高压端充注制冷剂   图13-27 低压端充注制冷剂

②打开制冷剂罐开关。关闭高、手动低压阀,拆开高压端检修阀和胶管的连接,然后打开手动高压阀,再打开制冷剂罐开关。在胶管口听到制冷剂蒸气出来的"嘶嘶"声后,立即将软管与高压检修阀相连,关闭手动高压阀。用同样的方法清除低压端和管路中的空气,然后关好高、手动低压阀。

③打开手动低压阀,让制冷剂进入制冷系统,当系统压力值达到0.4MPa时,关闭手动低压阀。

④起动发动机并将转速调整到1250r/min左右,将空调开关接通,并将风机开关置于高速、调温开关调到最冷。

⑤再打开歧管压力计上的手动低压阀,让制冷剂继续进入制冷系统,直至充注量达到规定值时,立即关闭手动低压阀。

⑥在向系统中充注规定量制冷剂后,从视液玻璃窗处观察,确认系统内无气泡、无过量制冷剂。此时高压表值应为 1.01 ~ 1.64MPa,低压表值应为 0.118 ~ 0.198MPa。

⑦充注完毕后,先关闭歧管压力计上的手动低压阀,关闭制冷剂罐开关,使发动机停止运转,将歧管压力计从压缩机上卸下,卸下时动作要迅速,以免过多制冷剂排出。

⑧装回所有保护帽和保护罩。

4)汽车空调制冷系统制冷剂的补充与排放

(1)制冷剂的补充。汽车空调系统经过一段时间运行后,由于汽车振动等原因,使汽车空调系统的某些部位的接头松动,制冷剂泄漏,制冷效果变差。经过查漏、排漏后,直接从低压侧向系统补充不足的制冷剂,具体步骤如下:

①开动汽车空调,使其运转几分钟。

②从视液窗处检查制冷剂的流动情况。若气泡连续出现,则表明系统内缺少制冷剂。若气泡间断出现,需要再运转一会,观察气泡是否消失,若仍然有气泡,就表明系统缺少制冷剂。

③将歧管压力计、制冷剂罐和系统连接起来。

④打开制冷剂罐上的阀,拧松歧管压力计上的中间软管接头,使制冷剂放出几秒钟,然后拧紧接头,以排出中间软管内的空气,防止它进入制冷系统。

⑤关闭手动高压阀,将制冷剂罐直立,起动发动机,使空调压缩机运转。打开手动低压阀,让气态制冷剂从低压侧进入空调系统,待制冷剂达到规定量时关闭手动低压阀和制冷剂罐开关。

⑥从系统上卸下歧管压力计和制冷剂罐。

(2)制冷剂排放。由于修理或其他原因,需将系统内的制冷剂排放掉,其排放方法有两种:一是将制冷剂放到大气中,此法污染环境;二是回收制冷剂,但要有回收装置。排放时,周围环境一定要通风良好,不能接近明火,否则会产生有毒气体。制冷剂排放的具体操作步骤如下:

①关闭歧管压力计上的手动高、低压阀,并将其高、低压软管分别接在压缩机高、低压检修阀上,中间软管的自由端放在工作擦布上。

②慢慢打开手动高压阀,让制冷剂从中间软管向上排出,阀门不能开得太太,否则压缩机内的冷冻油会随制冷剂流出。

③当压力表读数降到 0.35MPa 以下时,再慢慢打开手动阀,使制冷剂从高、低压两侧同时排出。

④观察压力表读数,随着压力下降,逐渐开大手动高、低压阀,直至高、低压表的读数指示为零为止。

5)冷冻油的加注

汽车空调制冷系统大修后,压缩机的冷冻油需要按照规范加注,平时也要定期检查,发现减少时必须及时补充。

(1)压缩机冷冻油量的检查。检查方法有两种。

①油尺观察法。如图 13-28 所示,卸下加油塞 1,通过加油孔察看并旋转离合器前板,把油尺用棉纱擦干净,然后插到压缩机内,直到油尺端部碰到压缩机内壳体为止,取出油尺,观察油尺浸入深度应符合规定,若少则加入,若多则放出,然后拧紧加油塞。

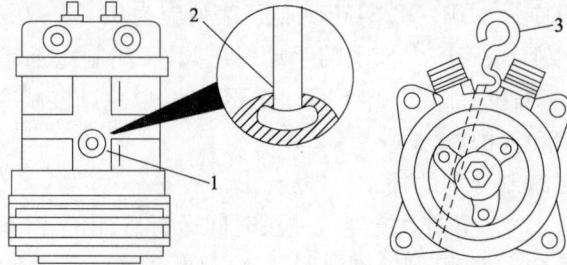

图 13-28　空调压缩机冷冻油油量的检查
1-加油塞;2-加油孔;3-油尺

②视镜观察法。通过压缩机上安装的视镜玻璃,可观察冷冻油油量,如果压缩机冷冻油油面达到观察高度的80%位置,一般认为是合适的,如果油面在这个界限以下,则应该添加;如果油面在这个界限以上,则应该放出多余的冷冻油。

(2)冷冻油的加注。补充冷冻油的方法有两种。

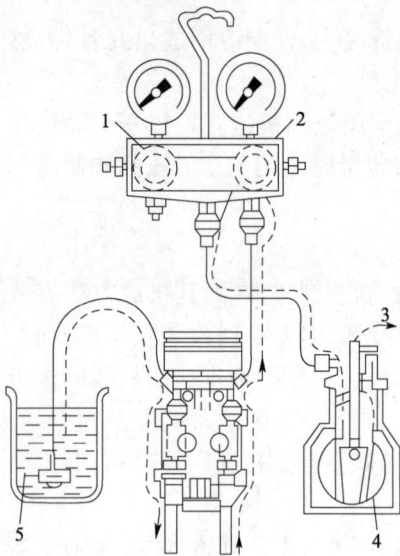

①直接加入法。将冷冻油按标准称量好,直接加入压缩机内,这种方法只是在系统大修后采用。

②抽真空法加注。其具体操作方法如下。

按抽真空的方法先对制冷系统抽真空。用带刻度的量筒装上比要补充的冷冻油要多的冷冻油。将连接在压缩机上的低压软管从歧管压力计上拧下来,并将其插入盛有冷冻油的量筒内,如图 13-29 示。

起动真空泵,打开歧管压力计上的手动高压阀,补充的冷冻油就从压缩机的低压侧进入压缩机中。当冷冻油油量达到规定量时,停止真空泵的抽吸,并关闭手动高压阀。

按抽真空法加注冷冻油后,再对制冷系统抽真空、加注制冷剂。

图 13-29　抽真空加注冷冻油

1-手动低压阀;2-手动高压阀;3-排出空气;
4-真空泵;5-冷冻油

2. 制冷系统压力的检测

1)系统压力检测之前的准备工作

(1)检查冷却系统是否渗漏,冷却液液位是否正常。

(2)确保压缩机皮带张力合适。

(3)检查冷凝器散热片(不得弄弯、损坏或堵塞)。

(4)检查是否出现机械故障,例如真空马达、加热器空气道损坏、风门动作功能不正常或热水阀功能不正常等。

(5)检查压缩机前密封和压力安全阀的密封情况。

对空调系统进行检修时,还应对温度、制冷剂循环状况和压力进行测试和观察。

(1)温度检查。热机,并使发动机转速保持在 2500r/min 左右,打开空调开关并使鼓风机达到最高速,同时打开所有通风口,用红外线测温仪检测出风口温度,并记录。

(2)制冷剂循环状况检查。通过干燥罐视窗检查制冷剂的循环及制冷剂量的状况。起动发动机,打开汽车空调系统,使发动机在高怠速(1500~2000r/min)状态下运转 5min 后,观察干燥罐视窗,根据观察的情况进行分析。

2)制冷系统压力的检查

(1)安装歧管压力表组(图 13-30)。

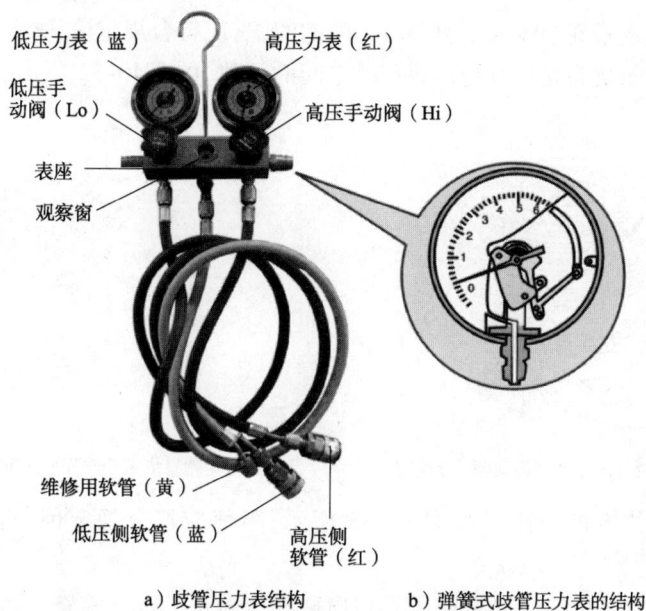

a)歧管压力表结构　　　b)弹簧式歧管压力表的结构

图 13-30　歧管压力表组结构图

①找到低压侧维修阀和高压侧维修阀。

②将低压侧维修阀与压缩机低压(吸气)侧连接,并用手将其拧紧;高压侧维修阀与压缩机高压(排气)侧连接,然后用手拧紧。

(2)压力检查。压力检查是用歧管压力表查找故障部位的方法,其前提条件是:发动机转速 1500r/min;鼓风机转速处于高速状态;温度控制开关置于最冷位置。具体操作如下。

①高压手动阀关闭,低压手动阀打开:低压管路与中间管路、低压表相通,这时可进行低压侧加注制冷剂或排放制冷剂,并同时检测高、低压侧的压力。

②高压手动阀打开,低压手动阀关闭:高压管路与中间管路、高压表相通,这时可从高压侧加注制冷剂,并同时检测高、低压侧的压力。

③高压手动阀和低压手动阀均关闭:可检测高、低压侧的压力。

④高压手动阀和低压手动阀均打开:可进行加注制冷剂、抽真空,并进行高、低压侧压力的检测。

3.汽车空调压缩机的检修

1)冷冻油的检查

汽车空调系统只能使用新的纯净而又无水的冷冻油。冷冻油是高度纯化和脱水的。所以,在不使用时,冷冻油罐是保持严格密封的。如果打开冷冻油罐或者短时间放置不用,大气中的水分就会被冷冻油吸入,然后流入汽车空调系统。

2)电磁离合器的检修

(1)检查压盘。是否变色、剥落或损伤。如果有损坏,应更换离合器装置。

(2)检查皮带轮。用手转动皮带,检查皮带轮轴承的间隙和阻力,如果出现噪声或间隙过大/阻力过大,则更换离合器。

(3)检查间隙。

①用塞尺测量皮带轮(A)与压盘(B)之间的间隙,应符合规定值,如图 13-31 所示。

②用百分表测量皮带轮(A)与压盘(B)之间的间隙,如图 13-32 所示。

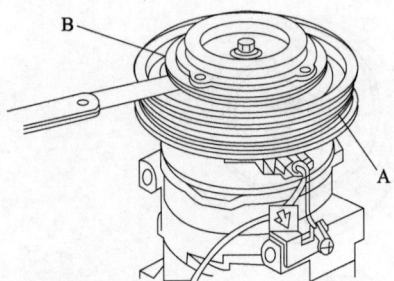

图 13-31　测量皮带轮与压盘之间的间隙(用塞尺)

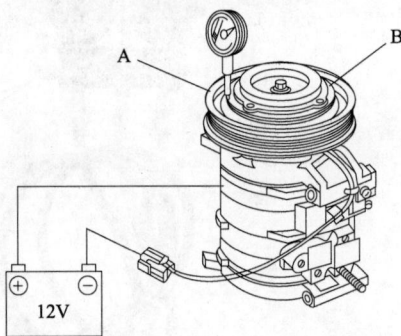

图 13-32　测量皮带轮与压盘之间的间隙(用百分表)

(4)测量励磁线圈的电阻。如图 13-33 所示,阻值应符合规定值,否则应更换电磁离合器。

(5)电磁离合器的拆装。必要时需要对电磁离合器进行拆卸检查,拆装步骤如下。

①如图 13-34 所示,使用 Y 形爪具的三个定位销插进离合器盘上的三个孔,固定离合器的驱动盘,用套筒扳手拆下主轴上的六角锁紧螺母。然后用专用拉器拆下压板,用卡簧钳拆卸内卡簧,如图 13-35 所示。

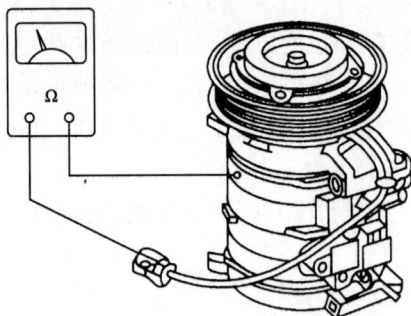

图 13-33　测量离合器线圈电阻

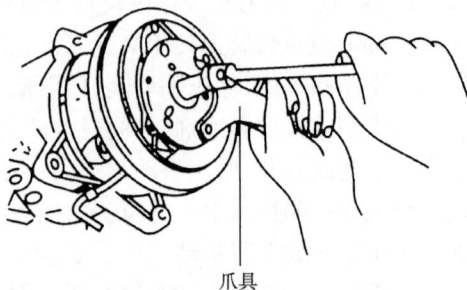

图 13-34　拆下主轴上的六角锁紧螺母

②用拉拔工具拆卸离合器驱动盘,如图 13-36 所示,将压缩机皮带轮和轴承拔出,拆下电磁线圈。拆下键和垫片。

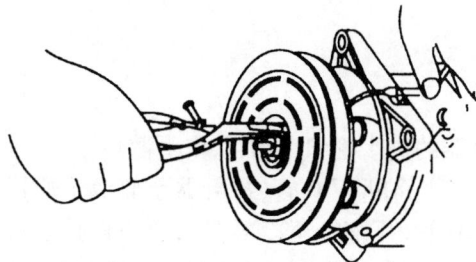

图 13-35　用卡簧钳拆卸内卡簧

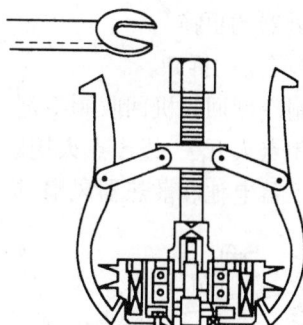

图 13-36　拆卸压缩机离合器驱动盘

③检查完的电磁离合器,按拆卸时的相反步骤装配,装好后应作复检,确保压盘间隙、离合器线圈电阻、皮带轮及皮带张力均符合要求。

3)空调压缩机的更换

(1)空调压缩机的拆卸。

①让发动机怠速运转,并让汽车空调工作几分钟,然后关闭发动机。

②断开蓄电池的负极电缆。

③用制冷剂回收机回收制冷剂。

④拆卸压缩机离合器插接器(A),然后断开插接器。拆卸螺栓和螺母,然后从压缩机上断开吸入管路(B)和排出管路(C),断开后,应立即用密封塞塞住或盖住管道,以免被水汽和灰尘污染。

⑤拆卸离合器皮带和制冷剂管道,拆卸螺栓和压缩机,如图 13-37 所示。

(2)空调压缩机的安装。按照与拆卸相反的顺序安装空调压缩机,并应注意以下事项:

①加注规定量的制冷剂与冷冻油。

②应安装制冷管路中新的 O 形密封圈。

③检测压缩机的性能,并进行充分检漏。

④起动发动机之前确保管道都已经安装完备,并用手转动皮带轮 10 圈左右,以免压缩机受到损坏。

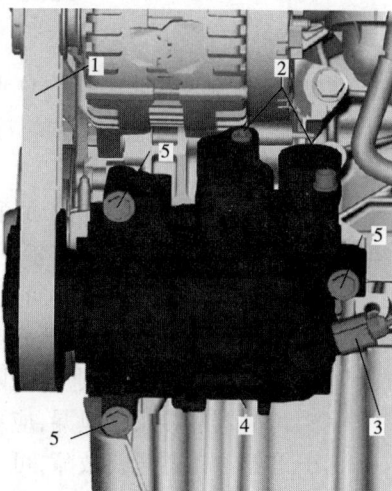

图 13-37　拆卸空调压缩机

1-电磁离合器皮带;2-螺栓;3-空调压缩机调节阀;4-空调压缩机;5-六角头螺栓

4. 冷凝器的检修

1)冷凝器检查

(1)用检漏仪检查冷凝器泄漏情况。

(2)检查冷凝器管内脏堵或管外弯瘪情况。若发现压缩机排气压力过高,不能正常制冷,管外有结霜、结露现象时,说明管内脏堵或管外弯瘪。

(3)检查冷凝器管外及翅片外表面有无污垢、残渣等,如有必须及时清理,否则将造成散热不良。

2)冷凝器的更换

(1)冷凝器的拆卸。

①用制冷剂回收机回收制冷剂。

②关闭点火开关,拔出点火钥匙。

③拆下蓄电池和散热器风扇,拆下散热器的进水管和出水管,取下散热器。

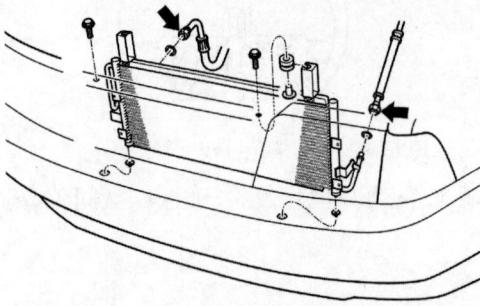

图13-38 拆卸冷凝器

④拆下C管(冷凝器至储液干燥器管路)和D管(压缩机至冷凝器),拆下前保险杠托架,旋出螺栓后即可从车身上拆下冷凝器。拆卸时应注意不要损坏冷凝器和散热器片,如图13-38所示。

(2)冷凝器的安装。按与拆卸冷凝器相反的顺序进行安装,并注意以下事项:

①若新安装一个冷凝器,应重新加注制冷剂和冷冻油。

②应安装制冷管路中新的O形密封圈。

③安装冷凝器注意不要损坏冷凝器和散热器片。

3)冷凝器的维修

(1)冷凝器由于碰撞或振动而破损,应卸下冷凝器进行焊接修补,无法修理时,更换同规格的冷凝器,并向压缩机补充40~50mL的冷冻油。

(2)冷凝器散热翅片若歪曲变形,可用镊子校正铝散热翅片。

(3)冷凝器内脏堵,应拆开冷凝器出口和进口接头,用高压氮气吹洗,冲出脏物。

(4)冷凝器表面积灰,通风受阻,可用软毛刷轻刷表面或用吸尘器吸除灰尘。

(5)冷凝器管接头处泄漏,应更换管接头.并重新进行检漏试压。

(6)若是冷凝器风机故障,可不必拆卸冷凝器,只需修理风机。

5. 蒸发器的检修

1)蒸发器检查

(1)检查蒸发器是否损坏。

(2)用检漏仪检查其是否泄漏。

(3)观察排泄管路是否洁净、畅通。

(4)观察蒸发器外表面是否有积垢。

2)蒸发器的更换

(1)蒸发器的拆卸。

①用制冷剂回收机回收制冷剂,并拆除制冷管道。

②拆卸空调暖风装置。

③拆卸空调分配器外壳。

④拆下螺栓,拆开蒸发器温度传感器线束插接器。

⑤拆分蒸发器外壳,拆下蒸发器。拆卸时应注意不要损坏蒸发器和散热器片。

(2)蒸发器的安装。按照与拆卸相反的顺序安装蒸发器芯,并注意以下事项:

①若更换新的蒸发器,应按规定量加注制冷剂和冷冻油。

②应安装制冷管路中新的 O 形密封圈。

③检查空调系统性能。

3)蒸发器维修

(1)清除蒸发器外表面积垢、异物。

(2)若蒸发器管有泄漏,应进行焊补,若无法焊补应更换蒸发器总成,并向压缩机补充 40 ~50mL 的冷冻油。

(3)清洁排泄管路,并清除积聚在底板的水分。

(4)若是蒸发器风机故障,应修理风机。

6.储液干燥器的检修

储液干燥器主要用来储存多余制冷剂、吸附系统内水分、过滤系统内杂质或脏物,保证系统正常工作。如果储液干燥器吸附水分达到饱和状态,或者滤网被脏物堵塞时,必须更换,其操作过程如下:

(1)排出系统内的制冷剂。

(2)拆下储液干燥器,并立即用堵头塞住储液干燥器两端的连接管口。

(3)更换新的储液干燥器,并安装制冷管路中新的 O 形密封圈。

(4)向压缩机内添加 10 ~20mL 的冷冻油,对制冷系统检漏、抽真空、充注制冷剂。

7.膨胀阀的检修

膨胀阀被污物堵塞,可用高压空气吹通,如吹不通,一般应更换,膨胀阀无须修理。

(1)膨胀阀的拆卸。

①用制冷剂回收机回收制冷剂。

②拆卸加热器的冷却液管道。

③拆下螺栓 1,并从膨胀阀中拉出制冷剂管道,拆下螺栓 8,并拆下膨胀阀 4,如图 13-39 所示。

(2)膨胀阀的安装。按与拆卸相反的顺序进行安装,注意应安装制冷管路中新的 O 形密封圈。

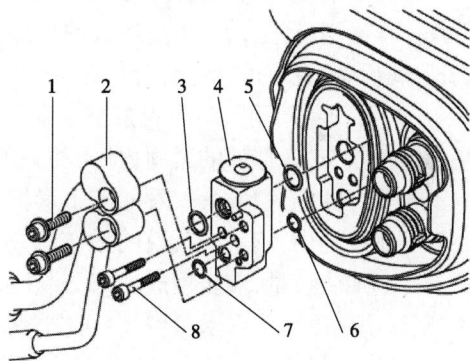

图 13-39 膨胀阀结构及拆卸

1-螺栓(10N·m+1N·m,2 个);2-膨胀阀上的制冷剂管路;3-O 形环(13.7mm;2.5mm);4-膨胀阀;5-O 形环(14mm;1.82mm);6-O 形环(10.8mm;1.82mm);7-O 形环(9.5mm;2.5mm);8-圆柱组合螺栓(5N·m)

8.管道及接头的检修

制冷剂的软管和管路如图 13-40 所示。拆装时应注意以下事项:

①拆卸之前应用制冷剂回收机回收制冷剂。

②拆卸时通常使用两把扳手以免管路和接头部位发生变形。

③拆卸时一定要注意管路和部件的防尘。

④安装之前应将部件和管路擦干净。

9.汽车空调制冷系统故障检修

1)故障现象

图 13-40　制冷系统管道

（1）打开空调开关之后，空调不出冷风或风不够凉。

（2）打开空调开关之后，有冷风吹出，但有时又有热风吹出。

（3）打开空调开关之后，能听到空调某部位有不正常响声或振动。

2）诊断思路

（1）空调不制冷一般是由于制冷剂泄漏较严重或主要部件完全丧失功能。

（2）空调制冷不足一般是由于制冷剂泄漏不严重或制冷系统主要部件损坏或性能不良。

（3）空调间歇性制冷一般是由于空调系统内部有较多水分或空调电气系统故障引起。应根据检查到的故障现象缩小检修范围，对于自动空调系统还应注意有无故障码。

3）故障检修方法

汽车空调中的制冷系统结构复杂，接头管线多，加上所处的运行环境恶劣，因此空调故障中多数出现在该系统。制冷系统的故障诊断一般可以通过问、看、听、摸、测的方法进行诊断与排除。

（1）问情况。在接到空调系统有故障的车辆后，首先应仔细向驾驶人询问故障情况，判断是操作不当，还是设备本身造成的故障。若属前者，则应向驾驶人详细介绍正确的操作方法；若属后者，就应进行综合分析，找出故障所在。

（2）看现象。用眼睛来观察整个空调系统。首先，应该观察空调系统整体状况：控制线路的连接状态，各部件的紧固程度，相关的电源熔断丝和继电器有无损坏，以确定系统的基本工作完好性能。其次，察看储液干燥器视液窗中制冷剂的流动状况，如图 13-41 所示，若流动的制冷剂中央有气泡，说明系统内制冷剂不足，应补充至适量。若视液窗呈透明，则表示制冷剂加注过量，应缓慢放出部分制冷剂。若流动的制冷剂呈雾状，且水分指示器呈淡红色，则说明制冷剂中含水量偏高；再次，察看系统中各部件与管路连接是否可靠密封，是否有微量的泄漏；最后，察看冷凝器是否被杂物封住，散热翅片是否倾倒变形。

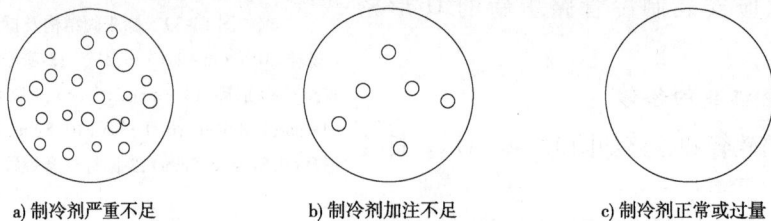

a）制冷剂严重不足　　b）制冷剂加注不足　　c）制冷剂正常或过量

图 13-41　观察窗观察结果示意图

（3）听响声。用耳朵聆听运转中的空调系统有无异常声音。首先，听压缩机电磁离合器有无发出刺耳噪声。若有噪声，则多为电磁离合器磁力线圈老化，通电后所产生的电磁力不足或离合器片磨损引起其间隙过大，造成离合器打滑而发出尖叫声。这时应重绕离合器磁力线圈或抽掉 1～2 片离合器调整垫片，减小离合器间隙，防止其打滑，以消除噪声。其次，听压缩机在运转中是否有液击声。若有此声，则多为系统内制冷剂过多或膨胀阀开度过大，导致制冷剂在未被完全汽化的情况下吸入压缩机。此现象对压缩机的危害很大,有可能损坏压缩机内部零件。应缓慢释放制冷剂至适量,或调整膨胀阀开度,及时加以排除。

(4)摸温度。

在无温度计的情况下,可用手触摸空调系统各部件及连接管路的表面。触摸高压回路(压缩机出口→冷凝器→储液器→膨胀阀进口),应呈较热状态,若在某一部位特别热或进出口之间有明显温差,则说明此处有堵塞。触摸低压回路(膨胀阀出口→蒸发器→压缩机进口)应较冷。若压缩机高、低压侧无明显温差,则说明系统存在泄漏或制冷剂不足的问题。

(5)测数据。通过看、听、摸这些过程,只能发现不正常的现象,但要作最后的结论,还要借助于有关仪表来进行测试,在掌握第一手资料的基础上,对各种现象做认真分析,才能找出故障所在,然后予以排除。

①用检漏仪检查。用检漏仪可以检查整个系统各接头处是否泄漏。

②用万用表检查。用万用表可以检查汽车空调系统电路的故障,判断出电路是断路还是短路。

③用温度计检查。用温度计可以判断出蒸发器、冷凝器、储液干燥器故障。蒸发器正常工作时,其表面温度在不结霜的前提下越低越好。冷凝器正常工作时,其入口管温度为70℃左右,出口管温度为50℃左右。储液干燥器正常情况下应为50℃左右,若储液筒上下温度不一致,则说明储液干燥器有堵塞。

④用歧管压力计检查。将歧管压力计的高、低压表分别接在压缩机的高、低压维修阀上。在空气温度为30~35℃、发动机转速为2000r/min时进行检查。将风机风速调至高挡,温度调至最低挡,一般正常状况高压端压力应为 1.421~1.470MPa,低压端压力应为0.147~0.196MPa。若测得结果不在此范围,则说明系统有故障。具体分析见表13-2。

用歧管压力计检测系统压力测试结果分析　　　　表13-2

仪器指示	故障现象	可能原因	故障排除
	高压表和低压表显示值比正常值低,另外,从视液窗内看到有气泡,冷气不凉,高压管温热,低压管微冷,温差不大	制冷剂不足或有泄漏	(1)用检漏仪寻找泄漏处,并予以修复; (2)加注制冷剂
	高压表和低压表显示值比正常值高很多,另外,从视液窗偶尔可看见气泡,冷气不凉	制冷剂过多;制冷剂系统中有空气;冷凝器冷却不足	(1)更换储液干燥器; (2)充分抽真空,重新充注制冷剂; (3)清洗或更换冷凝器,检查风扇电动机及其电路

仪 器 指 示	故 障 现 象	可 能 原 因	故 障 排 除
	低压表压力显示值有时为负压(真空),有时正常,另外系统间歇制冷或不制冷	制冷系统存在水分	(1)更换储液干燥器; (2)反复抽真空; (3)充注制冷剂适量
	低压表压力显示值为负压(真空),高压表压力显示值很低,另外,在储液干燥器或膨胀阀前后管路上结霜或有露水。系统不制冷或间歇制冷	制冷剂不循环	(1)按制冷剂系统中存在水分处理; (2)更换膨胀阀; (3)更换储液干燥器; (4)检查制冷剂是否被污染
	系统不制冷,低压表压力显示值很高,高压表压力显示值很低	压缩机内部故障	更换损坏的零件或总成
	低压表压力显示值很低,高压表压力显示值很高,另外,冷凝器上部和高压管路温度高,而储液干燥器并不热	高压管路堵塞或被压扁	(1)清洗或更换零件; (2)检查冷冻油是否被污染

4)故障原因分析

制冷系统的故障,可用系统内各部分的压力进行分析,表13-3列出了汽车空调常见故障以及压力、温度、视液镜为准进行的分析,判断故障时,可作参考。

空调故障及故障分析　　　　　　　　　　　　　　　表 13-3

故障＼现象	低压侧压力	高压侧压力	视液镜	吸入管路	储液干燥器	液体管路	输出管路	排气
制冷剂不足	非常低	非常低	清晰	微冷	微温	微温	微温	温
制冷剂泄漏	低	低	有气泡	冷	温至热	温	温至热	微凉
压缩机故障	高	低	清晰	冷	温	温	温	微凉
冷凝器工作不正常	高	高	清晰或偶有气泡	微凉至温	热	热	热	温
膨胀阀卡在开启位置	高	高或正常	清晰	冷、结霜或出汗	温	温	热	微冷
冷凝器和膨胀阀之间有阻塞	低	低	清晰	冷	冷、出汗或结霜	冷、出汗或结霜	阻塞点前热	微冷
压缩机与冷凝器之间有阻塞	高	高、正常或低	清晰	微冷至温	温和热	温和热	热	温
膨胀阀卡在关闭位置	低	低	清晰	阀出口处出汗,结霜	温	温	热	微冷
正常工作情况	正常	正常	清晰	冷或轻微出汗	温	温	热	冷

(1)空调系统不制冷故障。空调系统不制冷故障原因和排除方法见表 13-4。

空调系统不制冷　　　　　　　　　　表 13-4

序号	故障原因	排除方法
1	离合器线圈故障	更换离合器线圈
2	离合器电刷组件故障或磨损	更换电刷组件
3	鼓风机电动机损坏	更换鼓风机电动机
4	恒温开关损坏	更换恒温开关
5	压缩机传动带松弛	张紧、不能过紧
6	传动带破损	更换传动带
7	压缩机吸气阀板或排气阀板损坏	更换吸气阀板或排气阀板及密封垫
8	压缩机缸盖或阀板密封垫损坏	更换缸垫或阀板垫
9	压缩机损坏	修理或更换压缩机
10	制冷剂不足,或根本没有	更换轴封和垫、软管、查清漏点,予以修复
11	管路或软管堵塞	清理更换管路或软管
12	膨胀阀进口滤网堵塞	清理滤网,更换干燥器
13	热力膨胀阀损坏	更换热力膨胀阀
14	膨胀管堵塞	清理或更换膨胀管
15	储液干燥器滤网堵塞	更换储液干燥器
16	系统内湿气过多	更换干燥器,抽真空,充 R134a
17	集液器滤网堵塞	更换集液器

(2)制冷不足故障。制冷不足故障原因和排除方法见表 13-5。

系统制冷不足   表 13-5

序号	故障原因	排除方法
1	鼓风机电动机转得慢	紧固接头或更换电动机
2	离合器打滑:电压低	找出原因,并予改正
3	离合器打滑:磨损过量	更换磨损严重的离合器零件
4	离合器循环过于频繁	调整或更换恒温开关
5	恒温开关故障	更换恒温开关
6	经过蒸发器的气流不畅	清理蒸发器
7	经过冷凝器的气流不畅	清理蒸发器
8	储液干燥器滤网部分堵塞	更换储液干燥器
9	膨胀阀滤网部分堵塞	清理滤网,更换干燥器
10	孔管滤网堵塞	清理滤网,更换集液器
11	压缩机进口滤网部分堵塞	清理滤网,查明原因并排除
12	膨胀阀感温包松动	清理接触处,捆紧感温包
13	膨胀阀感温包未经保温	用软木和胶条保温
14	系统内湿气	按前述排除湿气,加注制冷剂
15	系统内空气	排放系统,抽真空,加注制冷剂
16	系统内制冷剂过多	排除多余制冷剂
17	系统内冷冻油过多	排除多余冷冻油或换冷冻油
18	集液器部分堵塞	更换集液器
19	储液干燥器部分堵塞	更换储液干燥器
20	热力膨胀阀故障	更换热力膨胀阀
21	制冷剂不足	修理泄漏,抽真空,加注制冷剂
22	冷却系故障	找出原因,予以排除

(3)制冷系统有噪声故障。制冷系统有噪声故障原因和排除方法见表 13-6。

制冷系统有噪声   表 13-6

序号	故障原因	排除方法
1	电器接头松动,引起离合器噪声	拧紧接头或根据需要修理
2	离合器线圈故障	更换离合器线圈
3	离合器故障	更换离合器
4	离合器轴承损坏	更换离合器轴承
5	传动带松弛	拧紧,但不要调得过紧
6	传动带破裂、磨损或开裂	更换传动带
7	压缩机安装螺钉松动	拧紧螺钉
8	压缩机支架松动	固定压缩机支架
9	压缩机支架破损	修理或更换压缩机支架
10	风机风扇叶片摩擦风机罩	调整或重新确定风机位置

续上表

序号	故　障　原　因	排　除　方　法
11	鼓风机电动机损坏	更换鼓风机电动机
12	带轮轴承损坏	更换轴承或带轮部件
13	制冷剂充注过多	放掉多余制冷剂
14	制冷剂不足	检漏并修理、补充制冷剂
15	系统内冷冻油过多	放掉多余冷冻油或换冷冻油
16	系统内冷冻油不足	检漏并修理,加油至标准
17	系统内湿气过量	排放系统,更换储液干燥器,系统抽真空,再次充注制冷剂
18	压缩机损坏	修理或更换

5)检修步骤

检修步骤可参照前文所述的制冷剂加注等维护操作及各主要部件检修步骤,此处不再赘述。

10. 汽车空调的正确使用

对于非独立式汽车空调,其操作使用比较方便,但能否正确使用,将对机组的性能及使用寿命、发动机的工作稳定性及功耗都会有较大的影响。为此,汽车空调使用时应注意以下几点。

(1)汽车空调在换季初次使用时,最好对汽车空调系统进行杀菌除臭处理。

(2)起动发动机时,汽车空调开关应处于关闭位置,熄火后,也应及时关闭汽车空调,以免蓄电池电量损耗,同时避免在下次点火瞬间汽车空调自动开启,加大发动机的负担。

(3)汽车空调的工作核心是压缩机,压缩机中的润滑油如果长时间不使用,会凝结,再次使用的时候有可能会造成压缩机卡死。因此在不使用汽车空调的季节,最好一个月运转一两次,每次 10min 左右。冬季气温过低时,可将保护开关电线短路,待维护运行完毕,再将电路恢复原样。

(4)夏日应避免汽车在阳光下直接暴晒,尽可能把车停在树荫下。长时间停车后,车厢内温度会很高,应先开窗及通风,用风扇将车内热空气赶出车厢,再开汽车空调,开汽车空调后车厢门窗应关闭,以降低热负荷。

(5)在突然高挡位起动或长距离上坡行驶时,应暂时关闭汽车空调,以免散热器开锅。超车时,若汽车空调系统无超速自动停转装置,则也应先关闭汽车空调。

(6)使用汽车空调时,冷气温度不宜调得过低,一方面温度调得过低,会影响身体健康;另一方面易使蒸发器表面结霜,形成风阻,而造成压缩机液击现象。同时若风机开在低速挡,则冷气温度开关不宜调得过低。一般车厢内外温差在 10℃ 以内为宜。

(7)定期清洗冷凝器和蒸发箱,这是因为由于外界空气环境等原因,冷凝器、蒸发箱表面易被灰尘等脏物附着,造成汽车空调系统的制冷效果下降。

(8)定时清洁或更换过滤器(汽车空调的滤芯),这是因为空气中的灰尘等脏物会堵塞过滤器,直接影响汽车空调出风流量和制冷效果,并造成车厢内异味等问题。

(9)在汽车空调运行时,若听到汽车空调装置有异常响声,如压缩机响、风机响、管子爆裂等,应立即关闭汽车空调,并及时联系维修人员进行检修。

11. 汽车空调的维护

1)汽车空调维护注意事项

(1)在检查和添加制冷剂时,或打开制冷系统管路时,要在通风良好的地方进行操作。

(2)操作时务必戴上防护眼镜和橡胶手套。不要让液体制冷剂接触到眼睛或皮肤上,如果眼睛或皮肤不小心接触到液态制冷剂,应立即用大量冷水清洗,千万不要擦眼睛或皮肤。然后在皮肤上涂抹干净的凡士林,并立即去医院接受治疗。

(3)要远离热源,不要把它存放在日光直射的场所或炉子附近。在充灌制冷剂时,对装制冷剂的容器加热,应在40℃以下的温水中进行,而不可将其直接放在火上烘烤。否则,会引起内存的制冷剂压力增大,导致容器发生爆炸。

(4)不要将装制冷剂的钢瓶暴露在明火处。制冷剂不会燃烧和爆炸,但与明火接触时,会分解出对人体有害的气体(光气)。

(5)注意不要使存放制冷剂的容器掉落或受到冲击。

(6)如果制冷系统内的制冷剂不足时,不要运行压缩机。如果空调系统中制冷剂不足,则会缺少冷冻油润滑,并且可能损坏压缩机。

(7)小心不要向系统中加注过量的制冷剂。如果制冷剂加注过量,会导致制冷不足、燃油经济性差、发动机过热等问题。

(8)不要在没有制冷剂的情况下运行压缩机,否则会损坏压缩机内部。

2)汽车空调系统的维护

平时做好空调系统的日常维护和定期维护工作是很重要的。由于在维护过程中能及时发现故障先兆,可积极采取措施消除隐患,所以能充分发挥空调的作用,保证系统正常运行。

(1)汽车空调系统的日常维护。汽车空调系统的日常维护作业内容及要求见表13-7。

汽车空调系统的日常维护作业内容 表13-7

序号	项　目	具　体　内　容　及　要　求
1	压缩机	(1)在停用制冷系统后,每周起动压缩机工作5~10min。制冷剂在循环中可把冷冻油带至系统内的各个部分,从而可防止系统管路中各密封胶圈、压缩机轴封等因缺油干燥而引起密封不良和制冷剂泄漏,并使压缩机、膨胀阀以及系统内各活动部件的动作,不致结胶黏滞或生锈。 进行这项维护时,应在环境温度高于4℃时进行。环境温度过低会因冷冻油黏度过大而流动性变差,当压缩机起动后不能立即将油带到需要润滑的部位而造成压缩机磨损加剧甚至损坏。 (2)检查制冷压缩机驱动皮带有无裂纹和老化情况。 (3)检查制冷压缩机驱动皮带的松紧程度。皮带过紧会增加磨损,导致轴承损坏。过松则易使转速降低,造成制冷不足,甚至发出异常声响。如皮带过紧或过松应及时调整,如发现皮带裂口或损坏应采用汽车空调专用皮带进行更换。另外,新装皮带在使用36~48h后会有所伸长,应重新张紧。 (4)从压缩机的视镜中检查冷冻油量,看是否有泄漏

续上表

序号	项　目	具体内容及要求
2	冷凝器	（1）检查冷凝器运行是否正常。 （2）检查冷凝器表面有无污物，散热片是否弯曲或阻塞。表面脏污时，应及时用压缩空气吹净或用压力清水清洗干净，以保持良好的散热条件。 （3）检查冷凝器和发动机散热器之间的缝隙是否堵塞，若堵塞，会造成发动机冷却液温度升高。 （4）检查冷凝器风扇是否有泥沙、石块等杂物，若有，应及时清理
3	蒸发器	（1）检查蒸发器通风口是否清洁，排水道是否畅通，鼓风机运转是否正常。 （2）检查蒸发器表面有无污物、散热片是否弯曲或阻塞。 （3）检查并清洁空调空气滤清器。如发现堵塞，可打开蒸发器检查门，卸下滤清器。然后用压缩空气或带有中性洗涤剂的温水洗净。也可将滤网浸入水中，用毛刷刷净污物。 （4）检查通往蒸发器的发动机热水管路是否泄漏
4	储液干燥器	（1）检查储液干燥器使用是否超过 2 年，若有，应换新的储液干燥器。 （2）拆开管路后，应更换新的储液干燥器
5	系统接头	（1）检查各管路接头和连接部位、螺栓、螺钉有否松动现象。 （2）检查各管路接头是否有与周围机件相磨碰，传动机构的工作是否正常，胶管是否老化，在进出翼子板孔处的隔振胶垫是否脱落或损坏。 （3）检查各管路接头是否有泄漏
6	膨胀阀	（1）检查膨胀阀是否堵塞。 （2）清洗管路时是否更换膨胀阀
7	其他	（1）检查电路连接导线、插头是否有损坏和松动现象。 （2）空调在运行中有无不正常的噪声、异响、振动和异常气味，如有应停止使用空调并及时检修。 （3）低速运转空调，从视液窗上察看是否有气泡出现。如出现气泡说明制冷剂不足，应及时进行检查修理或补充

（2）汽车空调系统的定期维护。汽车空调系统除了一些日常维护和检查工作外，还应由汽车空调专业维修人员对空调系统各总成和部件做一些必要的定期维护和调整检查工作，这样做不但可以保证空调的性能和发挥空调的最佳效果，而且可以更好地保证汽车空调的使用寿命和工作可靠性，减少维修工作量。汽车空调的定期维护方法一般有两种：一种是与汽车的维护同步进行，另一种是按其制定的维护周期独立进行。

汽车空调系统的定期维护项目、具体内容及周期见表13-8。

汽车空调定期维护的项目、具体内容及周期　　　　　　　表13-8

序号	项　目	具体内容	周期
1	压缩机	（1）检查进、排气压力是否符合要求，各紧固件是否松动，是否有漏气现象； （2）拆开压缩机，检查进排气阀片是否有破损和变形现象，如有应修整或更换进排气阀总成； （3）压缩机拆修后装复时必须更换各密封圈和轴封，否则会造成压缩机密封处泄漏	3 年

序号	项 目	具 体 内 容	周期
2	冷凝器及其冷却风扇	(1)彻底清扫或清洗冷凝器表面的杂质、灰尘,用扁嘴钳扶正和修复冷凝器的散热片; (2)仔细检查冷凝器表面是否有异常情况,并用检漏仪检查制冷剂是否有泄漏,如防锈涂料脱落,应重新涂刷,以防止冷凝器生锈穿孔; (3)检查冷凝器冷却风扇是否运转正常,检查风扇电动机的电刷是否磨损过量	1年
3	蒸发器	(1)用检漏仪进行检漏作业; (2)拆开蒸发器盖,清扫蒸发器内部,清除送风通道内的杂物(可用压缩空气来吹)	1年 2~3年
4	电磁离合器	(1)检查其动作是否正常,是否有打滑现象,接合面是否磨损,离合器轴承是否严重磨损; (2)用塞尺检查其电磁离合器间隙是否符合要求	1~2年
5	储液干燥器	(1)正常情况下,储液干燥器的更换; (2)因使用不当使系统进入水分后,储液干燥器的更换; (3)系统管路被打开时,储液干燥器的更换	2年 及时更换 当时更换
6	膨胀阀	检查其动作是否正常,开度大小是否合适,进口滤网是否被堵塞,如不正常应更换或作适当调整	1~2年
7	制冷系统管路	(1)检查管接头,并用检漏仪检查其密封情况; (2)检查管路是否与其他部件相碰,检查软管是否有老化、裂纹现象	1年 3~5年更换软管
8	驱动机构	(1)检查V带张紧度和磨损情况; (2)更换V带; (3)检查张紧轮及轴承,并加注冷冻油	使用100h后 3~5年 1年
9	冷冻油	(1)正常情况下,冷冻油的更换; (2)管路有泄漏时,补充冷冻油	2年 及时补充
10	安全装置	检查高压开关、低压开失,水温开关等能否安全、可靠地工作	1年检查一次 5年更换一次
11	其他	(1)检查紧固装配螺栓、螺母等紧固件; (2)检查防振隔垫橡胶是否老化、变形,如有应及时更换; (3)检查管道保温材料是否老化失效; (4)检查制冷状况,一般测量进、出风口温度差应在7~10℃	3个月 1年 1年 2年

上述定期检查和维护周期,应根据空调运行的具体情况和相应车辆的维护手册进行,不可生搬硬套。例如,对于空调使用十分频繁的南方地区,可适当缩短维护周期,而对于北方地区,每年空调运行时间相对较短,因此,可适当延长维护周期。

🖥 任务小结

(1)制冷系统主要由压缩机、冷凝器、储液干燥器、膨胀阀、蒸发器等制冷循环系统和鼓风机、冷凝风扇、压力开关等电气控制装置组成。

（2）目前汽车空调主要是手动空调和自动空调,这两种类型的空调制冷循环系统基本相同,控制部分有区别。

（3）制冷系统在使用中会由于振动或其他原因导致制冷剂出现泄漏,会使汽车空调不制冷或制冷不足。

（4）当需要进行制冷剂的加注作业时,需要检测的项目包括:

①制冷系统的检漏。

②抽真空。

③加注制冷剂。

④补充加注或排放制冷剂。

⑤加注冷冻油。

（5）当出现不制冷或制冷不足故障时,还应对制冷系统主要部件进行检修。

子任务2　暖风系统暖风不足故障的检修

📖 任务描述

　　冬天到了,车主刘先生反映,他所驾驶的一辆迈腾1.8T轿车,热车后暖风不足。维修人员询问了基本情况,起动发动机,在热车之后,打开暖风开关,出风口出风温度不高,得到的结果与车主描述相同。首先检查加热器进出水管,发现进水管特别热,检测进出水管的温差,发现特别大,怀疑加热器芯有堵塞。轿车空调暖风系统基本都是由冷却液来提供热量,部分车型利用电加热来辅助供暖。当暖风系统无暖风或暖风不足时,既可能是空调暖风系统的故障,也可能跟冷却系统相关,应予以排除检查。

　　汽车空调暖风系统的加热器芯也是一种热交换装置,将冷却液的热量与冷空气进行热交换,当加热器出现内部堵塞或泄漏时会导致用来加热冷空气的冷却液的量减少,会使车内暖风不足,严重时甚至无暖风。

　　现在需要你对客户轿车的空调系统暖风系统进行诊断与修复。

📖 学习目标

　　（1）认识汽车空调暖风系统的功用与类型;

　　（2）掌握汽车空调暖风系统的组成及工作原理;

　　（3）掌握加热器芯的构造及工作原理;

　　（4）能识别汽车空调通风与空气净化装置的结构与工作原理;

　　（5）能正确拆装汽车空调暖风系统主要总成部件;

　　（6）能对汽车空调暖风系统故障进行检查与排除作业;

　　（7）具备信息查询和手册使用的基本能力;

　　（8）能够按照企业5S要求和安全生产规范进行操作;

(9)能与同学密切合作,规范安全地完成学习活动;

(10)养成自主学习的习惯,培养规范操作的工作作风及环保意识。

建议学时:4 学时。

知识准备

一、汽车空调暖风系统

1. 汽车空调暖风系统的作用与类型

1)汽车空调暖风系统的功用

(1)与蒸发器一起将车内空气调节到乘员感觉舒适的温度。

(2)在冬季向车内提供暖气。

(3)除掉车窗玻璃上的霜和雾。

2)汽车空调暖风系统的类型

根据热源不同,将汽车空调暖风系统可分为独立式和非独立式两种类型。

(1)非独立式暖风系统。利用发动机工作时冷却液余热为车内提供暖气,又称水暖式暖风系统,具有结构简单、成本低、不耗能等优点。但其暖风系统受发动机运转工况影响大,供暖量有限,一般用于中小型客车和轿车。

为调节轿车内部供暖量,部分轿车在暖风系统部分还加有电加热装置,用于在冷却液温度较低时进行辅助加热。

(2)独立式暖风系统。利用柴油或煤油在专门燃烧室燃烧所产生的热量为车内提供暖气,具有供暖充分、不受汽车发动机运行工况影响等优点,但结构复杂、耗油耗能多,一般用于大客车上。

为提高车内暖风的舒适性,很多大客车采用冷却液与独立燃烧结合的方式进行供暖。

2. 汽车空调暖风系统的原理与结构

1)空调暖风系统的工作原理

轿车一般采用水暖式暖风系统,水暖式暖风系统实际上是发动机冷却系统的一部分,大致可分为两大部分,即热水循环回路和配气装置。

热水循环回路与发动机的冷却系统相连通,借助于发动机的水泵实现热水循环。来自发动机冷系统的热水从进水管流经加热器控制阀进入散热器,然后经由出水管回到发动机的冷却系统,实现回路的循环,如图 13-42 所示。在通风装置中,由风机(鼓风机电动机)强制使空气循环运动。空气经由进风口被吸入,流经加热器时将被加热,并由出风口导出,进入车厢内实现取暖或为风窗玻璃除霜,如图 13-43 所示。

2)空调暖风系统组成结构

汽车空调暖风系统的主要组成部件有加热器

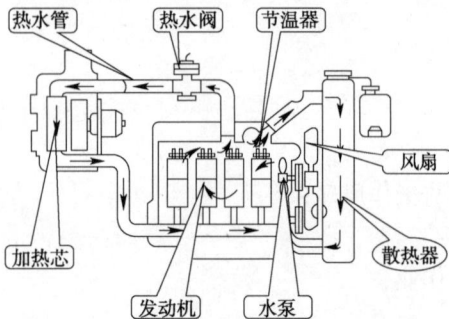

图 13-42　水暖式暖风系统的组成与原理示意图

总成、鼓风机电动机总成和热水阀等。此外,其他部件有冷却液循环管路、暖风风道、风门控制电动机等。

图 13-43　水暖式通风配气系统结构图

　　(1)热水阀。热水阀也称加热器控制阀,它安装在发动机冷却液通道中,用于控制进入加热芯的发动机冷却液的流量,可以通过空调控制面板上的温度调节旋钮或按键进行操控。

　　(2)鼓风机。鼓风机电动机总成由电动机和叶片组成。

　　汽车空调的鼓风机通常采用离心式风机,风压高,可以迅速将冷空气或热空气吹到车厢内每个乘员身上,工作效率高,如图 13-44 所示。

　　(3)加热器芯。加热器芯由管子和散热片等构

图 13-44　鼓风机结构图

成。新式的加热器芯的管道上有凹坑,可改善热量输出性能。加热器芯的形状与散热器相似,如图 13-45 所示。当热水阀打开时,加热后的发动机冷却液部分流经加热器芯,为车厢内乘员提供所需的热空气。

　　水暖式加热装置通常采用整体式空调器,它将加热器和蒸发器组装在一个箱体内,共用一个鼓风机和外壳,但是两者之间用阀门隔开,可以实现全功能空调,如图 13-46 所示。

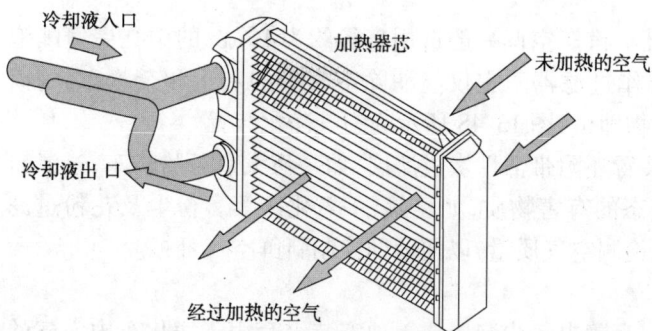

图 13-45　加热器芯的结构和原理

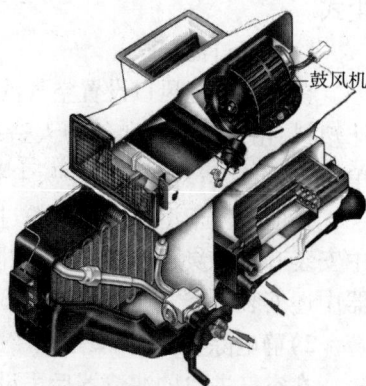

图 13-46　整体式空调器

223

二、汽车空调通风配气系统

相对封闭的汽车厢内,只有温度的调节不能满足舒适度的要求,它不但需要有新鲜空气的补充,还要对狭小的车厢内部空间的气流进行调配,汽车空调通风配气系统就是完成上述任务的重要组成部分。

1.汽车空调通风系统

通风系统用来提高车内空气的含氧量,降低 CO_2、灰尘、烟气等有害物质的浓度,为车内驾乘人员提供健康和舒适的环境。

汽车空调的通风有自然通风、强制通风和综合通风三种方式。

1)自然通风

利用汽车行驶时空气对汽车外部车身所产生的风压为动力,使外部空气进入车内。车辆在行驶时,气流与车身接触部位不同,将产生不同的压力。在适当的地方开设进风口和排风口就可以实现车内的自然通风换气。通常将进气口设在产生正压力的部位,排气口安装在产生负压力的部位。

2)强制通风

强制通风是利用鼓风机强制将车外空气送入车内进行通风换气的。这种方式需要能源和通风设备,进风口和排风口的安装位置,与自然通风装置相同,如图 13-47 所示。

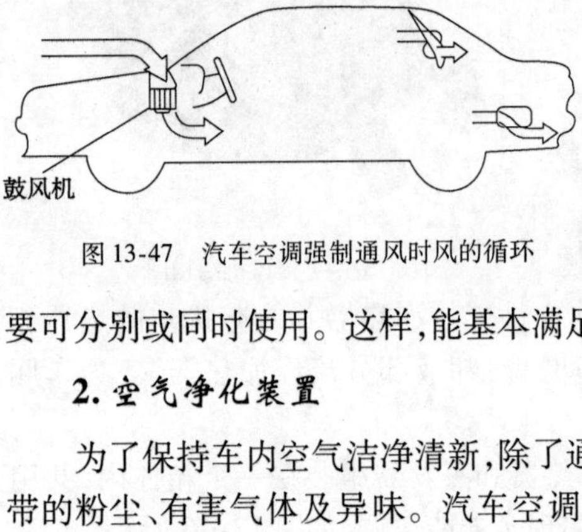

鼓风机

图 13-47 汽车空调强制通风时风的循环

3)综合通风

综合通风指一辆汽车上同时采用自然通风和强制通风两种通风方式。最简单的综合通风系统是在自然通风的基础上安装强制通风扇,根据需要可分别或同时使用。这样,能基本满足各种气候条件下的通风换气要求。

2.空气净化装置

为了保持车内空气洁净清新,除了通风换气以外,还必须采用净化装置去除车外空气携带的粉尘、有害气体及异味。汽车空调系统的空气净化装置常采用空气过滤式和静电除尘式。

1)空气过滤式

在空调的进风口设置空气滤清器。汽车空调一般选用直径约为 $10\mu m$ 的中孔聚氨酯泡沫塑料、化纤无纺布和各种人造纤维作过滤器。它仅能滤除空气中的灰尘和杂物,结构简单,只需定期清理滤网上的灰尘和杂物即可,图 13-48 所示为空气净化装置。

目前很多车型粉尘及花粉过滤装置还附带活性炭过滤层,如一汽大众迈腾轿车,过滤器中安装有活性炭过滤层,可以滤除气态的有害物质,如臭氧、一氧化碳等。粉尘及花粉过滤器中还安装有空气质量传感器,可以检测空气质量,以便辅助控制新鲜空气翻板。

2)静电除尘式

在空气进口的滤清器后再设置一套静电集尘装置或单独安装一套用于净化车内空气的静电除尘装置。图 13-49 所示为静电集尘式空气净化装置的空气净化过程。

图 13-48　过滤式空气净化装置

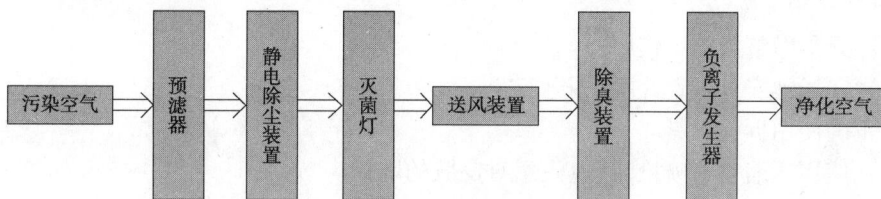

图 13-49　静电集尘式空气净化装置原理图

3. 汽车空调配气系统

配气系统的工作一般由 3 个阶段构成,第一阶段为空气进入段,第二阶段为空气混合段,第三阶段为空气分配段,如图 13-50 所示。

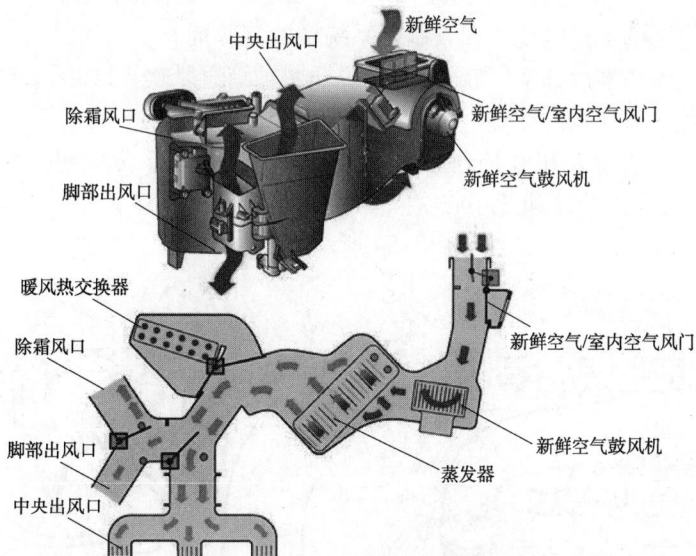

图 13-50　配气系统结构示意图

第一阶段为空气进入段,主要由气源门和新鲜空气风门控制元件组成,用来控制新鲜空气和车内再循环空气的进入。

第二阶段为空气混合段,主要由蒸发器、加热器、调温门及控制元件组成,用来调节所需空气的温度。

第三阶段为空气分配段,空气分配段主要是控制空调吹出风的位置和方向。主要由各种风门、风道及控制元件组成,分别使空气吹向面部、脚部和风窗玻璃上。

操作指引

1. 组织方式

(1)场地设施:装有压缩空气、废气抽排系统和消防设施的场地。

(2)设备设施:一汽大众迈腾轿车、丰田卡罗拉轿车。

(3)工量具:专用收集盘、通用压缩空气喷枪、普通维修工具等。

2. 操作要点

(1)穿戴干净整洁的工作服。

(2)遵守场地安全规定,注意用电安全。

(3)正确使用拆检工具。

(4)在使用压缩空气喷枪时,应注意对皮肤的防护。

任务实施

1. 暖风系统加热器的更换

轿车多采用水暖式暖风系统,在日常维修中,针对加热器的维修较多。下面以2011款一汽大众迈腾轿车为例叙述汽车空调暖风系统加热器的拆装和检修方法。

(1)断开蓄电池的负极电缆。回收制冷系统中的制冷剂。

(2)拆除空气滤清器后部空气软管导管,脱开曲轴箱通风软管,如图13-51所示。

(3)拆除与加热器连接的冷却液管道,如图13-52所示。

(4)分别将一段软管A和B插到加热器的两个接口上,在下方固定一个容器,并用压缩空气喷枪D通过软管A将冷却液小心吹入容器C中,如图13-53所示。

(5)拧下螺栓3,取下盖板2,如图13-54所示。

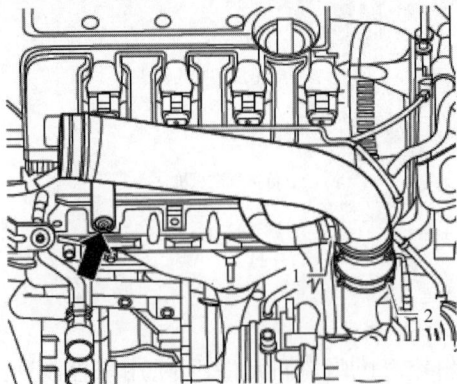

图13-51　拆除空气软管导管及通风软管
1-曲轴箱通风管;2-卡箍

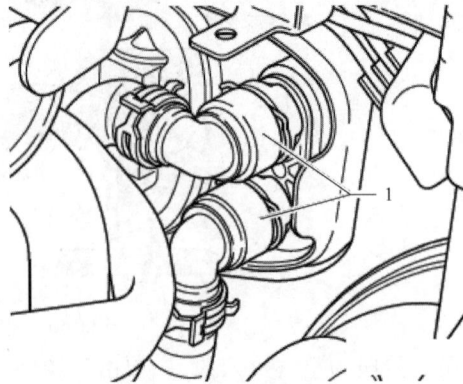

图13-52　拆卸与加热器连接的冷却液管道
1-冷却液管道

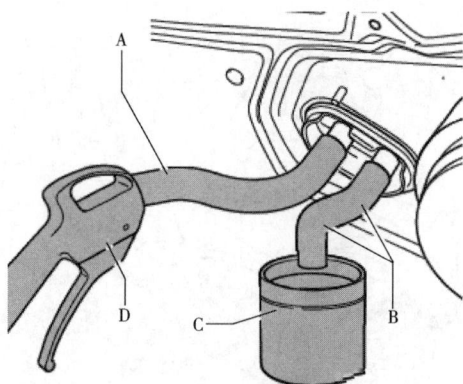

图 13-53　排掉加热器及管道中冷却液

图 13-54　拆卸盖板
1-连接螺栓；2-热交换器盖板；3-螺栓

（6）松开软管卡箍 A，并从加热器中脱开冷却液管道，将加热器从分配器外壳中取出，如图 13-55 所示。在拆卸加热器芯时，小心避免进水管和排水管弯曲，拉出加热器芯。

（7）按照拆卸的相反顺序，安装加热器芯。同时应检查热交换器上的密封件 A 和 B，只能安装密封圈未受损的加热器，如图 13-56 所示。

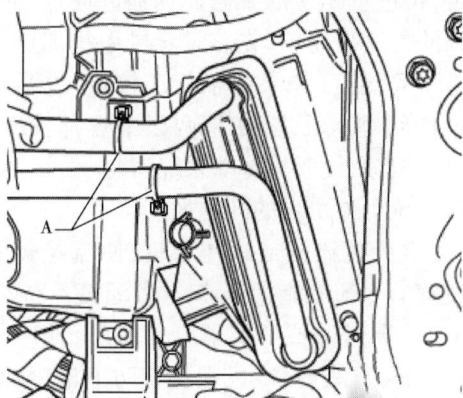

图 13-55　拆卸加热器芯

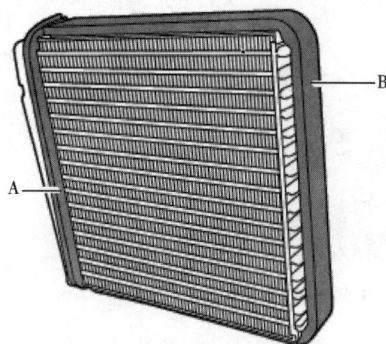

图 13-56　加热器密封装置

2.汽车空调滤清器的更换

（1）拧出塑料螺栓 2，并取出副驾驶侧隔板 1，如图 13-57 所示。

（2）如图 13-58 所示，沿箭头方向推动并取下盖板 3，向下从空调暖风装置中取下粉尘及花粉过滤器。

（3）按照相反的顺序安装粉尘及花粉过滤器，并确认无漏气之处，注意其安装位置，如图 13-59 所示。

3.汽车空调暖风不足故障检修

1）故障现象

当选择空调暖风模式时发现暖风不足，有时没有暖风。

2）诊断思路

汽车暖风不足可以分为两方面的原因：一是暖风的控制机构工作不良导致汽车暖风不

足;二是发动机冷却系统造成汽车暖风不足。

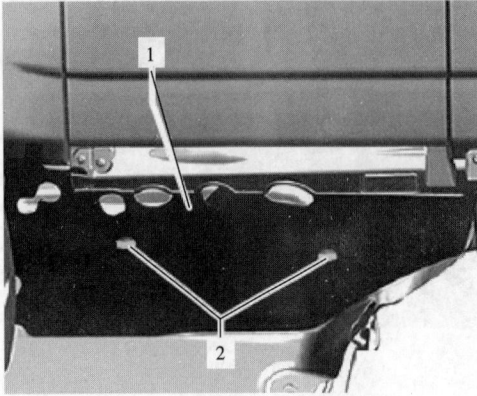

图 13-57 取出副驾驶侧隔板
1-副驾驶侧隔板;2-塑料螺栓

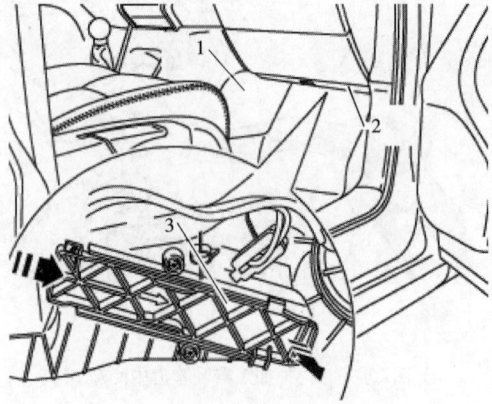

图 13-58 取出粉尘及花粉过滤器
1-前排乘客侧隔音板;2-塑料螺栓;3-盖板

3)原因分析及检修

在维修时,要先判定是哪一方面原因引起汽车暖风不足,再进行相应的维修。判别造成汽车暖风不足原因的方法很简单,先感觉暖风系统加热装置的两个进水管温度,如果两根管都较热,说明是风量控制机构问题。反之,如果两根水管都较凉,或者一根热一根凉,说明是冷却系统问题。

冷却系统可能出现的问题如下:

(1)水泵叶轮破损或运作不良,使流经暖风系统加热装置的冷却液流量不够,导致温度不高。

(2)节温器常开或节温器开启过早,使冷却系

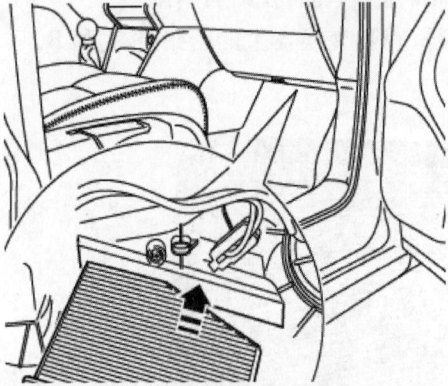

图 13-59 安装粉尘及花粉过滤器

统过早进行大循环。冬天时外部气温很低,特别是当车行驶时,冷风很快将防冻液冷却,冷却液温度很难提高,暖风也不会足。

(3)发动机冷却系统有气阻,气阻导致冷却系统循环不良,造成冷却液温度高,暖风不足。如果冷却系统总有气体,很可能是汽缸垫有破损并向冷却系统窜气引起;如果暖风系统加热装置的进水管很热,而出水管较凉,应是加热装置暖风存在堵塞,应更换。

汽车空调暖风系统是利用鼓风机把加热装置(暖风水箱)的热量吹入到车厢,如果鼓风机风量不够或冷暖风分配不好,使加热装置的热量不能跟车内空气进行热交换,也会造成暖风温度不高。这时应先检查空调滤清器是否存在脏污堵塞,如有,应立即进行清理,必要时要及时更换;再检查鼓风机的各挡位运转情况,每个挡位都要达到足够的转速。如果旋钮调整到暖风位置,风量够大,风向也正常,但吹出的是冷风,应检查暖风箱冷热风的控制翻板拉线是否脱落,暖风叶轮是否损坏,翻板是否脱落等,故障排除后吹出的即为暖风。

任务小结

(1)暖风系统主要由热水阀、加热器、鼓风机等组成,同时与汽车发动机冷却系统工作密

切相关。

（2）空气净化装置分为空气过滤式和静电集成式。

（3）暖风系统在使用中会由于暖风的控制机构不良或发动机冷却系统的故障导致暖风不足或无暖风。

（4）当需要进行无暖风或暖风不足故障检修时，需要检测的项目包括：

①发动机冷却系统部件工作情况。

②加热器芯工作情况。

③鼓风机工作情况。

④热水阀工作情况。

子任务3　自动空调故障警告灯报警故障的检修

任务描述

车主李先生反映他的迈腾2011款轿车的自动空调系统工作时好时坏，一会儿吹冷风，一会儿吹热风，空调的控制面板在打开点火开关之后会有规律的闪烁15s，显示空调系统有故障存在。

维修技师接车后询问了相关的基本情况，并起动发动机，打开空调后出现客户所说故障。连接故障诊断仪对空调系统进行检测，发现故障码00779，故障的含义是：环境温度传感器G17故障。

现在需要你对客户轿车的空调系统进行诊断与修复。

学习目标

（1）认识汽车自动空调系统的功能及组成；

（2）掌握汽车自动空调各传感器和执行器的安装位置及工作原理；

（3）能初步分析自动空调系统及各电气电控电路；

（4）掌握自动空调传感器与执行器的功用与工作原理；

（5）能正确检修与更换自动空调各传感器与执行器；

（6）会运用所学知识和经验，为客户提供汽车空调系统日常维护的建议；；

（7）掌握自动空调典型故障的诊断与排除的方法；

（8）具备信息查询和手册使用的基本能力；

（9）能够按照企业5S要求和安全生产规范进行操作；

（10）能与同学密切合作，规范安全地完成学习活动；

（11）养成自主学习的习惯，培养规范操作的工作作风及环保意识。

建议学时：4学时。

知识准备

一、自动空调的组成

汽车自动空调系统一般由制冷系统、暖风系统、配气系统和电子控制系统四大部分组成，有的还包括空气净化系统。其中制冷系统和暖风系统均与手动空调相似。配气系统与手动空调相似，不同的是各风门的控制改由伺服电动机控制。

自动空调控制系统如图 13-60 所示，主要由传感器、执行器和空调控制单元（控制面板）组成，如图 13-61 所示。

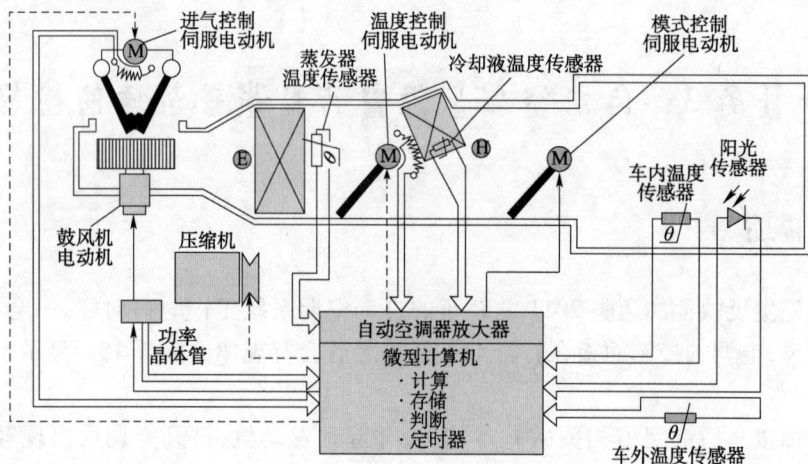

图 13-60　自动空调的电子控制系统

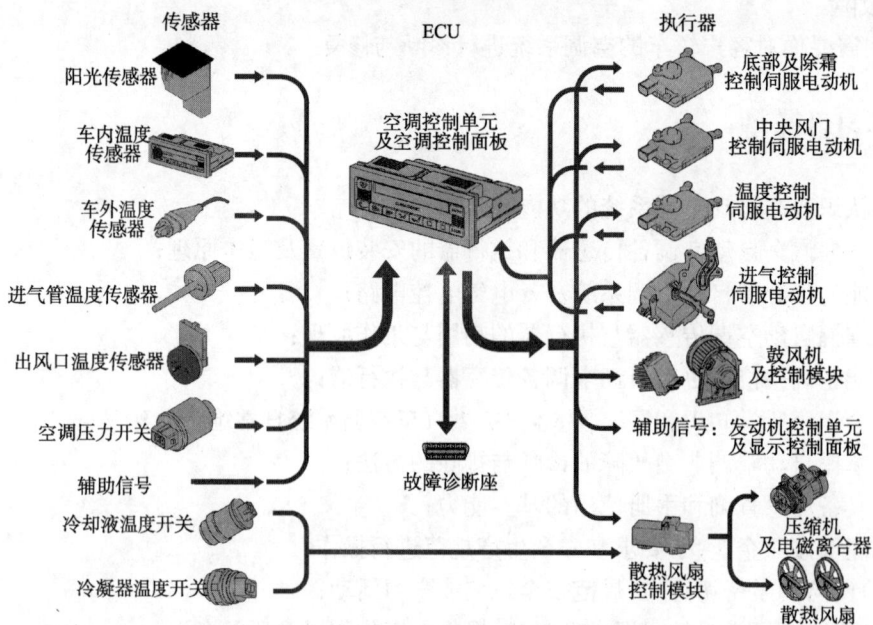

图 13-61　典型车型自动空调电子控制系统的组成

自动空调系统具有以下几种功能。

（1）空调控制。包含温度自动控制、风量控制、运转方式给定的自动控制、换气量控制等，满足车内对空调舒适性的要求。

（2）节能控制。包括压缩机运转控制、换气量的最适量控制以及随温度变化的换气切换、自动转入经济运行、根据车内外温度自动切断压缩机电源等。

（3）故障、安全报警。包括制冷剂不足报警、制冷压力高出或低出正常值报警、离合器打滑报警、各种控制器件的故障判断报警等。

（4）故障诊断存储。汽车空调系统发生故障，空调 ECU 将故障部位用代码的形式存储起来，在需要修理时指示故障的部位。

（5）显示。包括显示给定的温度、控制温度、控制方式、运转方式的状态等。

二、自动空调系统传感器

在空调系统中，ECU 是根据各种传感器的信号和设定的温度进行自动调节，以达到车内预定的温度的。相关传感器主要有车内温度传感器、车外温度传感器、蒸发器温度传感器、出风口温度传感器、阳光传感器、冷却液温度传感器、空调压力传感器、压缩机转速传感器、风门位置传感器等。不同车型所用的传感器会有不同。

自动空调系统传感器在汽车上的安装位置如图 13-62 所示。

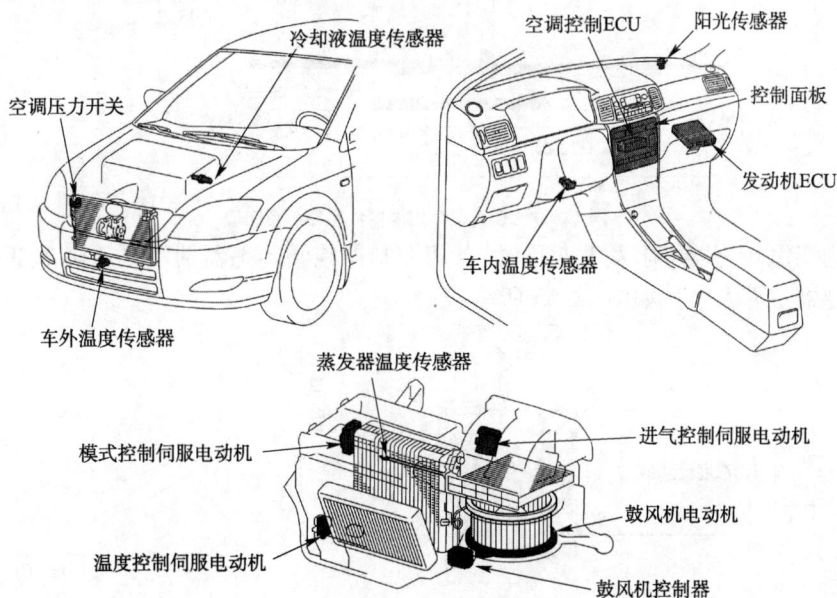

图 13-62　自动空调系统各传感器的安装位置

1. 温度传感器

汽车空调自动控制系统中使用了很多不同类型的温度传感器，但使用最多的还是具有负温度系数的热敏电阻，包括车内温度传感器、车外温度传感器、蒸发器温度传感器和冷却液温度传感器等。其特性是热敏电阻阻值随着温度的升高而减小；反之，则电阻变大。

1）车内温度传感器

车内温度传感器吸入车内空气,以确定乘客舱的平均气温,用于确定温度风门的位置、鼓风机的转速、进气门的位置及模式门的位置,如图 13-63 所示。

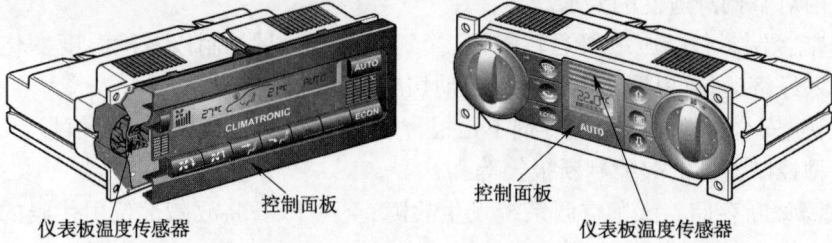

图 13-63　大众轿车车内温度传感器安装位置

以前多采用电动机型车内温度传感器(采用电动机吸入空气),现在普遍采用吸气型车内温度传感器,如图 13-64 所示鼓风机工作时,空气快速流过就会产生负压,这样就有少量空气流过车内温度传感器。

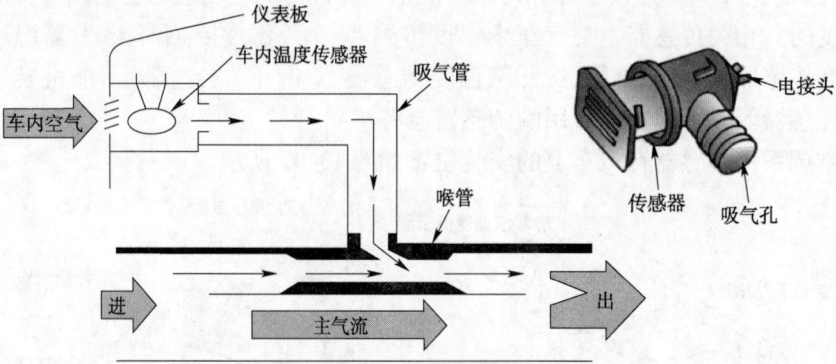

图 13-64　吸气型车内温度传感器示意图

当车内温度传感器电阻发生变化时,空调控制器检测传感器两端电压降的变化来获得信号。传感器电路及特性如图 13-65 所示。

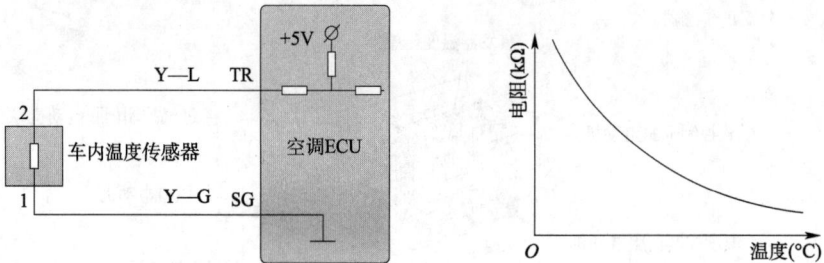

图 13-65　车内温度传感器电路及特性

2)车外温度传感器

车外温度传感器也称外部温度传感器,是自动空调的重要传感器之一,它能影响到出风口空气的温度、出风口风量、模式风门和进气风门的位置等。一般安装在前保险杠内或散热器之前,如图 13-66 所示。

车外温度传感器也是一个负温度系数的热敏电阻,传感器电路及特性与车内温度传感器基本相同,如图 13-67 所示。

图 13-66 车外温度传感器安装位置

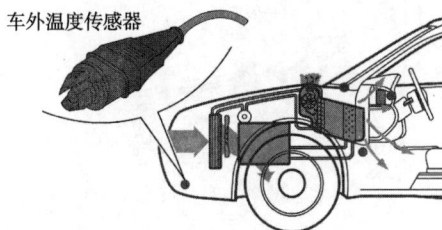

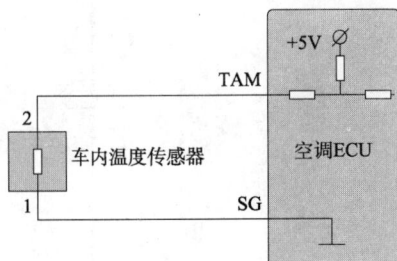

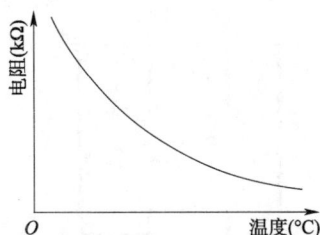

图 13-67 车外温度传感器电路及特性

3）蒸发器温度传感器

蒸发器温度传感器一般安装在蒸发器翅片上，如图 13-68 所示，电路图如图 13-69 所示。

图 13-68 蒸发器温度传感器安装位置

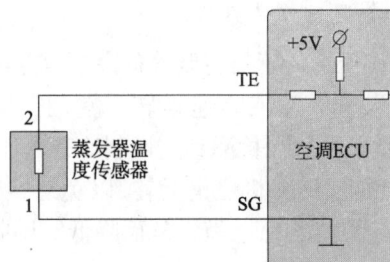

图 13-69 蒸发器温度传感器电路

蒸发器温度传感器的作用是检测蒸发器表面的温度，一是用来修正空气混合风门位置，调节车内温度；二是控制鼓风机的转速；三是控制压缩机，防止蒸发器表面结冰。

4）左右出风口温度传感器

作用是检测左右出风口温度，用来调节车内温度。

5）左右侧脚部空间出风口温度传感器

作用是检测左右侧脚部出风口温度，用来调节车内温度。

2. 阳光传感器

阳光传感器也称太阳能传感器、日照传感器、阳光辐射传感器等。阳光传感器通过测量阳光的强弱来修正温度风门的位置与鼓风机的转速。当阳光增强时，温度风门移向"冷"侧，鼓风机转速提高；反之，当阳光减弱时，温度风门移向"热"侧，鼓风机转速降低。

阳光传感器一般安装在仪表台的上面，靠近前风窗玻璃的底部。其安装位置、结构及电路图如 13-70 所示。

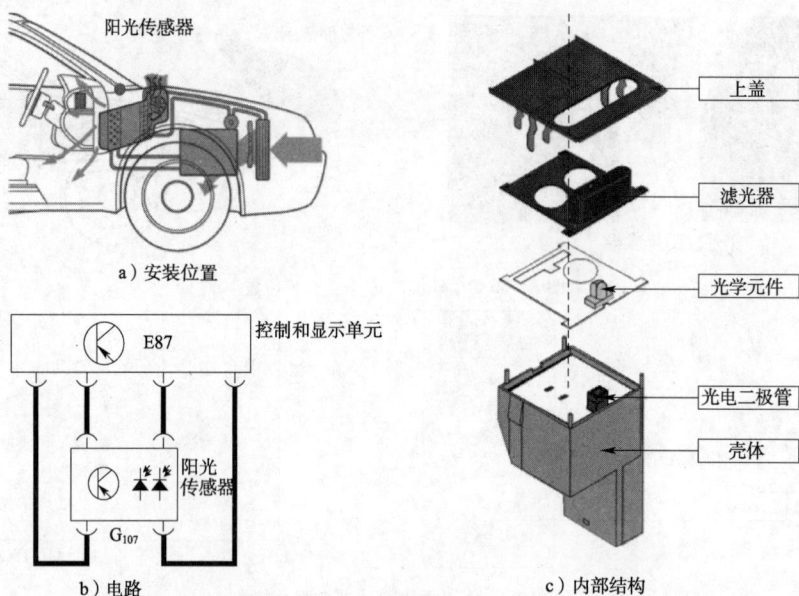

阳光传感器

a）安装位置

控制和显示单元

E87

阳光传感器

G_{107}

b）电路

上盖

滤光器

光学元件

光电二极管

壳体

c）内部结构

图 13-70　阳光传感器安装位置及结构示意图

阳光传感器一般采用光敏电阻,当阳光照射越强时,其阻值越小;反之当阳光照射越弱时,其阻值就越大。

3. 空调压力传感器

空调压力传感器将制冷剂高压管路的压力值转换为电压值,发动机 ECU 根据此信号控制冷却风扇低速或高速运转。空调压力传感器安装在发动机舱内空调高压管路上,如图 13-71 所示。当检测到空调制冷管路压力过低或过高时,控制系统停止对空调压缩机电磁离合器供电,压缩机停止运转,以免对空调系统造成损坏。当制冷剂压力达到中等压力值时,散热器风扇高速运转,从而降低空调制冷剂压力。

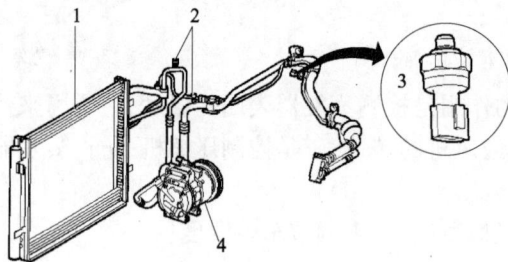

图 13-71　空调压力传感器
1-冷凝器;2-检修阀;3-空调压力传感器;4-压缩机

4. 空气质量传感器

空气质量传感器(air quality sensor,AQS)用于检测外界空气中的有害气体含量。如果空气中的有害物质超标,则通过关闭进气风门,使空调系统处于内循环模式来切断有害气体,以保护乘员的健康。

空气质量传感器检测的气体种类有 HC、CO 及 NO_x、SO_x 等。空气质量传感器的安装位置及控制电路如图 13-72 及图 13-73 所示。

图 13-72　空气质量传感器的安装位置

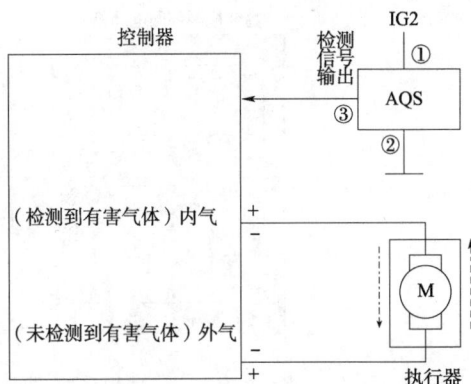

图 13-73　AQS 的控制电路

5. 其他信号

（1）车速信号。检测车速，用来控制通风风门，此信号与发动机共用。

（2）发动机转速信号。检测发动机转速，用于控制压缩机在特殊工况下停止工作，此信号与发动机共用。

（3）发动机冷却液温度传感器。检测发动机冷却液温度，一是可以在冷却液温度过高时切断压缩机和接通冷凝器风扇电动机；二是控制热水阀的开度；三是在某些有辅助加热装置的车型中用于控制辅助加热装置的工作，此信号与发动机共用。

（4）各个风门伺服电动机反馈电位计的信号。用于检测风门实际位置，用于反馈控制。

三、自动空调系统执行器

汽车空调自动控制系统的执行器主要是对风机电动机、压缩机、风门伺服电动机等动作部件的控制。

1. 温度控制伺服电动机

温度控制伺服电动机又称为空气混合伺服电动机，类型有多种，本文以大众迈腾轿车所用伺服电动机为例讲解，大多数轿车温度控制风门由一个伺服电动机控制，大众迈腾为双区独立空调，所以采用两个：左侧温度控制伺服电动机和右侧温度控制伺服电动机，两个电动机结构与工作原理相同。

图 13-74 和图 13-75 所示为温度控制伺服电动机的位置与电路图，温度控制伺服电动机包括电动机、固定触点、电位计和活动触点等，它由 ECU 控制起动。由于直流电动机本身不能定位，空调 ECU 通过检测位置传感器的信号来确定温度控制伺服电动机的位置。

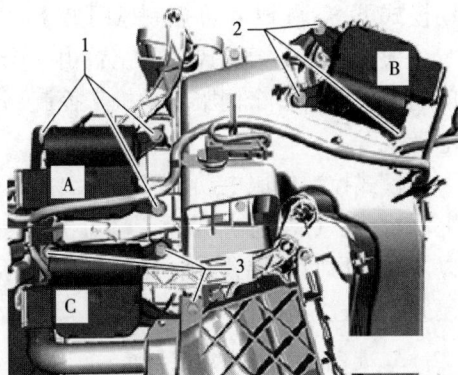

图 13-74　温度控制伺服电动机位置图
1、3-螺栓；2-支架；A、B、C-温度控制伺服电动机

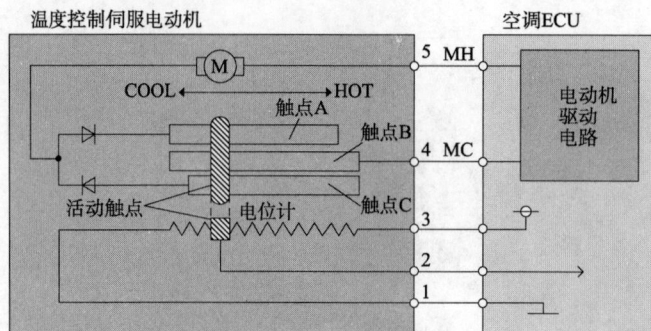

图 13-75　温度控制伺服电动机电路图

空调 ECU 首先根据驾驶人设定的温度及各传感器输送的信号,计算出所需要的出风温度,并控制温度控制伺服电动机顺时针或逆时针转动,改变温度风门的开启角度,从而改变冷、暖空气的混合比例,调节出风温度与计算值相符。

当需要提高温度时,MH 端子为电源,MC 端子搭铁。电流路径为:空调 ECU 端子 MH→伺服电动机端子 5→伺服电动机→触点 A→活动触点→触点 B→伺服电动机端子 4→空调 ECU 端子 MC→搭铁。伺服电动机转动,温度风门的开启角度变化,暖空气的混合比例增加,出风温度提高。

当需要降低温度时,MC 端子为电源,MH 端子搭铁。电流路径为:空调 ECU 端子 MC→伺服电动机端子 4→触点 B→活动触点→触点 C→伺服电动机→伺服电动机端子 5→空调 ECU 端子 MH→搭铁。伺服电动机转动,温度风门的开启角度变化,暖空气的混合比例减小,出风温度降低。

伺服电动机转动时,电位计的活动触点同步移动,将风门的实际位置转换成电信号并反馈回 ECU。当风门达到要求的位置时,温度控制伺服电动机电流切断。

2. 模式控制伺服电动机

自动空调出风模式有 5 种组合:吹脸(Face)、双层(B/L)、吹脚(Foot)、吹脚除霜(F/D)、除霜(Defrost)。在手动模式下,空调 ECU 可控制风门处于 5 种出风类型中的任一种;在自动模式下,空调 ECU 可控制风门处于吹脸、双层或吹脚。

大部分汽车模式风门的位置由一个伺服电动机控制,个别汽车如大众车系则将模式风门的位置分成多个伺服电动机来控制,分别称为底部及除霜控制伺服电动机、中央风门伺服电动机等。

模式控制伺服电动机又称为出风模式伺服电动机、送风模式伺服电动机、气流模式伺服电动机、通风模式执行器等。其电路图如图 13-76 所示。空调 ECU 根据所选定的出风模式以及目前风门的位置,确定电动机应转动的方向,之后控制电动机转动,驱动风门到达所选模式的位置。位置传感器向空调 ECU 反馈位置信号。

3. 进气控制伺服电动机

进气控制伺服电动机又称为内外气选择执行器、进风模式伺服电动机等。进气控制伺服电动机控制送风方式,如图 13-77 所示。

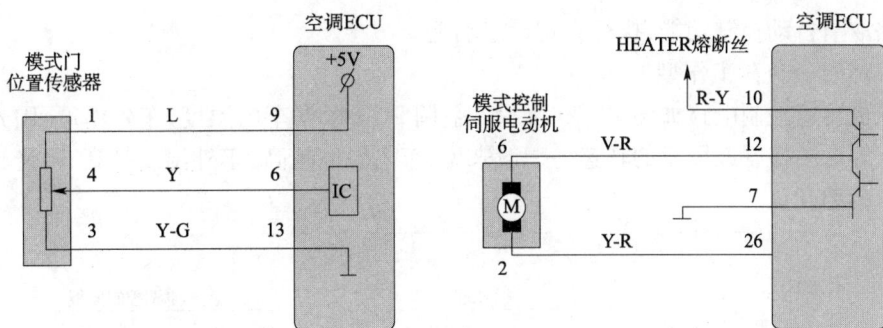

图13-76　模式控制伺服电动机和位置传感器电路图

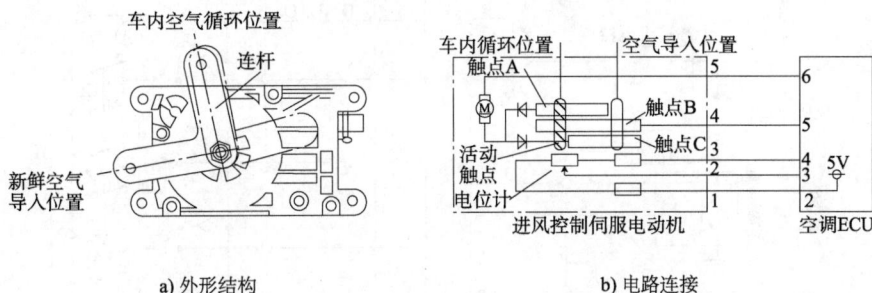

a) 外形结构　　　　　　　b) 电路连接

图13-77　进气模式伺服电动机

当按下"车外循环"键时,电流路径为:空调 ECU 的端子5→伺服电动机端子4→触点 B →活动触点→触点 A→电动机→伺服电动机端子5→空调 ECU 端子6→搭铁。此时伺服电动机转动,带动活动触点、电位计触点及进气风门移动或旋转,新鲜空气通道开启。当活动触点与触点 A 脱开时,电动机停止转动,送风方式被设定在"车外循环"状态,车外空气被吸入。

当按下"车内循环"键时,电流路径为:空调 ECU 端子6→伺服电动机端子5→电动机→触点 C→活动触点→触点 B→伺服电动机端子4→ECU 端子5→搭铁。于是电动机带动活动触点、电位计触点及进气风门向反方向移动或旋转,关闭新鲜空气入口,同时打开车内空气循环通道,使车内空气循环流动。

当按下"自动控制"键时,空调 ECU 首先计算出所需要的出风温度,并根据计算结果自动改变进气控制伺服电动机的转动方向,从而实现进气方式的自动调节。

4. 鼓风机的控制

在自动空调控制系统中,鼓风机的控制主要有以下几种方式。

1) 晶体管与调速电阻组合控制

鼓风机控制开关有自动(AUTO)挡和不同转速的人工选择模式,如图 13-78 所示。当鼓风机转速控制开关设定在"AUTO"挡时,鼓风机的转速由空调 ECU 根据车内、车外温度及其他传感器的参数控制。若按动人工选择模式开关,则

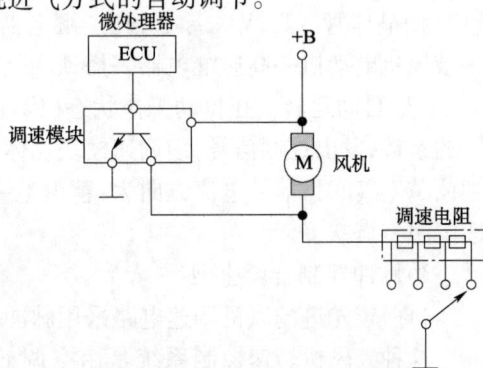

图13-78　晶体管与调速电阻组合型

空调电路取消自动控制功能,执行人工设定功能。

2)晶体管减负荷工作型

鼓风机转速控制电路如图13-79所示。空调ECU根据车内温度、车外温度、阳光强度、设定温度等自动控制鼓风机的转速。一般来说,车内温度越高、车外温度越高、阳光越强,鼓风机转速就越高。

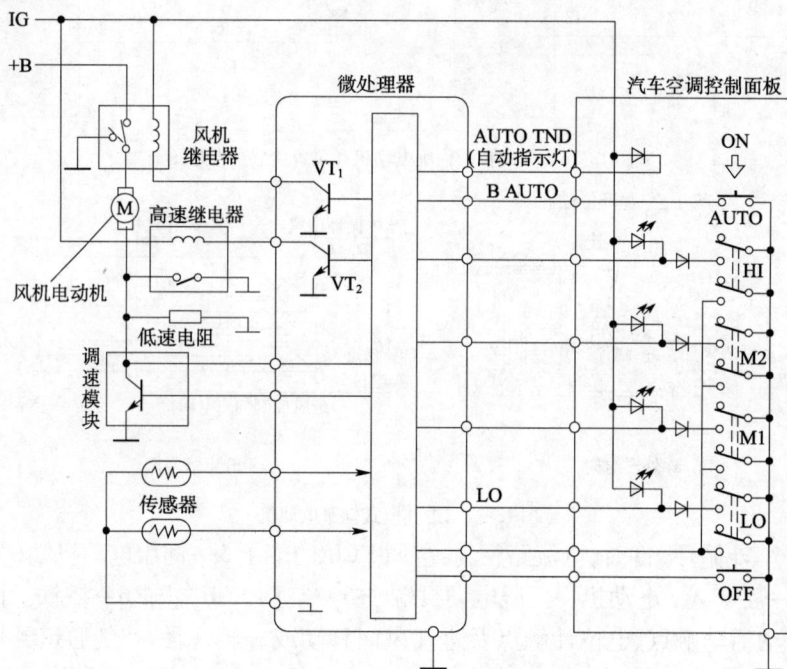

图13-79 鼓风机转速控制电路

(1)低速运转。空调ECU使晶体管VT_1导通,鼓风机继电器动合触点闭合,风机电动机通过低速电阻构成回路,风机维持最低低速。电流方向为:蓄电池→鼓风机继电器→鼓风机电动机→低速电阻→搭铁。鼓风机电动机低速运转。空调起动时采用这种模式有利于鼓风机平稳工作并防止损坏调速模块。当车内温度与设定温度接近或者人工设定时,也维持最低转速。

(2)高速运转。当车内温度与设定温度差较大时,或者操作鼓风机高速开关时,空调ECU使晶体管VT_1、VT_2导通,高速继电器触点闭合。电流方向为:蓄电池→鼓风机继电器→鼓风机电动机→高速继电器→搭铁。鼓风机电动机以高速运转。

(3)自动运转。在自动工作状态(或者人工设定)时,空调ECU根据环境温度与设定温度的参数,发出控制信号,使调速模块晶体管以不同的角度导通,鼓风机电动机无级变速,达到调节空气的目的。电流方向为:蓄电池→鼓风机继电器→鼓风机电动机→调速模块和低速电阻→搭铁。

3)脉冲控制全调速型

目前较先进的风机调速电路采用脉冲控制全调速型,原理如图13-80所示。

这种鼓风机转速控制系统是由空调ECU根据系统送风量的要求,控制内部脉冲发生器,提供不同占空比的导通信号。调速模块中一般由大功率晶体管组成鼓风机驱动电路,完成对其转速的无级调速工作。

采用这类调速方式,既可以将功率损耗降至最低,又可以在一个很大范围内实现无级调速的功能,是新一代控制器件的典型应用。

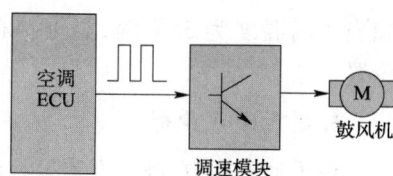

图 13-80　脉冲调速电动机工作原理

四、自动空调控制单元

自动空调控制单元又称自动空调控制器、空调放大器、空调 ECU 等,是整个自动空调系统的控制中心。自动空调控制单元一般与空调控制面板集成一体,它根据输入的传感器信号及空调控制面板的操作输入信号来控制制冷系统和暖风系统的运行。它还同时向车身控制单元(BCM)输出信号,以控制后窗除霜器。

自动空调控制单元上的一体式控制面板包含系统控制输入开关和提供系统状态信息的液晶显示屏(LCD)。

五、自动空调控制系统的控制内容

自动空调 ECU 一般与控制面板制成一体,对输入的各种传感器信号和功能选择键的输入指令进行计算、分析比较后,发出指令,控制各个执行元件动作,使车内温度、空气流动状况等始终保持在驾驶人设定的水平上。

自动空调控制系统的控制内容如下。

1. 鼓风机转速控制

1)自动控制

空调 ECU 根据车内温度、车外温度、阳光强度和设定温度等控制鼓风机转速。一般来说,室内温度与设定温度之差越大,鼓风机转速就越高。

2)预热控制

冬天当冷却液温度低于30℃时停转。

3)时滞控制

夏季开空调,而此时蒸发器温度高于30℃时,ECU 控制鼓风机关断 4s。

4)起动控制

起动时设置为低速运转,以降低起动电流,保护调速模块不被烧坏。

5)车速补偿控制

车速高时,迎面风冷却强度大,此时降低鼓风机转速。

6)手动控制

根据操作面板手动开关的信号,相应地控制鼓风机转速。

2. 送风温度控制

空调 ECU 根据车内温度、车外温度、阳光强度和设定温度等计算所需的送风温度。再根据送风温度,向温度控制伺服电动机等执行元件发出控制信号,使温度风门处于相应的位置。

一般来说,车内温度越高、车外温度越高、阳光越强,温度风门就越处于"冷"的位置。例如当车内温度为35℃时,温度风门处于最冷位置;若温度为25℃,温度风门处于50%的位置。

3.进气方式控制

在手动模式中,进气方式只有两种位置:车内循环和车外循环。在自动模式,很多车型有三种位置:即车内循环、车外循环和20%车外新鲜空气,空调ECU根据车内温度、车外温度、阳光强度和设定温度自动控制进气风门的位置。例如当车内温度为35℃时,进气方式为车内循环;当车内温度为30℃时,进气方式为20%车外新鲜空气;当车内温度为25℃时,进气方式为车外循环。

4.模式风门控制

在手动模式,模式风门有五种位置:吹脸、双层、吹脚、吹脚除霜和除霜。空调ECU可控制模式风门处于5种类型中的任一种。在自动模式中,模式风门一般只有3种位置:即吹脸、吹脚和双层。空调ECU根据车内温度、车外温度、阳光强度和设定温度自动控制模式风门的位置。例如当车内温度为30℃时,模式风门处于吹脸位置;当车内温度为20℃时,模式风门处于双层位置;当车内温度为15℃时,模式风门处于吹脚位置。

5.压缩机控制

空调ECU根据车内温度、车外温度、阳光强度和设定温度来决定压缩机是否工作。

1)低温控制

在车外温度低于某值(如3℃或8℃)时压缩机停止工作。

2)高温控制

在发动机冷却液温度超过某值(如120℃)时,压缩机不工作,以防止冷却液温度进一步升高。

3)低速控制

在发动机转速过低(如低于600r/min)时,压缩机不工作。

4)高速控制

在发动机转速超过某转速时压缩机不工作,以保护压缩机。

5)加速切断

在发动机处于急加速工况时,为了提供足够的动力,压缩机会暂时停止工作。

6)低压和高压保护

在制冷系统压力过低或压力过高时,压缩机停止工作。

7)打滑保护

空调ECU比较发动机转速信号和压缩机锁止传感器传来的压缩机转速信号,若两种转速信号偏差率连续3s超过80%,ECU则判定皮带打滑,于是停止压缩机工作。

操作指引

1.组织方式

(1)场地设施:装有压缩空气、废气抽排系统和消防设施的场地。

（2）设备设施：自动挡卡罗拉轿车、迈腾轿车。

（3）工量具：万用表、故障诊断仪等。

2. 操作要点

（1）穿戴干净整洁的工作服。

（2）遵守场地安全规定，注意用电安全。

（3）正确使用万用表、故障诊断仪等工量具。

任务实施

1. 自动空调传感器的检测

1）温度传感器的检测

（1）万用表检测。车内温度传感器电路、车外温度传感器电路和蒸发器温度传感器电路分别如图 13-65、图 13-67、图 13-69 所示。

①检查电源线。拆下温度传感器的连接器，测量线束侧端子 2 与搭铁之间应有 5V 电压；否则说明线束或 ECU 有故障。

②检查搭铁线。拆下温度传感器的连接器，测量线束侧端子 1 与搭铁之间的电阻，应小于 1Ω；否则说明线束或 ECU 有故障。

③检查传感器本身。拆下温度传感器的连接器，测量传感器端子 1 和 2 之间的电阻，其电阻值应随温度的升高而减小，并与规定相符；否则说明传感器有故障。

④检查传感器的信号电压：连接好传感器的连接器，测量端子 1 和端子 2 之间的信号电压，电压值应随温度的升高而减小，并与规定相符；否则说明传感器或控制电路有故障。

（2）自诊断检测。空调电控单元（ECU）具有自诊断系统，用故障诊断仪和通过空调控制面板读取温度传感器测量的温度值，并与实际的温度进行比较，如果测量的温度值与实际温度值有所不同，则说明温度传感器或控制电路有故障。

温度传感器出现故障时，ECU 自诊断系统能够存储相应的故障码，用故障诊断仪读取故障码可以快速判断故障部位。有些车型在温度传感器出现故障时，空调 ECU 会采用替代值代替，以使空调继续工作，不同车型的替代值有所不同。

（3）车内温度传感器强制通风装置的检测。使鼓风机高速运转，将一小片纸（5cm × 5cm）靠近车内温度传感器，若纸片被吸住，说明车内温度传感器强制通风装置良好；若没有被吸住，说明强制通风装置有故障。对于吸气型车内温度传感器，应检测抽风管道密封是否良好；对于电动机型车内温度传感器，应检测电动机及其控制线路。

2）阳光传感器的检测

（1）万用表检测。阳光传感器的控制电路如图 13-70 所示。

①检测传感器的电阻。拆下阳光传感器连接器，测量传感器两端子之间的电阻。当在强光照射时，其电阻值为 4kΩ，用布遮住阳光传感器，电阻为无穷大。

②检测传感器信号电压。插好传感器连接器，测量传感器两端子之间的信号电压。当强光照射时，电压大于 1V，用布遮住阳光传感器，电压小于 4V。

（2）自诊断检测。阳光传感器有故障时，ECU 自诊断系统能够储存相应的故障码，用故障诊断仪读取故障码可快速判断故障部位。

在灯光不足的地方(如车间内),也会储存阳光传感器的故障码。此时可用60W的光源距阳光传感器25cm处照射来模拟阳光,这时阳光传感器的故障码应消失。

2.自动空调执行器的检测

1)温度控制伺服电动机的检测

(1)直流电动机的检测。对驱动电动机直接通电,温度控制风门应能平稳移动;改变极性,应能反向移动。

(2)位置传感器的检测。如图13-75所示,改变设定温度,从最低(16℃)调节到最高(32℃),位置传感器信号电压应能均匀升高。当温度控制伺服电动机从冷气侧移动到暖气侧时,伺服电动机总成端子1和2之间的电阻应能均匀变大。

2)模式控制伺服电动机的检测

伺服电动机运行到不同的位置时,其相应的端子应连通。位置开关的检测见表13-9,具体电路如图13-76所示。

位置开关的检测   表13-9

模式风门位置 \ 端子	1	9	8	5	7	6	4
FACE	○				○	○	○
B/L	○				○		
FOOT	○			○			
F/D			○	○			
DEF	○	○	○				

3)进气控制伺服电动机的检测

检测方法同前。

4)鼓风机控制元件的检测

(1)鼓风机电动机的静态检测。测量鼓风机电动机端子两端的电阻,应符合规定值。若电阻不符合要求,应更换鼓风机电动机。

(2)鼓风机电动机的动态检测。将鼓风机电动机接通蓄电池电源,鼓风机电动机运行应平稳无异响,否则应更换鼓风机电动机。

(3)继电器的静态检测。拔下继电器,测量继电器线圈两端的电阻,应符合规定值。测量继电器动合触点两端的电阻,应无穷大。若不符合要求,应更换继电器。

(4)继电器的动态检测。拔下继电器,在继电器线圈两端施加蓄电池电压,应听到"叭"的继电器吸合声。然后用万用表检测动合触点两端电阻,应导通。

(5)鼓风机低速电阻的检测。检测其两端的电阻,应符合规定值。

(6)鼓风机调速模块的检测。按普通大功率晶体管的检测方法进行测试。

3.自动空调系统故障检修

各种车型的自动空调系统基本相同,其检修方法也基本相同。下面以丰田卡罗拉轿车自动空调系统为例,介绍其故障诊断过程。

1)采用空调控制面板诊断

自动空调系统除了可以用故障诊断仪进行故障诊断外,还可以利用空调控制面板诊断功能,在空调控制面板上进行操作和显示。卡罗拉轿车自动空调面板如图13-81所示。

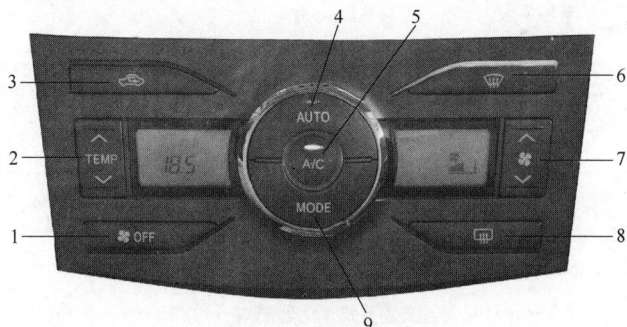

图13-81　丰田卡罗拉轿车自动空调面板

1-鼓风机关闭开关(OFF);2-升温降温开关;3-车内循环/车外循环开关(R/F);4-自动运行模式开关(AUTO);5-空调开关;6-前窗除霜器开关(FRONT DEF);7-鼓风机转速升高降低开关;8-后窗除霜器开关(REAR DEF);9-模式选择开关(MODE)

(1)指示灯检查。

①关闭点火开关。同时按住空调控制面板"AUTO"和"R/F"开关后,再打开点火开关(ON)。

②控制面板上所有的指示灯连续亮灭4次,如图13-82所示。此时即激活了控制面板诊断功能。

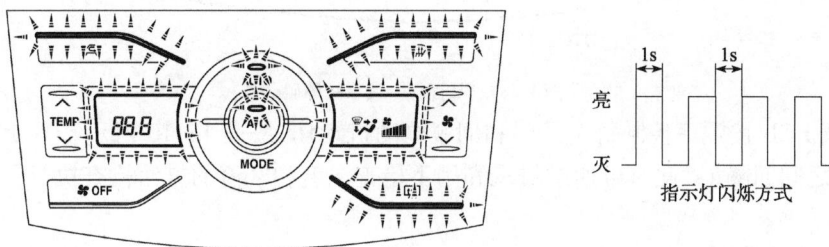

图13-82　控制面板所有指示灯闪烁及闪烁方式

③指示灯检查完成后,系统自动进入故障码检查模式。任何时刻按下"OFF"开关结束控制面板诊断。

(2)空调控制面板诊断操作方法。采用空调控制面板诊断时,空调控制面板的操作方法如图13-83所示。

(3)故障码检查(传感器检查)。指示灯检查完成后,系统自动进入故障码检查模式。这时可通过空调面板的温度显示屏读取故障码,如图13-84所示。无故障时,显示00。如果车辆在暗处进行检查,即使系统正常也可能显示21或24。

在连续操作模式中,如果想要慢慢显示,可按下"DEF"开关,切换至分步操作模式。每按"DEF"开关一次,显示屏变化一次。

(4)执行器检查。

①在传感器检查模式下按"R/F"开关进入执行器检查模式。

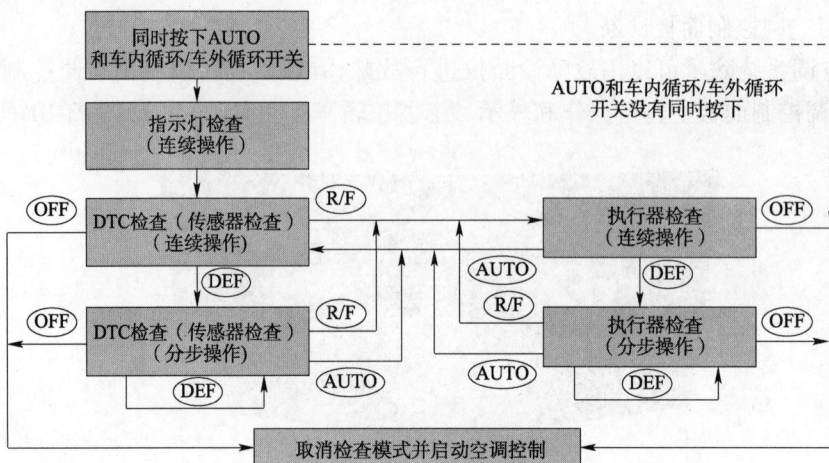

图 13-83　空调控制面板的操作方法

R/F-车内循环/车外循环开关；DEF-前窗除霜器开关

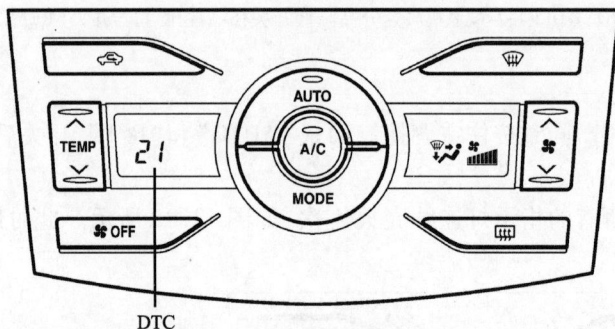

图 13-84　从面板上读取故障码

②空调 ECU 按顺序控制每个风门和伺服电动机动作，按表 13-10 所示步骤 1～10 逐步执行，每步之间间隔 1s，此时可通过目视和用手检查温度和气流的方法检查执行器工作是否正常。

③在连续操作模式中，如果想要慢慢显示，可按下"DEF"开关一步一步执行。每按一次"DEF"，改变显示一步，以便于检查。在分步操作模式中，显示屏每隔 1s 闪烁一次。按"AUTO"开关可切换到传感器检查模式。

执行器检查步骤　　　　　　　　　　　　表 13-10

步骤	显示代码	条件				
		鼓风机速度等级	温度风门	模式风门	进气风门	压缩机
1	0	0	0% 开度	吹脸	车外循环	OFF
2	1	1	0% 开度	吹脸	车外循环	OFF
3	2	17	0% 开度	吹脸	车内循环/车外循环	ON
4	3	17	0% 开度	吹脸	车内循环	ON
5	4	17	50% 开度	吹脸/吹脚	车内循环	ON
6	5	17	50% 开度	吹脸/吹脚	车内循环	ON

续上表

步骤	显示代码	条　　　件				
		鼓风机速度等级	温度风门	模式风门	进气风门	压缩机
7	6	17	50%开度	吹脚	车外循环	ON
8	7	17	100%开度	吹脚	车外循环	ON
9	8	17	100%开度	吹脚/除霜	车外循环	ON
10	9	31	100%开度	除霜	车外循环	ON

（5）清除故障码。在传感器检查期间，同时按下"FRONT DEF"开关和"REAR DEF"开关，即可清除故障码。

2）故障码表

丰田卡罗拉轿车自动空调系统故障码见表13-11。

丰田卡罗拉轿车自动空调系统故障码　　　　表13-11

故　障　码	检测项目	故　障　部　位
B1411/11	车内温度传感器电路	（1）车内温度传感器； （2）车内温度传感器与空调ECU之间的线束或连接器； （3）空调ECU
B1412/12	车外温度传感器电路	（1）车外温度传感器； （2）车外温度传感器与组合仪表ECU之间的线束或连接器； （3）组合仪表； （4）CAN通信系统； （5）空调ECU
B1413/13	蒸发器温度传感器电路	（1）蒸发器温度传感器； （2）空调线束； （3）空调ECU
B1421/21	阳光传感器电路	（1）阳光传感器； （2）阳光传感器与空调ECU之间的线束或连接器； （3）空调ECU
B1423/23	压力传感器电路	（1）压力传感器； （2）压力传感器与空调ECU之间的线束或连接器； （3）空调ECU； （4）膨胀阀（堵塞、卡滞）； （5）冷凝器（由于污垢而引起的制冷功能堵塞、失效）； （6）储液干燥器（制冷剂循环的水分无法吸收）； （7）冷却风扇系统（冷凝器无法冷却）； （8）空调系统（泄漏、堵塞）
B1441/41	空气混合伺服电动机电路	（1）空气混合伺服电动机； （2）空调线束； （3）空调ECU
B1442/42	进气控制伺服电动机电路	（1）进气控制伺服电动机； （2）空调线束； （3）空调ECU

续上表

故 障 码	检 测 项 目	故 障 部 位
B1443/43	模式控制伺服电动机电路	(1)模式控制伺服电动机; (2)空调线束; (3)空调 ECU
B1451/51	压缩机电磁阀电路	(1)空调压缩机; (2)可变排量压缩机电磁阀与空调 ECU 之间的线束或连接器; (3)空调 ECU
B1497/97	BUSIC 通信故障	(1)空调线束; (2)空调 ECU
B1499/99	多路通信电路	CAN 通信系统

注:1. 如果车内温度约为 -18.6℃或更低,即使系统正常,仍可能出现故障码 11。

2. 如果车外环境温度约为 -52.9℃或更低,即使系统正常,仍可能出现故障码 12。

3. 如果正在检查的车辆在黑暗处,即使系统正常,仍可能出现故障码 21。

3)故障码和电路检查

卡罗拉自动空调系统电路如图 13-85 所示。

(1)故障码 B1411/11(车内温度传感器电路)检查。

①检查传感器电源电压。拆下空调放大器但连接器仍连接着,将点火开关转至 ON 位置,检测空调放大器端子 E30 - 29(TR)与 E30 - 34(SG - 1)之间的电压,在 25℃时应为 1.35 ~1.75V,40℃时应为 0.9 ~ 1.2V。若正常,更换空调放大器。

②检查传感器本身。拆下车内温度传感器,检测车内温度传感器端子 1 与 2 之间的电阻。20℃时应为 1.95 ~2.30kΩ,30℃时应为 1.28 ~1.47kΩ,40℃时应为 0.8 ~1.0kΩ。若电阻值不正常,则更换车内温度传感器。

③检查传感器线路。拆下车内温度传感器和空调放大器连接器,检查传感器与空调放大器之间的线路是否短路或断路,若不正常,则修理或更换线束或连接器。

④若以上均正常,则更换空调放大器。

(2)故障码 B1412/12(车外温度传感器电路)检查。

①检查故障码。检查组合仪表与空调放大器之间的 CAN 通信系统是否有故障码输出,若有,排除 CAN 系统故障。

②检查组合仪表与放大器之间线路。拆下组合仪表连接器 E46,测量线束侧端子 E46 - 9(TX1 +)与 E46 - 23(TEMP)之间的电阻,在 25℃时应为 1.6 ~1.8 kΩ,40℃时应为 0.8 ~ 1.0 kΩ。若电阻值正常,更换组合仪表。

③检查传感器本身。拆下车外温度传感器,检测车外温度传感器端子 1 与 2 之间的电阻。在 25℃时应为 1.6 ~1.8 kΩ,30℃时应为 1.28 ~1.47kΩ,40℃时应为 0.8 ~1.0 kΩ。若电阻值不正常,更换车外温度传感器。

④检查传感器与组合仪表之间线路。拆下车外温度传感器和组合仪表连接器,检查传感器与组合仪表之间的线路是否短路或断路,若不正常,则修理或更换线束或连接器。

⑤若以上均正常,则更换空调放大器。

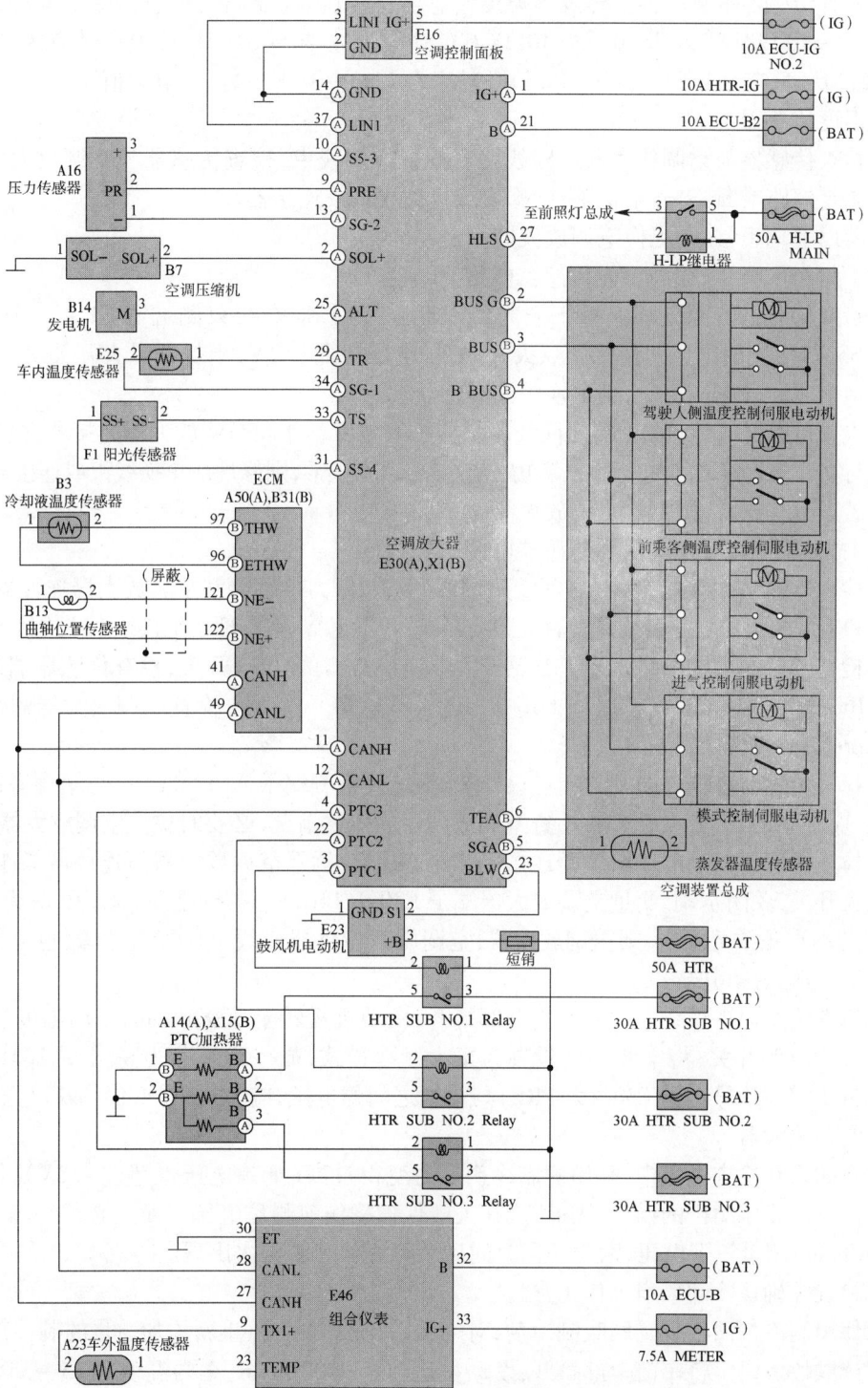

图 13-85　卡罗拉自动空调系统电路图

（3）故障码 B1413/13（蒸发器温度传感器电路）检查。

①检查传感器本身。拆下蒸发器温度传感器,检测蒸发器温度传感器端子 1 与 2 之间的电阻。－10℃时应为 7. 30 ~ 9. 10kΩ,0℃时应为 4. 40 ~ 5. 35kΩ,10℃时应为 2. 70 ~ 3. 25kΩ,20℃时应为 1. 71 ~ 2. 05kΩ,30℃时应为 1. 11 ~ 1. 32kΩ。若电阻值不正常,则更换蒸发器温度传感器。

②检查传感器与空调放大器之间线路。拆下空调线束,检查传感器与空调放大器之间的线路是否短路或断路,若不正常,则修理或更换线束或连接器。

③若以上均正常,则更换空调放大器。

（4）故障码 B1421/21（阳光传感器电路）检查。

①检查传感器电源电压。拆下阳光传感器连接器,检查线束侧端子 F1－1（SS＋）与 F1－2（SS－）之间的电压。当关闭点火开关时,电压应低于 1V;当打开点火开关时,电压应为蓄电池电压。若电压正常,则更换阳光传感器。

②检查传感器与空调放大器之间线路。拆下阳光传感器和空调放大器连接器,检查阳光传感器与空调放大器之间的线路是否短路或断路,若不正常,则修理或更换线束或连接器。

③若以上均正常,则更换空调放大器。

（5）故障码 B1423/23（压力传感器电路）检查。

①检查传感器与空调放大器之间线路。拆下空调压力传感器和空调放大器连接器,检查传感器和空调放大器之间的线路是否短路或断路,若不正常,则修理或更换线束或连接器。

②检查传感器供电电路。连上空调放大器连接器,打开点火开关,检查传感器端线束侧端子 A16－3（＋）与车身搭铁之间的电压,应为 5V。若不为 5V,检查空调放大器的供电和搭铁情况,必要时更换空调放大器。

③检查传感器搭铁电路。关闭点火开关,测量线束侧端子 A16－1（－）与车身搭铁之间的电阻,应小于 1Ω。若大于 1Ω,检查空调放大器的搭铁情况,必要时更换空调放大器。

④检查传感器信号电路。重新连接传感器连接器,拆下空调放大器但连接器仍连接着,打开点火开关,关闭空调,测量空调放大器端子 E30-9（PRE）与搭铁之间的电压,应为 0. 7 ~ 4. 8V。若不在正常范围内,则空调放大器、空调压力传感器或线束可能有故障,也可能是制冷剂量不合适,转第⑪步。

⑤检查传感器搭铁线路。将车门全部打开,发动机运转至 2000r/min,车内温度为 25 ~ 35℃。打开空调开关,将空调温度设置为最大制冷模式,鼓风机转速为高挡,内循环方式。继续测量传感器信号端子 E30－9（PRE）与搭铁之间的电压,应为 0. 7 ~ 4. 8V。若电压正常,则更换空调放大器。

注意如果在检查过程中,高压侧制冷剂压力变得过高（如果电压也超过 4. 8V）,则失效保护功能将停止压缩机的操作,因此,应在失效保护操作前测量电压。而且必须每隔一定时间（约 10min）测量一下电压,因为一段时间后故障症状可能再次出现。

⑥检查并确认冷却风扇工作正常。

⑦使用制冷剂回收装置回收制冷剂,对空调系统抽真空,再重新添加适量的制冷剂。

⑧读取故障码。将车门全部打开,发动机运转至 2000r/min,车内温度为 25 ~ 35℃。打开空调开关,将空调温度设置为最大制冷模式,鼓风机转速为高挡,内循环方式。然后再次读取故障码,若此时不再出现故障码 B1423,则表示冷凝器中的储液干燥器无法吸收制冷剂

循环中的水分,系统内残留空气中的湿气在膨胀阀处冻结,堵塞高压侧的气流,而引起的故障码。因此应更换储液干燥器。

⑨若故障码仍出现,检查并视情更换膨胀阀。

⑩再次检查故障码,如果还有故障码,则维修或更换冷凝器,故障检修结束。

⑪检漏并抽真空。安装歧管压力表组件,使用制冷剂回收装置从空调系统中回收制冷剂,对空调系统抽真空,检查并确认空调系统内无泄漏。视情维修或更换空调系统的泄漏部件。

⑫重新加注适量的制冷剂。

⑬重新检查是否有故障码 B1423。如果因制冷剂不足或过量而导致设置这个故障码,则检查了泄漏且重新加注制冷剂后故障码应该不再出现。

⑭复查故障码有无出现。若故障码再次出现,则问题在空调压力传感器本身或空调放大器。脱开空调压力传感器连接器,将 3 节 1.5V 干电池正极连接到传感器端子 3,负极连接到端子 1,然后检查端子 2 与 1 之间的电压,应为 1.0 ~ 4.8V。如果电压不对,则更换空调压力传感器。否则更换空调放大器。

(6)故障码 B1441/41(空气混合伺服电动机电路)检查。

①读取相关数据流。连接故障诊断仪,打开点火开关,读取空调系统的数据流"驾驶人侧空气混合伺服电动机目标脉冲",正常情况下,当最大制冷时,数值应为 92;最大取暖时,数值应为 5。若显示正常,则更换空调放大器。

②检查故障码。若数据流显示不正常,则更换空气混合伺服电动机,然后再次检查故障码,若仍有故障码 B1441 输出,则更换空调线束。

(7)故障码 B1442/42(进气控制伺服电动机电路)检查。

①读取相关数据流。连接故障诊断仪,打开点火开关,读取空调系统的数据流"进气风门目标脉冲",正常情况下,当车内循环时,数值应为 19;车外循环时,数值应为 7。若显示正常,则更换空调放大器。

②读取故障码。若数据流显示不正常,则更换进气控制伺服电动机,然后再次检查故障码,若仍有故障码 B1442 输出,则更换空调线束。

(8)故障码 B1443/43(模式控制伺服电动机电路)检查。

①读取相关数据流。连接故障诊断仪,打开点火开关,读取空调系统的数据流"驾驶人侧出气风门伺服电动机目标脉冲",正常情况下,当吹脸时,数值应为 47;吹脸吹脚时,数值应为 37;吹脚时,数值应为 17;吹脚除霜时,数值应为 9;除霜时,数值应为 5。若显示正常,则更换空调放大器。

②读取故障码。若数据流显示不正常,则更换模式控制伺服电动机,然后再次检查故障码,若仍有故障码 B1443 输出,则更换空调线束。

(9)故障码 B1451/51(压缩机电磁阀电路)检查。

①检测电磁阀电阻。拆下空调压缩机连接器,测量空调压缩机端子 1 和 2 之间的电阻,在 20℃时应为 10 ~ 11Ω,若电阻不对,更换空调压缩机。

②检查搭铁线路。检查空调压缩机线束侧端子 B7 - 1(SOL -)与车身搭铁之间的电阻,应小于 1Ω,若大于 1Ω,修理或更换线束或连接器。

③检查空调压缩机电磁阀与空调放大器之间线路。检查空调压缩机电磁阀与空调放大器之间的线路是否短路或断路,若不正常,则修理或更换线束或连接器。

④若以上均正常,则更换空调放大器。

(10)鼓风机电动机电路检查。鼓风机电动机检查电路如图13-86所示,检查步骤如下。

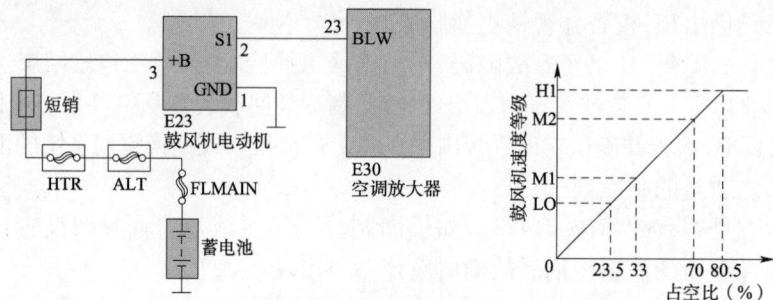

图13-86　鼓风机电动机检查电路

①执行器主动测试。连接故障诊断仪,打开点火开关,用故障诊断仪对空调系统进行主动测试,检查并确认鼓风机电动机能否工作。

②如果主动测试中鼓风机电动机不工作,则:

a. 首先检查 HTR 熔断丝是否熔断。

b. 断开鼓风机电动机连接器,检查鼓风机电动机线束侧端子 E23 – 1(GND)与车身搭铁之间是否断路,若断路,维修或更换线束或连接器。

c. 检查鼓风机电动机线束侧端子 E23 – 3(+ B)与车身搭铁之间的电压,应为蓄电池电压。若不正常,维修或更换线束或连接器。

d. 继续断开空调放大器连接器,检查鼓风机电动机与空调放大器之间的线路是否断路或短路,视情维修或更换线束或连接器。

③如果主动测试中鼓风机电动机工作,但不能改变速度。则:

a. 连接鼓风机电动机连接器,打开点火开关,测量空调放大器端子 E30 – 23(BLW)与车身搭铁之间的电压,应为 4. 5 ~ 5. 5V。若电压不对,更换鼓风机电动机。

b. 拆下空调放大器但连接器仍连接着,打开点火开关,打开鼓风机电动机开关,测量空调放大器端子 E30 – 23(BLW)和车身搭铁之间的波形,应为矩形波,且随鼓风机电动机速度等级而变化。若波形不对,应更换空调放大器。

任务小结

(1)汽车自动空调控制系统主要由车外温度传感器、车内温度传感器等传感器和温度控制伺服电动机、模式控制伺服电动机等执行器以及 ECU 组成。

(2)自动空调系统中的传感器和执行器在工作中出现故障时会导致自动空调不制冷或控制无反应,会出现故障码,有时还会点亮故障警告灯。

(3)当需要对自动空调的传感器和执行器部件进行检修时,需要开展的作业项目包括:

①传感器位置的认识。

②传感器的拆装与检修。

③执行器的拆装与检修。

④自动空调系统电路的分析。

⑤自动空调故障码的读取与清除。

学习任务十四　汽车倒车雷达失灵故障诊断与修复

任务描述

车主张先生反映,他的迈腾轿车最近早上起动车辆倒车,不但雷达指示灯亮,倒车雷达不起作用,连倒车影像也没了,但倒车影像摄像头工作正常。

现在需要你对倒车雷达及影像系统进行检修。

学习目标

(1)能正确讲述汽车倒车雷达系统的功能;
(2)能正确讲述测定汽车行驶安全距离的方法和工作原理;
(3)能正确描述汽车倒车雷达系统的组成、各部件功用及工作原理;
(4)能正确描述倒车影像系统的组成和控制原理;
(5)能正确识读和分析汽车倒车雷达系统的电路图;
(6)能对汽车倒车雷达失灵故障进行诊断与排除。

建议学时:6 学时。

知识准备

倒车雷达全称叫"倒车防撞雷达",也叫"泊车辅助装置",是汽车泊车或者倒车时的安全辅助装置。

一、倒车雷达的组成

倒车雷达又称倒车辅助系统,它是汽车的选装项目,由主机、探头和根据距离数据控制的指示部分组成,如图 14-1 所示。

主机:发射正弦波脉冲给超声波传感器,并处理其接收到的信号,换算出距离值后,将数据与显示器通信。倒车雷达主机的核心是倒车雷达模块。目前倒车雷达模块有 T8224 系列和 T8214 系列等。模块集成了单片机部分、全超声波电路部分和控制部分,如图 14-2 所示。

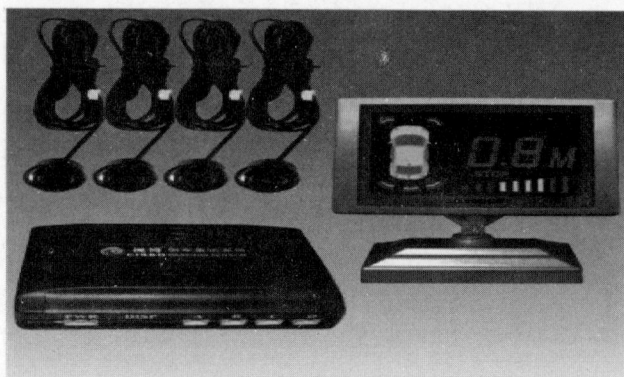

图 14-1　倒车雷达组成示意图

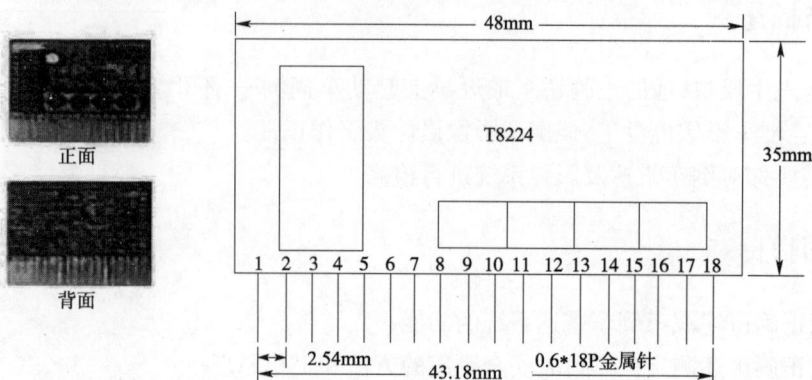

正面

背面

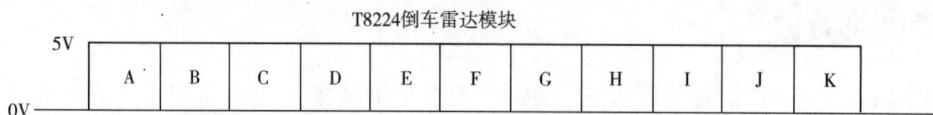

1-复位;2-数字地;3-防扒车功能开关;4-四只探头探测到的距离数据包输出;5-蜂鸣音控制电平输出,分 6 级蜂鸣音;6-当用于 LED 三色灯指示时,本端接红色发光管;7-当用于 LED 三色灯指示时,本端接绿色发光管(注:当 6 脚和 7 脚同时为高,显示黄色);8-数字 +5V;9-模拟 +5V;10-探头 1(接 1 号探头正极);11-探头 2(接 2 号探头正极);12-探头地(在使用时,可只与探头负极相连;也可并入模拟地);13-探头 3(接 3 号探头正极:T8222 此脚悬空);14-探头 4(接 4 号探头正极:T8222 和 T8223 此脚悬空);15-探头驱动馈入(探头驱动升压电压馈入,与数字地形成回路);16-模拟地;17、18-灵敏度调整(外接一个 100K 可调电阻,电阻值越大,灵敏度越高,反之,灵敏度变小)

T8224倒车雷达模块

5V											
A	B	C	D	E	F	G	H	I	J	K
0V											

A-帧同步字节;B、C-1 号探头距离编码数据(单位:cm);D、E-2 号探头距离编码数据(单位:cm);F、G-3 号探头距离编码数据(单位:cm);H、I-4 号探头距离编码数据(单位:cm);J-四个探头最近距离方位指示字节;K-校验字节数据包每一帧共 14 个字节,88 个 Bit。发送周期:120ms,发送时从 A—K,波特率 SK/S

图 14-2　倒车雷达模块示意图

　　探头:用于发射以及接收超声波信号,通过超声波传感器可以测量距离,如图 14-3 所示。

　　探头颜色:红、灰、银灰、黑、黄、蓝、金黄、草绿。

　　显示器或蜂鸣器:接收主机距离数据,并根据距离远近显示距离值和提供不同级别的距离报警音。

图 14-3　超声波距离探测探头

二、倒车雷达的工作原理及电路

当汽车挡位挂入倒车挡时,倒车雷达自动开始通电工作,倒车雷达利用超声波原理,由装于车尾保险杆上的 4 个探头,在倒车雷达模块 T8224 的控制下向外发送超声波撞击障碍物后,反射此声波回探头,探头将接收到的反射波信号送回控制模块。控制模块 T8224 通过对信号进行处理和计算机换算,从而计算出车体与障碍物之间的距离,判断出障碍物的位置,再由显示器显示距离并发出警示号,当距离障碍物 1.5m 时,报警系统就会发出"嘀嘀"声,随着障碍物地靠近,"嘀嘀"声的频率增加,当汽车与障碍物间距小于 0.3m 时,"嘀嘀声"将转变成连续音。从而使驾驶人倒车时不至于撞上障碍物。超声波倒车雷达的测量精度可达到 0.1m,感应时间小于 0.5s,探测器工作原理电路如图 14-4 所示。

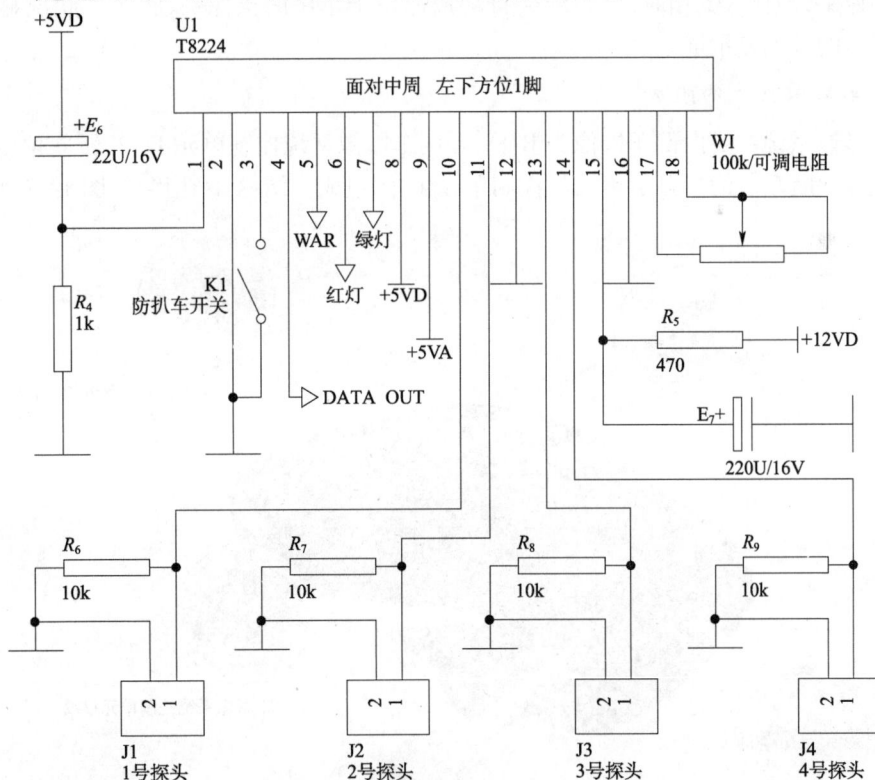

图 14-4　倒车雷达探测器工作原理电路图

超声波测距原理(图 14-5):空气超声探头发射超声脉冲,到达被测物时,被反射回来,并被另一只空气超声探头所接收。测出从发射超声波脉冲到接收超声波脉冲所需的时间 t,

再乘以空气的声速(340m/s),就是超声脉冲在被测距离所经历的路程,除以 2 就得到距离。即:$s = 340t/2$。

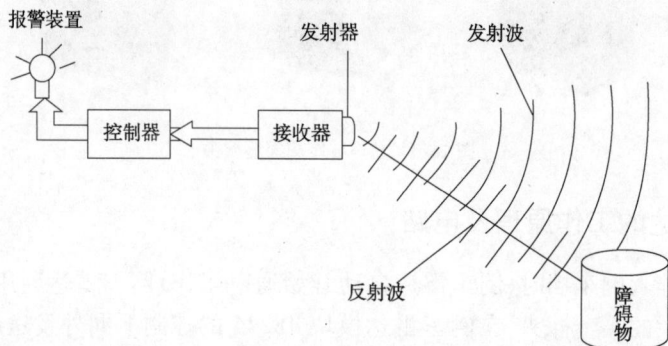

图 14-5 超声波测距原理图

三、倒车影像系统

倒车影像系统,采用远红外线广角摄像装置安装在车后,通过车内的显示屏,清晰可见车后的障碍物。即使在晚上通过红外线也能看得一清二楚。倒车视频影像就是在车尾安装了倒车摄像头,当挂入倒挡时,该系统会自动接通位于车尾的摄像头,将车后状况显示于中控或后视镜的液晶显示屏上。

1. 倒车影像系统的组成

倒车影像系统主要由倒车摄像头 R189 和倒车影像系统控制单元 J772、转向角传感器以及收音机和导航系统的带显示单元的控制单元 J503 组成。结构如图 14-6、图 14-7 所示。

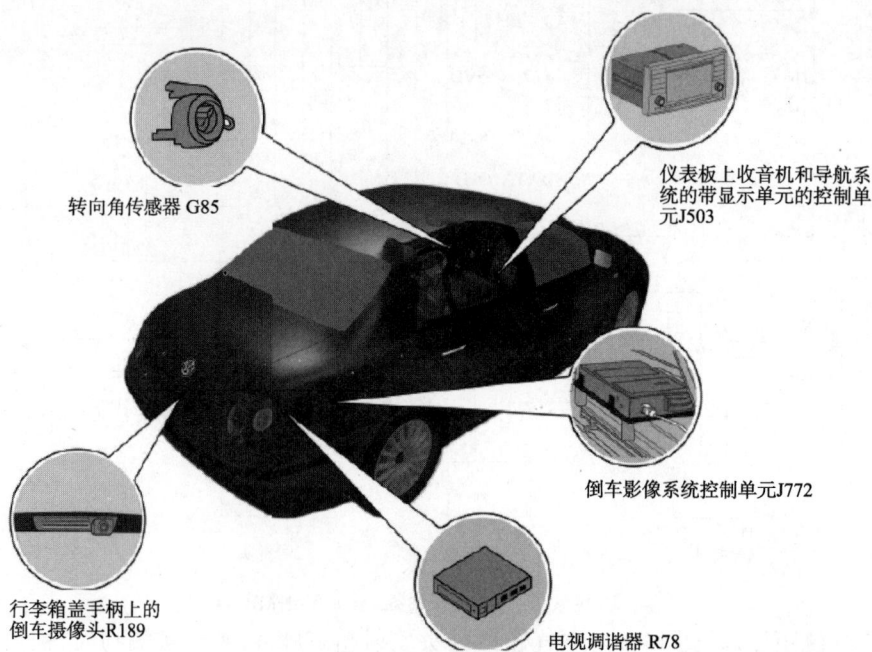

图 14-6 倒车影像结构图(一)

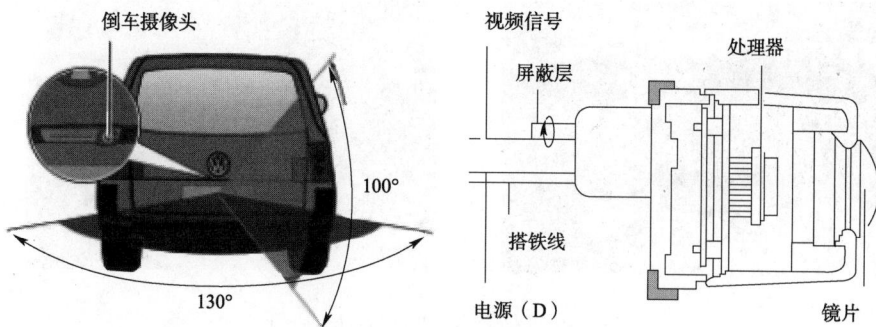

图 14-7　倒车影像结构图(二)

2. 倒车影像系统部件

1）倒车摄像头

倒车摄像头是一个广角摄像头,得益于其紧凑的结构,大众公司已经设法将其装于行李舱盖的手柄上。摄像头覆盖了车辆后方的区域。由于镜片的水平视角是 130°且垂直视角是 100°,造成图像极度变形,因此首先需要通过倒车影像系统控制单元对图像进行校正。

处理器(带集成芯片)镜化捕捉到的图像。镜化是必要的,以便于将车辆左侧的状况显示在显示屏的左侧。图像被转化成电子信号,并被传送至倒车影像系统控制单元。倒车摄像头通过三根电线(电源,搭铁线和带集成屏蔽层的视频信号线)与倒车影像系统控制单元连接在一起。

2）转向角传感器

转向盘的转向角由转向角传感器进行判断。基于此信息,倒车影像系统控制单元生成动态辅助线,并将它们集成在影像图像中,如图 14-8 所示。它们朝相同的方向移动且与转向盘保持同步。如果转向角传感器未经匹配,将不会显示辅助线,且会在控制单元中存储一条故障码条目。

3）倒车影像系统控制单元

倒车影像系统控制单元的任务是处理由

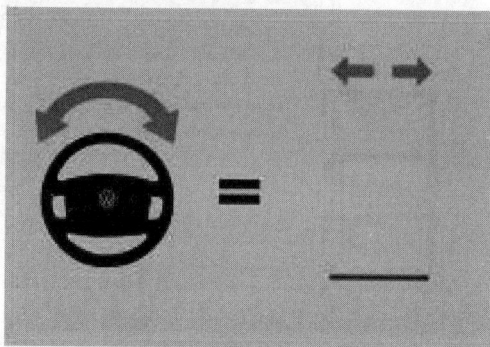

图 14-8　动态辅助示意图

摄像头提供的图像,并准备将它们输出在显示屏上。这包括了校正所提供的图像以及添加辅助线。倒车影像系统控制单元根据所选择的驻车模式,显示相应的静态和动态辅助线。如果启动了倒车影像系统,它会向倒车摄像头供电并开启摄像头。倒车影像系统控制单元有两个视频输入口,电视调谐器(选装件)和倒车摄像头通过这两个视频输入口与之相连接。如需要,影像图像或电视图像会通过集成在倒车影像系统控制单元上的视频开关,自动传送至收音机/导航系统的显示屏,如图 14-9 所示。

3. 工作原理

来自大众公司的倒车影像系统根据驻车状况有两种不同的驻车模式(驻车模式 1 和驻车模式 2)可供选择。

图 14-9　倒车影像处理前后对比图

1）驻车模式 1（图 14-10）

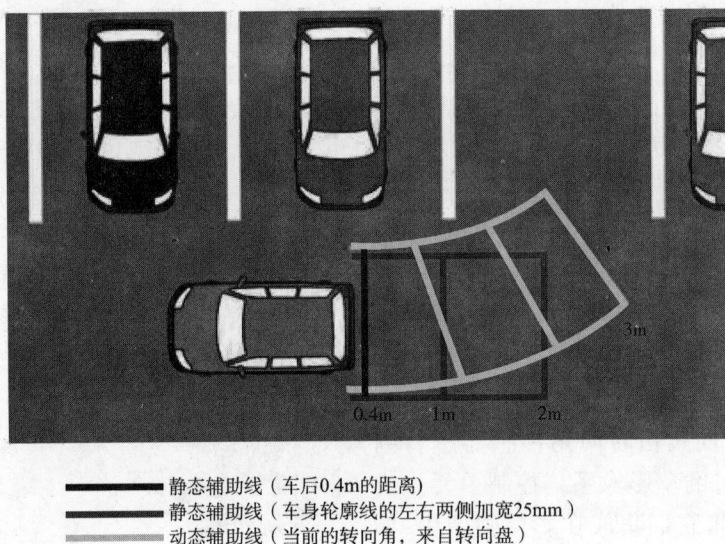

━━━　静态辅助线（车后0.4m的距离）
━━━　静态辅助线（车身轮廓线的左右两侧加宽25mm）
━━━　动态辅助线（当前的转向角，来自转向盘）

图 14-10　驻车模式模式 1

　　此驻车模式适合于倒车进入驻车区域，或倒车进入狭小的街道或车库驻车位时使用。绿色的静态辅助线显示的车身轮廓线被延伸了 2m，左右两侧加宽约 25cm。红色静态辅助线显示的是车后 0.4m 的距离。黄色动态辅助线显示了当前的转向角，且每隔 1m 的距离设一条线。

　　2）驻车模式 2（图 14-11）

　　该驻车模式适合于倒车进入与路缘平行的驻车区域。您可使用黄色辅助线来检查这个驻车区域对您的车辆来说是否足够大。左侧和右侧各显示一块辅助区域。您能通过转向信号选择停驻的一侧。

　　3）拖车操作

　　当连接了拖车且行李舱盖打开时，显示屏上不显示任何辅助线。一旦拖车监测控制单元监测出车辆上有拖车连接，该功能将由倒车影像系统控制单元进行关闭。当连接拖车时，倒车影像系统可协助操作。牵引杆的动向可通过显示屏进行跟踪。当您的车辆连接有拖车时，这是很有帮助的，因为您能通过显示屏看到牵引装置的球形连接器。

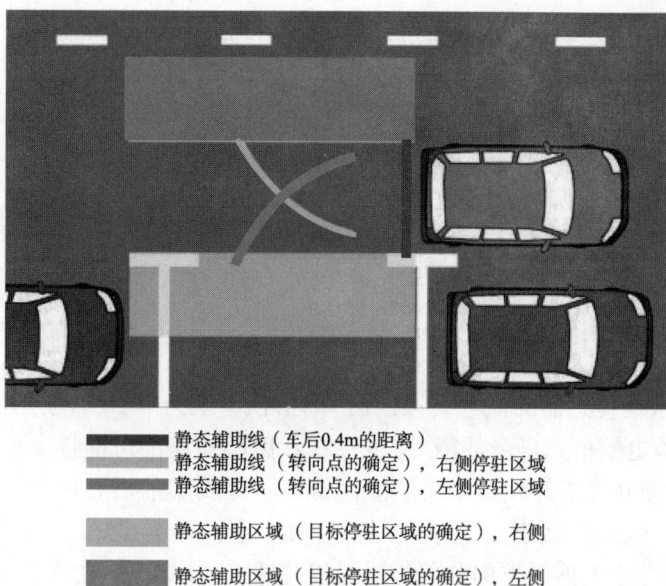

静态辅助线（车后0.4m的距离）
静态辅助线（转向点的确定），右侧停驻区域
静态辅助线（转向点的确定），左侧停驻区域

静态辅助区域（目标停驻区域的确定），右侧

静态辅助区域（目标停驻区域的确定），左侧

图 14-11　驻车模式模式 2

4）系统限制

影像图像的再生会稍稍滞后且显示的并非实时状况,这是由于倒车影像系统控制单元需要时间处理。因为是二维显示,外突且尖锐的障碍物很难被描绘,因此很难识别它们。

操作指引

1. 组织方式

（1）场地设施:举升机 1 台,装有废气抽排系统和消防设施的场地。

（2）设备设施:自动挡迈腾轿车。

（3）工量具:常用工具 1 套、大众专用诊断仪、万用表等。

2. 操作要点

（1）穿戴干净整洁的工作服。

（2）遵守场地安全规定,注意用电安全。

（3）正确使用万用表、诊断仪等工量具。

（4）在检测倒车雷达系统和倒车影像系统时,严禁用力拉扯线束。

任务实施

1. 迈腾轿车倒车雷达系统检修

（1）用 VAS5052 进行故障查询,在 76 停车辅助设备电控单元中,查询到一个故障存储:01549 停车辅助传感器的供电电压未达到下限,由停车辅助设备电控单元电路图,停车辅助设备电控单元(零件号:3CD 919 283,编码为 0001014)有两条供电线,其中 T16/3 脚接收来自 SC37 的 30 电,倒车雷达 T16/1 脚接收来自 SC19 的 15 电,实测此两脚都有正常的供电。

停车辅助设备电控单元供电都有正常,和系统报的电压故障有点不符合,为了进一步验证,分别断开两脚的供电熔断器进行监控,当断开 SC19 时,查询故障码未有增加,说明为如此电缺失,倒车雷达电控单元将出现故障码,但此时也注意到倒车雷达的开关无工作指示了,按压开关无反应。当断开 T16/3 脚来自 SC37 的 30 电,倒车雷达电控单元无法进入。由此可以推断测量倒车雷达电控单元的外围电路都是正常的。

(2)对相关数据流作一分析了,查询相关资料,停车辅助设备电控单元03组4区提供了对停车辅助设备传感器的供电电压的监控,再次进入 76 停车辅助设备电控单元读03组4区显示为 0V,说明传感器的电控单元内部供电电压缺失,此时测量任一个后杠雷达传感器的供电也为 0V,说明电控单元并未为后部探头提供工作电压。

(3)测量后杠雷达传感器的供电线(红/白)的搭铁电阻为 70Ω,说明后部传感器供电处于搭铁状态,存除了电控单元自身故障外,也存在线路间短路的可能性。处理线路短路,最好的方法就是依次断开插接件线路来排除短路源的。迈腾车前后有两个中继插接器,分别用于前后杠雷达传感器的线路连接。断开后部连接中继插接器,03组4区数据流依然显示为 0V 不变,再断开位于左前杠下的前部传感器的总插头,03组4区 12V 的供电电压开始正常显现了,此时再测量后部传感器供电也恢复为正常,说明故障点在前杠线束侧,拆检发现,雾灯后的前杠雷达线束被保险杠骨架磨破,前杠雷达传感器的供电线(红/白)受挤压有局部破皮现象,由此会引发间歇性虚接搭铁,由于前后传感器共用一个基准电压,前部倒车雷达供电线路存在搭铁现象,必然会引起后部传感器压降,从而使倒车功能失效。

(4)修复磨损的线束,故障排除。此案例说明,由于内部集成电路的独立性,电控单元控制的执行无件缺电并不意味着电控单元的外围供电异常,同时,由于 DTC 监测点位置的差异性,系统可能会产生和供电缺失相同的 DTC,但我们总会根据相关数据流对基准电压的监控,打开故障检测的突破口。

2. 迈腾轿车倒车影像系统检修

连接 VAS5052A 查询停车辅助装置控制单元故障码(图 14-12)。

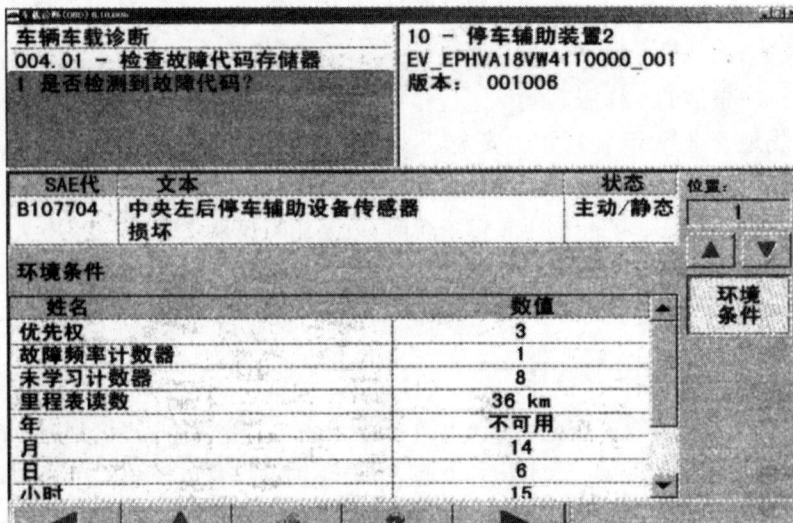

车辆车载诊断		10 — 停车辅助装置2
004.01 — 检查故障代码存储器		EV_EPHVA18VW4110000_001
1 是否检测到故障代码?		版本: 001006

SAE代	文本	状态	位置
B107704	中央左后停车辅助设备传感器损坏	主动/静态	1

环境条件

姓名	数值	
优先权	3	环境条件
故障频率计数器	1	
未学习计数器	8	
里程表读数	36 km	
年	不可用	
月	14	
日	6	
小时	15	

图 14-12　故障码显示情况

查询倒车影像控制单元无故障记录。根据相关电路图分析并检查其线无故障,随后依次更换倒车影像控制单元 J772 及倒车影像显示屏 J503,故障依旧。清除停车辅助装置控制单元故障码,倒车影像显示屏瞬间正常,停车辅助装置因此初步确定为中央左后驻车辅助传感器损坏,引起倒影像不显示。

任务小结

(1)由于倒车雷达系统内部集成电路的独立性,电控单元控制的执行无件缺电并不意味着电控单元的外围供电异常,同时,由于 DTC 监测点位置的差异性,系统可能会产生和供电缺失相同的 DTC,维修时可以根据相关数据流对基准电压进行监控,打开故障检测的突破口。

(2)倒车影像系统虽然可以直接提供车辆后部障碍物的信息,但当距离障碍物较近时,其影像信息会很模糊难以提供准确的后部障碍物信息,此时必须依靠驻车辅助系统传感器的作用才能达到完美的效果。因此,当出现故障时,为防止用户提供错误的倒车信息系统将影像关闭强迫到经销商进行维修。

学习任务十五　汽车音响及导航系统故障诊断与修复

任务概述

随着社会的不断发展,人们对生活质量的要求越来越高。汽车音响系统作为现代汽车的一个重要组成部分,越来越受到人们的重视。汽车音响系统里面传来的优美的音乐,使驾驶人感到放松,也可以听到驾驶所需要的交通信息和新闻。因此现代汽车都非常重视汽车音响系统,并将汽车音响系统作为评价汽车舒适性的依据之一。对于汽车音响系统,主要使用收音机和磁带放音机。随着数字技术的发展,现在很多轿车装有 CD 激光唱机,用来播放录制的数字信号。

而伴随着经济水平的提高,人们自行驾驶车辆出行的机会越来越多,但因为对道路不熟悉,走弯路走错路时常发生,而汽车导航系统的出现就能很大程度避免这种情况发生,驾驶人只要将目的地输入系统,导航系统就会根据电子地图自动计算出最合适的路线,并在车辆行驶过程中必要的时刻(例如转弯前)提醒驾驶人按照计算的路线行驶。在整个行驶过程中,驾驶人根本不用考虑该走哪条路线,就能轻松快捷地到达目的地。

音响和导航系统的出现极大提高了人们的生活质量和驾驶出行时的方便性。

主要学习任务

① 汽车音响系统检修

② 汽车导航系统检修

子任务1　汽车音响系统检修

任务描述

车主张先生反映他所驾驶的迈腾 B7L 轿车,CD 播放时声音时有时无,收音机也信号不好。现在请你对车主轿车的音响系统进行检修。维修人员现场检验,得到的情况与车主反映的基本相同,怀疑是收音机及扬声器的问题。

现在你需要学习音响系统的检修方法。

学习目标

(1)能正确讲述汽车音响系统的组成和各部分功用;

(2)能正确拆装汽车音响系统各部件;

(3)能进行汽车音响系统的解码操作;

(4)能分析诊断和排除汽车音响系统常见故障;

(5)具备信息查询和手册使用的基本能力;

(6)能够按照企业 5S 要求和安全生产规范进行操作;

(7)能与同学密切合作,规范安全地完成学习活动;

(8)养成自主学习的习惯,培养规范操作的工作作风及环保意识。

建议学时:4 学时。

知识准备

一、汽车音响系统的组成及工作原理

汽车音响系统的组成形式多种多样,典型汽车音响系统组成及安装部位如图 15-1 所示。音响系统框图如图 15-2 所示,汽车音响系统主要包括天线、接收装置、扬声修正、可听频率增幅及扬声器系统 5 部分。

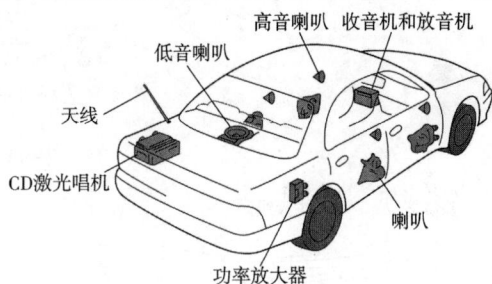

图 15-1　汽车音响系统组成及安装部位

1. 天线

天线作用是接收广播电台的发射电波,通过高频电缆向无线电调频装置传送。

天线可分为在车身外体上伸出的金属柱式天线(又称拉杆天线)和装在车身上的玻璃天线两种,如图 15-3 所示。

(1)金属柱式天线的设置位置通常在前挡泥板、车顶等处,天线长约 1m。有些汽车采用电动式天线,电动天线也叫自动天线,与手动天线的功能相同,只是电动天线是由电脑控制,可以通过按键自由伸缩,电动天线由开关、电动机、继电器、减速机构和天线等构成,其中电动机的通电是与音响的电源开关(ON/OFF)联动,打开音响电源,天线伸出;关闭音响电源,天线缩回收藏在车身内。

(2)玻璃天线。这种天线是将导电漆涂在后窗玻璃上,天线不需移上移下,也没有风的噪声,同时不要折叠也不会生锈,因此很耐用,如图 15-4 所示。这种天线系统通过一根主天线和一根副天线的组合来防止衰减以保持良好的接收条件。当主天线的灵敏度变弱时,系统对主天线与副天线的灵敏度进行比较,使用灵敏度较好的一根。

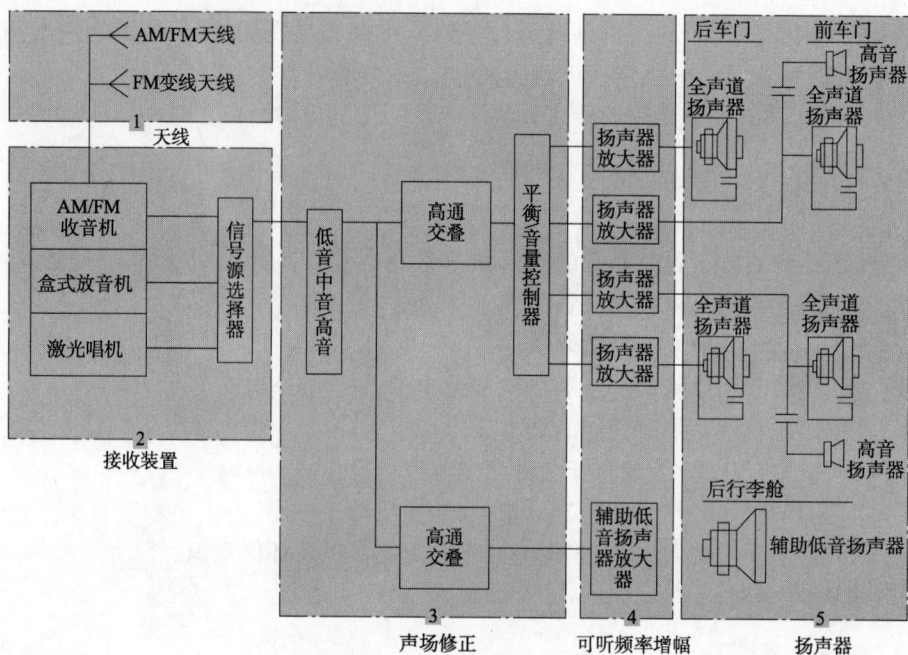

图 15-2 汽车音响系统框图

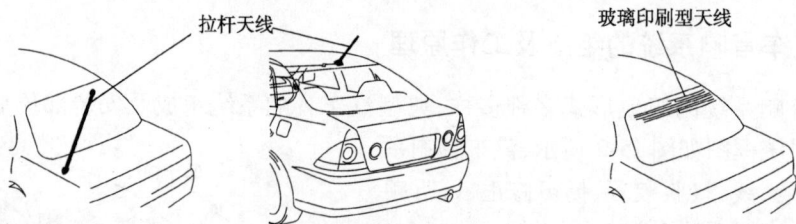

图 15-3 天线的类型

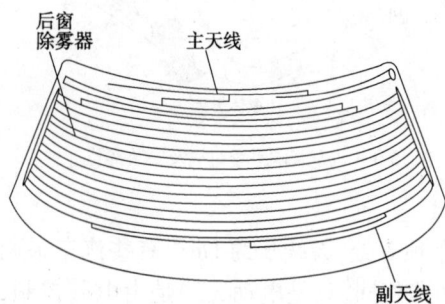

图 15-4 后窗玻璃印刷型天线

2. 接收装置

接收装置是由无线电调谐装置将电台发射的高频电磁波有选择地接收,并解调为音频电信号。主要包括收音机、磁带放音机和激光唱机,如图 15-5 所示。磁带放音机现在已经很少用,现代汽车一般将收音机和激光唱机甚至放大器都集成在一起,成为音响主机。

1)收音机

收音机是无线电接收装置,是专门接收广播节目的。在无线电广播中,有调幅(AM)和调频(FM)两种信号。收音机接收 AM 广播和接收 FM 广播是不同的。两种信号都接收的收音机有两只调谐器分别用于 AM 和 FM。收音机可分为两大类,一种是模拟式,另一种是数字式。模拟式是传统的收音机,一般用于手动调谐选台;数字式的收音机是较高级的无线电接收装置,由内部电路发出选台、存储、控制及显示信号,内部一次可存储 12~44 个电台,并可实现遥控。

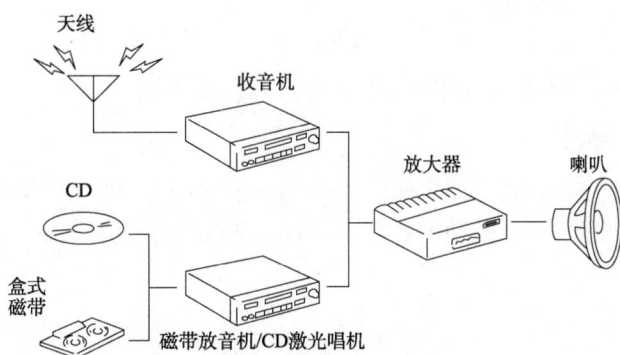

图 15-5　信号源设备

2）磁带放音机

磁带放音机用于放送磁带录制的音乐信号。目前,在汽车音响设备中,收音和磁带放音一体机已被普遍采用。磁带从插入口插入时,磁带放音机工作,当按下操作面板上的 Eject 按钮时,磁带会自动弹出,磁带放音机停止工作。在磁带放音机工作时收音机不工作,面板前面的操作按钮具有双重功能。磁带放音机具有快进、快退、A 面与 B 面转换、循环播放等功能。

3）激光唱机

激光唱机是将音乐信号或者图像信号进行记录的介质,所记录的信号可利用激光的光拾音作用进行非接触式读出。

信号读出时,对信号记录部分的凹凸处不断照射聚焦的激光,利用光接收器检测反射光的强弱并转换成数字电信号。在数字信号处理电路中进行数/模（D/A）转换并放大,从而恢复原来的音乐信号。激光唱机通常由机械转盘系统、激光拾音器、伺服系统、信号处理系统及控制显示系统等部分组成。

机械转盘系统驱动转盘旋转并带动光盘旋转,与此同时,激光拾音器利用直径不到 0.78 μm 的激光束,以非接触方式读出记录在光盘上的脉冲编码调制（PCM）数字信号。

在数字信号处理系统中,读出的信号经放大、解调和纠错后,再送到 D/A 转换器转换成音频模拟信号送到音频处理、放大电路中。

激光唱机通常由机械转盘系统、激光拾音器、伺服系统、信号分离与处理系统及控制系统等部分组成,其组成框图如图 15-6 所示。

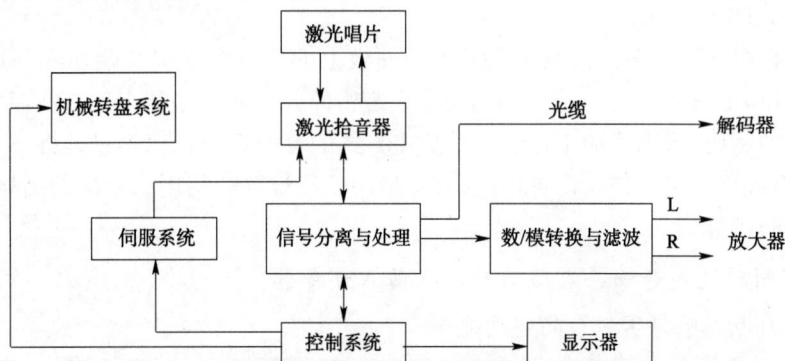

图 15-6　激光唱机的组成框图

3. 扬声修正

用于调节声音(音乐)信号的特性,以适应汽车音效环境。

4. 可听频率增幅

增强可听频率的模拟电压,加大喇叭音量,由放大器来实现。放大器将各种节目信号进行电压放大和功率放大,然后推动喇叭发出声音。放大器包括前置放大器、功率放大器及环绕声放大器。

5. 扬声器系统

扬声器系统主要包括主喇叭、环绕喇叭等,是汽车音响系统的终端,最终决定车厢内的音响性能。主喇叭中通常由低音喇叭、中音喇叭和高音喇叭以及分频网络组成。一般环绕声只重放 7 kHz 以下的反射声,故只需一个中低音喇叭即可。喇叭口径大小和在车上的安装方法、位置是决定音响性能的重要因素。为了欣赏立体声音响,车上一般最少安装两个喇叭。

二、汽车音响系统的防盗和解码

1. 汽车音响防盗系统

现代高档轿车音响大都设置有音响防盗功能,以防止音响被盗而造成损坏,大多设置了防盗系统。其防盗功能一般是通过锁止音响系统使用功能的办法来实现的。

汽车音响防盗功能的类型归纳起来主要有三类。

1)音响随身带防盗

这类汽车音响在设计时,将主机设置为可移动方式,用户离开汽车时可将音响随身带走,以防被盗。一旦把主机移出安装架后,主机后备电池将保持已预置的电台等信息不致丢失。

2)不可拆卸式防盗

这种防盗方式是在上述防盗类型的基础上改进而来的,也属机械式锁紧防盗方式,它将上述的可拆移走方式改变为不可拆卸锁紧装置方式。这种汽车音响一旦被盗,其主机部分将因为强行拆卸而立即损坏,通常是利用电磁铁及其他机械锁定装置来实现防盗功能的。

3)密码式防盗

这是一种电子防盗方式。它是通过音响面板上的按键给汽车音响输入一定的数据(所谓的设定密码)后来实现防盗的。当驾驶人设定密码并进入防盗状态后,音响系统必须输入驾驶人设定的密码,否则不能工作。这种防盗方式的音响系统可较容易地拆下,但密码不正确时,音响系统不工作。如果设置严密,系统将甚至很难继续使用。目前的高档音响几乎都采用这样的防盗方式。

2. 如何判断汽车音响具有防盗功能及防止误操作

1)如何判断音响是否具有防盗功能

如果在音响面板上或后车门三角窗等处发现如下标志:ANT1-FHEFT、CODE、SECU-RITY,则就说明该车音响具有防盗功能。

2）怎样避免无意中锁住音响

（1）在进行维修时，若不知道音响密码，千万不要断开蓄电池的电源线。

（2）在更换蓄电池时，必须先并接一新的蓄电池后再拆旧蓄电池，拆下电动机或变速器时，也必须采取一定的措施保证维修中途音响不会断电。

（3）不要误拔音响熔断器。本田轿车的音响和发动机微电脑清除故障码共用一个熔断器，故须特别注意：不要随意断开该熔断器。

（4）锁车时应断开所有的用电器，以防止蓄电池因完全放电而导致音响被锁止（即自动锁死）。

（5）需要说明的是：早期音响断电后，由于其内有一只容量较大的存储电压保持电容，所以音响不会马上出现锁止，例如道奇子弹头面包车上的音响，断电 1 h 以后才会锁止。现代音响采用了闪存技术，所以断电后不会丢失数据。即使这样，也要认真阅读使用维修手册，防止操作失误锁止音响。

3）音响锁住时的显示

若音响面板上的液晶显示屏上显示"CODE"或"……"等符号，则表示音响已被锁住，需要解码，即需要输入正确的密码进行解码后，才能恢复正常的使用。

3. 汽车音响产生锁止的原因

汽车音响具有防盗系统的标志通常是在说明书上，或主机、电路原理图等上标注有"ANT1 - TFHEF - SYSTEM（防盗系统）"等标志。轿车在使用和维修过程中，如果发生以下情况，具有防盗功能的汽车音响就会锁止。

（1）违反操作规则，输入错误信息。

（2）蓄电池严重亏电，不能维持汽车音响的存储保持电源电压。

（3）拆下蓄电池的电缆线后，主机断电后未能及时提供存储保持电源。

（4）音响电源线路有断线处，使音响无存储保持电压。

（5）拔下了音响电源插头或者熔断器等。

4. 汽车音响密码的获取方法

当汽车音响锁死以后，要想再使用音响就必须按照正确步骤输入正确密码，音响系统才能正常工作。如果多次输入错误密码，将会导致音响被永久锁止。所以，一旦汽车音响被锁，首先要找到音响的密码，然后按正确的方法输入密码。汽车音响密码的获取方法较多，主要有以下两种方法。

1）在原车上查找

用户在购买新车时，要注意夹在音响使用手册中的密码卡。有些车型的密码还可以在以下几个地方找到。

（1）音响机壳的上面某一部位。

（2）点烟器盒背面的某一地方。

（3）文件箱内或其背面的某一位置上。

（4）驾驶人侧的车门上的某一部位。

（5）行李舱 CD 机的机壳上的某一位置。

（6）发动机电喷控制系统 ECU（微电脑）的背面某一部位。

2）用读码器读取法

现代汽车音响防盗密码存储集成电路一般采用 EEPROM，并以串行方式连接在电路中。其中以 24C 系列和 93C 系列存储集成电路在汽车音响上应用较多。没有正确的密码是不能正常使用音响的，从而达到不会被他人非法使用的目的。如果不小心丢失了密码，就必须使用数据编程器来读出音响里面 EEPROM 原来的密码数据，加以换算，得到正确的密码。

操作指引

1. 组织方式

（1）场地设施。

（2）设备设施：自动挡迈腾轿车 1 辆。

（3）工量具：常用拆卸工具 1 套。

2. 操作要点

（1）穿戴干净整洁的工作服。

（2）遵守场地安全规定，注意用电安全。

任务实施

1. 拆卸和安装收音机（以迈腾 B7L 轿车为例）

1）收音机的拆卸

（1）所需的专用工具：拆卸楔 3409 如图 15-7 所示。

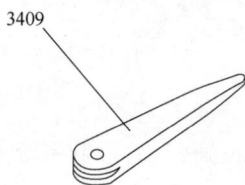

3409

图 15-7 拆卸楔

（2）拆卸步骤。

①如有必要，取出留在装置中的 CD 光盘。

②关闭点火开关和所有用电器，将点火开关或起动按钮移至 0 位置。

③用拆卸楔在图中箭头标记的部位拆下娱乐系统挡板，并将其上部从仪表板中取出，如图 15-8a）所示。

④拔出插头连接，如图 15-8b）所示。

⑤拧出收音机导航系统上的固定螺栓，如图 15-8c）所示。

⑥将收音机从安装槽中拔出，如图 15-8d）所示。

2）收音机的安装

安装与拆卸过程相反。

2. 扬声器的分解与装配

1）前部低音和中音扬声器拆装

（1）关闭点火开关和所有用电器，将点火开关或起动按钮移至 0 位置。

（2）拆卸前部车门饰板。

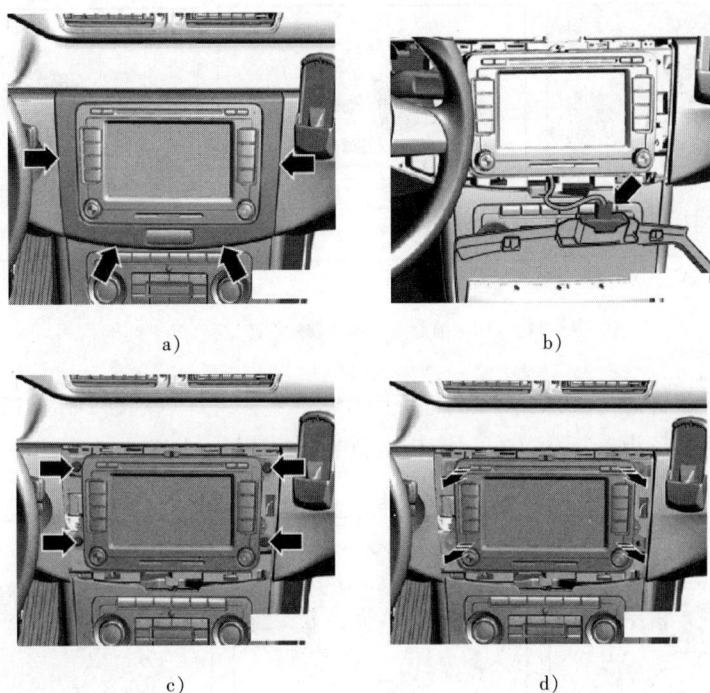

a)

b)

c)

d)

图 15-8　收音机的拆卸过程

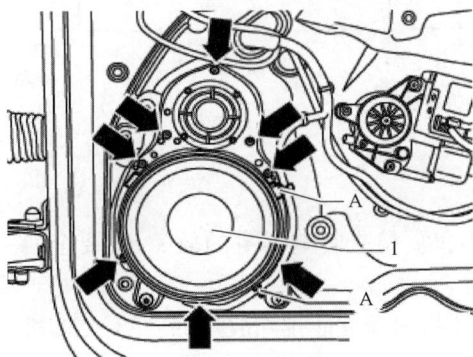

图 15-9　扬声器的拆卸过程
1-扬声器;A-固定卡

（3）松开插头连接的锁止装置并拔出插头连接。

（4）从扬声器 1 上脱开导线的固定卡 A,如图 15-9 所示。

（5）用合适的钻头钻出铆钉并取出扬声器。

（6）安装与拆卸过程相反。

2）前部高音扬声器拆装

（1）关闭点火开关和所有用电器,将点火开关或起动按钮移至 0 位置。

（2）拆卸前部车门饰板。

（3）松开连接到扬声器的导线上的插头连接并将其脱开,如图 15-10a)所示。

（4）撬出固定卡子 A,在箭头 B 处,将饰板连同扬声器一起脱开,如图 15-10b)所示。

（5）如果拆卸后塑料夹仍留在饰板上,则将其取下插到车门上规定的装配位置上,如图 15-10c)所示。

（6）安装与拆卸过程相反。

3）后部高音扬声器拆装

（1）关闭点火开关和所有用电器,将点火开关或起动按钮移至 0 位置。

（2）拆卸前部车门饰板。

（3）拔出扬声器的插头连接,如图 15-11a)所示。

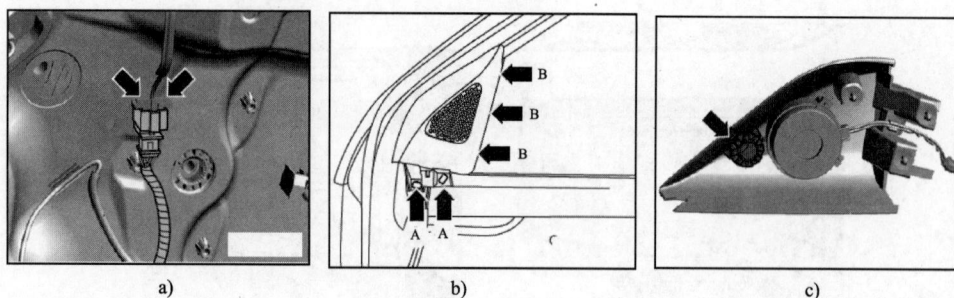

图 15-10　前部高音扬声器的拆卸过程

A-固定夹

（4）用一把通用钎焊棒去除扬声器挡板上的焊点或者将焊点割断，如图 15-11b）所示。

（5）将扬声器和扬声器挡板从车门饰板上拆下，如图 15-11c）所示。

（6）安装与拆卸过程相反。

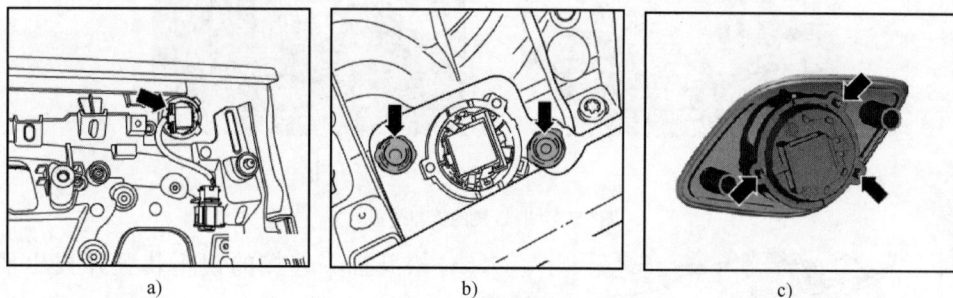

图 15-11　后部高音扬声器的拆卸过程

任务小结

（1）音响维修要做"全身检查"。维修汽车音响不仅要检查音响本身的故障，还要全面检查车辆本身的线路，排除车辆对音响的影响。

（2）在动手检修音响之前，首先要注意，如果能够不拆机盖就能排除故障，最好不要拆机盖。而对于一些按键、开关、插座等涉及内部电路的故障元器件，只要拆盖即可修理，就不必再去将整个电路板一同卸下。因为拆卸的部分多了，忙中容易出错，原来无故障的地方，经过拆散后，容易断线、碰撞、受挤，甚至短路造成新的故障。其次要注意，如果同一套汽车音响中既有机械类故障，又有电气类故障，宜先排除机械类故障后，再来排除电气类的故障。实践表明，许多按键开关等接触不良，有些是由机械故障引起的，排除了机械类故障，某些电气类故障就自行排除了。

（3）打开待修汽车音响机壳后，未通电检查之前应先粗略地检查一遍，看是否有明显故障点，如断线、元器件破裂、引线折断、熔断丝熔断、电源线断股、按键卡住或不灵活、电源变压器有明显的烧焦痕迹等，这些均可以在通电之前予以检修。

只有在通电之前确认无明显故障现象才能通电检查。否则一通电还会烧坏其他无故障的元器件。另外，在检修时要注意先通病后特殊，通病指的是一些常见的故障，这类故障分析起来比较容易，检修起来比较简单；特殊故障指的是少见或不易查找的故障。有的特殊故障是由几个常见故障综合造成的,只有先将一般的、常见的故障排除了,才能孤立特殊故障点,准确地找到故障发生部位。

子任务 2　汽车导航系统检修

任务描述

车主张先生反映他所驾驶的迈腾轿车导航系统不能正常工作,定位不准确。现在请你对客户轿车的导航系统进行检修。

学习目标

(1)能正确讲述汽车导航系统的组成和各部分功用;
(2)能正确描述汽车导航系统的工作原理及系统的控制方法;
(3)会正确使用汽车导航系统;
(4)会分析诊断和排除汽车导航系统常见故障;
(5)具备信息查询和手册使用的基本能力;
(6)能够按照企业 5S 要求和安全生产规范进行操作;
(7)能与同学密切合作,规范安全地完成学习活动;
(8)养成自主学习的习惯,培养规范操作的工作作风及环保意识。
建议学时:2 学时。

知识准备

汽车导航系统是一种先进的仪器,置于现有的音响系统上,能够侦测汽车在行驶途中的位置,协助驾驶人在陌生的道路环境中,通过电子地图与话音指南,准确地掌握前往目的地的路线。导航系统之所以能够侦测到汽车的现在位置,有赖于全球卫星定位系统(Global Positioning System,GPS)与汽车上专用天线的配合。然而,假如汽车处于隧道之内,天线便无法接收从卫星传送的电波,而需要采用感应器与车速脉冲两者结合的方法,修正汽车的当前位置。此外,驾驶人可以利用比例放大或缩小的功能,将地图拉近或拉远,以更细微或更宏观的角度来审视目前的所在地。

一、汽车导航系统的功能

1. 导航功能

使用者在汽车导航系统上任意标注两点后,导航系统便会自动根据当前的位置,为车主设计最佳路线。有些系统还有修正功能,假如用户因为不小心错过路口,没有走汽车导航系统推荐的最佳线路,车辆位置偏离最佳线路轨迹 200m 以上,汽车导航系统会根据车辆所处的新位置,重新为用户设计一条回到主航线路线,或为用户设计一条从新位置到终点的最佳线路。

2. 电子地图

汽车导航系统都配备了电子地图,一般覆盖全国各大省会城市。功能强大的地图系统还包含了中小城市,可以随时查看目的城市的交通、建筑等情况。

3. 转向语音提示功能

如果前方遇到路口需要转弯,系统具有转向语音提示功能,这样可以避免车主走弯路。此外,可以查阅街道及其周围建筑物,甚至可能具有一些城市交通中的单行线、禁左、禁右等路况信息供查询。

4. 定位功能

汽车导航系统通过接收卫星信号,准确的定位车辆所在的位置。如果导航系统内带有地图的话,就可以在地图上相应的位置用一个记号标记出来。同时,汽车导航系统还可以显示方向、海拔等信息。

5. 测速功能

通过汽车导航系统对卫星信号的接收计算,可以测算出车辆行驶的具体速度。

6. 显示航迹

如果去一个陌生的地方,汽车导航系统带有航迹记录功能,可以记录下用户车辆行驶经过的路线,误差小于10m,甚至能显示2个车道的区别。回来时,用户可以启动它的返程功能,让它领着你顺着来时的路线返回。

7. 信息检索功能

根据情况使用不同的检索功能,快速将待查地点显示在画面上。

8. 娱乐功能

可以接收电视,播放娱乐光盘等。

二、汽车导航系统的组成与工作原理

汽车导航系统包括两大部分:全球卫星定位系统(GPS)和车辆自动导航系统。汽车导航系统一般由GPS天线,集成了显示屏幕和功能按键的导航接收器总成,以及语音输出设备(一般利用汽车音响系统输出语音提示信息)组成。受车内空间的限制,多数汽车导航接收器和汽车音响集成在一起,如图15-12所示。

1. 全球卫星定位系统

在汽车导航系统中,使用来自GPS的无线电波来检测车辆的绝对位置。

全球卫星定位系统(GPS)是美国军方耗时20年,花费1000亿美元于1993年建成的。该系统由距地面21000km、在6个轨道面上均匀布置的24颗地球同步卫星组成。GPS卫星组成图如图15-13所示。全球卫星定位系统(GPS)能根据发射的这些卫星提供的信号随时确定车辆当前的准确位置。

1)GPS的组成及工作原理

GPS 主要是由空间部分(导航卫星)、地面站(监控部分)、用户设备(GPS 接收器)组成。在全球任何地方、任何时刻都至少能看到 4 颗 GPS 导航卫星。

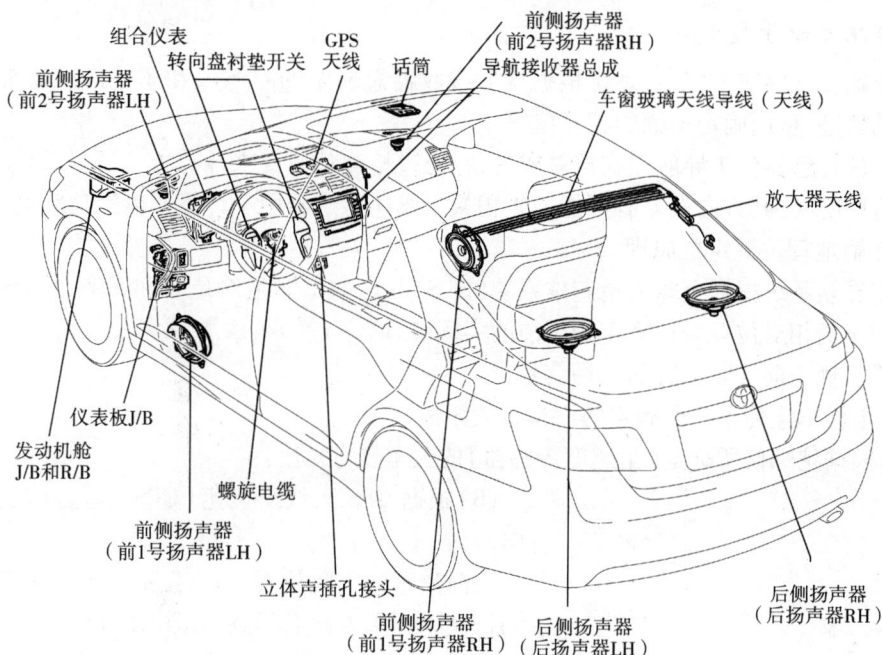

图 15-12　汽车导航系统的组成

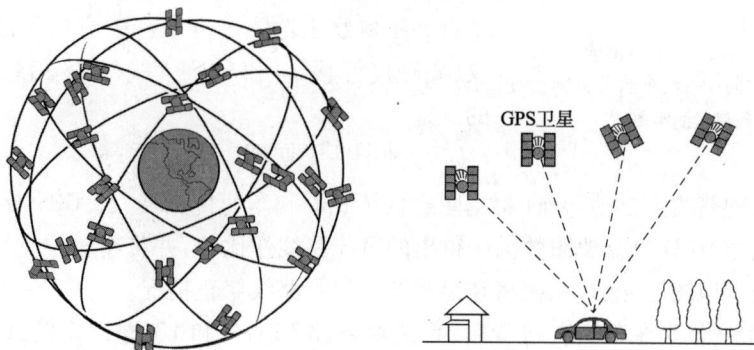

图 15-13　GPS 卫星组成图

导航卫星采用无源工作方式,凡是有 GPS 接收设备的用户都可以使用 GPS。确定物体位置可通过测量电波从卫星至接收器的传播时间来进行计算。理论上当接收器接收到 3 颗卫星的信号时,就可以测出接收器在地球上的位置坐标(经度、纬度和高度)。但考虑到实际空间中存在许多误差因素,所以通过第四颗卫星来作"双重检验",以清除这些因素的影响。

2)GPS 的主要用途

(1)卫星通信:用于电话、广播、电视、通信等领域。

(2)卫星遥感:用于气象、军事、农业、地质地貌、地震监测、国土资源开发等领域。

(3)卫星定位:用于地面上一切活动目标的定位,如人、汽车、火车、轮船及飞机等。

目前可提供三种定位服务,一是采用粗码为民间一般用户服务,定位精度为 100m 左右;

二是采用精码,供民间特许用户使用,定位精度为 10m;三是采用超精码,专为美国军方服务,定位精度在 3m 以内。

2. 车辆自动导航系统

在车辆自动导航系统中,系统根据导航接收器总成中的陀螺仪和车速传感器来确定车辆的运动轨迹,从而确定车辆的相对位置。

陀螺仪传感器位于导航接收器总成内,它通过检测角速度来计算方位,但当汽车长距离行驶没有中断时,其方向误差有可能产生积累。车速传感器用于计算车辆运动距离。

1)车辆地理位置定位原理

汽车导航系统根据全球卫星定位系统(GPS)测定的车辆绝对位置和车辆自动导航系统中测定的车辆相对位置来计算车辆当前的实际位置。

计算车辆当前实际位置的三种信号:

(1)根据车速传感器所确定的汽车行驶距离。

(2)根据陀螺仪所确定(角速度传感器)的汽车转弯角度。

(3)根据 GPS 天线所确定(GPS 信息)的汽车行驶方向。

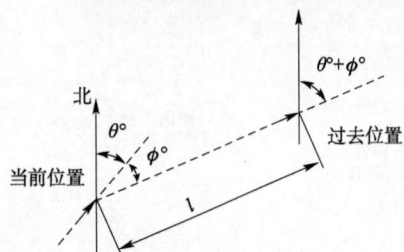

当前汽车的实际位置可以通过从上一计算位置开始的行驶距离和方向而得到,如图 15-14 所示。行驶距离的计算是通过汽车速度传感器输入信号得到的,所以在轮胎磨损后会导致计算错误。为避免这种情况,采用了自动距离修正功能。汽车行驶方向的改变是由陀螺仪(角速度传感器)和 GPS 天线(GPS 信息)所计算得到的。

图 15-14 当前汽车位置的确定

$\theta°$-汽车过去的方向;$\phi°$-汽车当前方向的变化;l-从前一位置行驶过的距离

2)地图匹配原理

当前的驾驶路线由自动导航(根据陀螺仪传感器和车速传感器)和 GPS 导航计算得出。随后将该信息与 DVD 光盘地图数据中得出的可能路线作比较,并将车辆位置设定到最合适的路线上。经过地图匹配后,系统将在显示器上显示路线修正情况。

如图 15-15 所示,在车辆右转弯后,系统对道路 L1、L2 和 L3 进行比较,以评估行驶路线。在 A 点,车辆的位置与道路 L1 的形状明显不同,因此显示屏切换到道路 L2 上。

3. 汽车导航系统的工作过程

目前世界上应用较多的导航系统都自带电子地图,定位和导航功能全部由车载设备完成。它的工作过程主要有以下几个步骤。

1)用户输入目的地

在出发前,用户通过系统提供的输入方法将目的地输入到导航设备中。根据输入设备的不同,可以有不同的地名输入方法,依靠键盘或触摸屏可以实现几乎所有功能按键的功能。为了安全性的要求,目前人们也在开发基于语音识别技术的产品。

2)行驶路线的计算

汽车导航系统中至关重要的一部分是存储在光盘或内置存储器(如硬盘)中的电子地

图。电子地图中存储了一定范围内的地理与道路和交通管制信息,与地点对应存储了相关的经纬度信息。

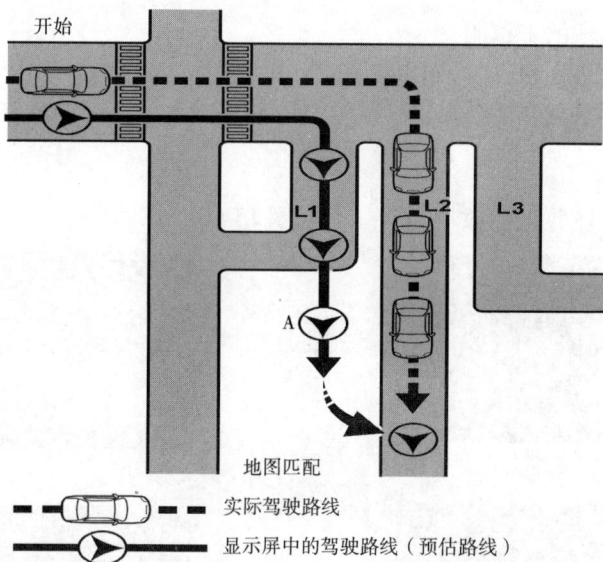

图 15-15　地图匹配

汽车导航系统根据 GPS 测定的车辆绝对位置和车辆自动导航系统中测定的车辆相对位置来计算车辆当前的经纬度,通过与电子地图中数据的对比,就可以随时确定车辆当前所在的地点。

一般汽车导航系统将车辆当前位置默认为出发点,在用户输入了目的地之后,导航系统根据电子地图上存储的地图信息,就可以自动计算出一条最合适的推荐路线。在有的系统中,用户还可以指定途中希望经过的途径点,或者指定一定的路线选择规则(如不允许经过高速公路、按照行驶路线最短的原则等)。推荐的路线将以特殊的方式显示在屏幕上的地图中,同时屏幕上也时刻显示出车辆的当前位置,以提供参考。

如果行驶过程中车辆偏离了推荐的路线,系统会自动删除原有路线并以车辆当前点为出发点重新计算路线,并将修正后的路线作为新的推荐路线。

3)行驶中的导航

在车辆行驶过程中,驾驶人必须全神贯注于驾驶,而不能经常去查看显示屏幕。因此,车辆导航系统利用语音输出,在必要的时刻向驾驶人提供提示信息。比如,车辆按照系统推荐路线行驶到应该转弯的路口前,语音输出设备会提示驾驶人:"300m 后请向左转"。这样,驾驶人根本不必关注屏幕的显示,也可以按照推荐路线正确快捷地到达目的地。

操作指引

1. 组织方式

(1)场地设施:举升机 1 台,装有废气抽排系统和消防设施的场地。

(2)设备设施:自动挡迈腾轿车 1 辆。

（3）工量具：常用拆卸工具 1 套。

2. 操作要点

（1）穿戴干净整洁的工作服。

（2）遵守场地安全规定，注意用电安全。

任务实施

（1）首先查看导航收星的数量，操作如下（图 15-16）。

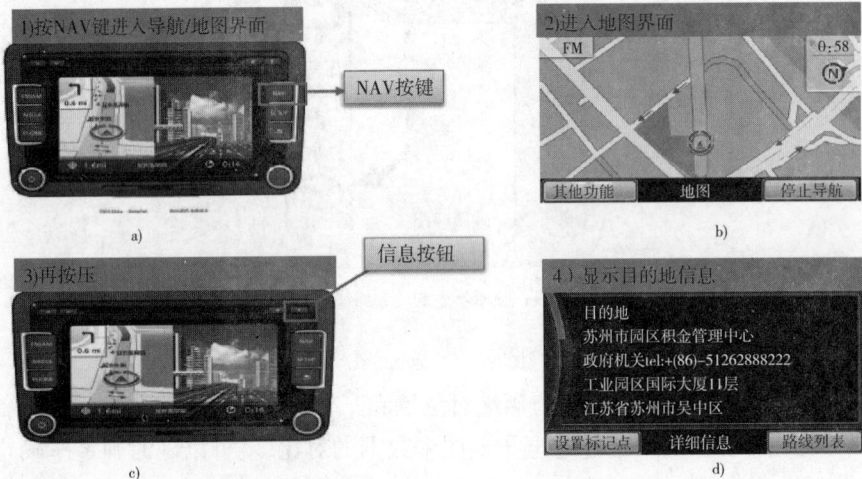

图 15-16　查看导航收星的数量

（2）调节右旋钮，可以查看到 GPS 状态（图 15-17）。

图 15-17　查看到 GPS 状态

（3）若持续出现可用卫星数量为 0 或低于 3 颗时应按如下步骤检测：

①首先将车停放于室外空旷的位置，验证收星的数量是否有变化。

②检查导航背后的 GPS 天线是否脱落或安装到位，接口内的顶针是否完好（图 15-18）。

③检查前风窗玻璃是否贴有含金属成分比较高的膜，将天线引出车外，验证收星的数量是否有变化。

④用万用表测量 GPS 输出端口电压应为 5V 左右，测量 GPS 天线的通断状态。

⑤检查车辆是否安装外接设备（行车记录仪，电子狗等），将车辆上外接设备全部关闭，取下，验证收星的数量是否有变化，若收星数量正常，则可判定此类设备干扰 GPS 的收星。

⑥更换一根新的 GPS 天线，验证收星的数量是否有变化。若收星数量正常，则导航功能正常，则 GPS 天线故障可能性较大，需仔细鉴别。

图 15-18　收不到 GPS 信号检测 GPS 无线

任务小结

　　汽车导航系统是比较复杂的系统,在使用中要多注意以下几个方面:

　　(1)不要将汽车导航设备放置在潮湿或雨水中,如果设备进水或受潮,可能会导致设备故障。

　　(2)不在过冷或过热的地方给车载 GPS 导航仪充电,这样做会损坏电池的使用性能。

　　(3)不要将汽车导航仪放置在高温环境中以免机体过热,引起危险的状况或故障。

　　(4)不要靠近会产生强烈无线电或放射线的场所使用汽车导航仪,在这种场合下强烈的辐射作用可能会导致设备无法正常运行。

　　(5)车载 GPS 导航仪出现故障,不要自行拆卸设备,请送专业维修人员进行修理。

　　(6)正在使用中的汽车导航仪请不要直接关闭电源,这样做容易引起数据丢失。

学习任务十六　汽车车载网络系统通信不正常故障诊断与修复

任务概述

现代汽车中所使用的电控系统和通信系统越来越多,如发动机电控系统、自动变速器控制系统、防抱死制动系统、巡航控制系统和车载多媒体系统等;这些系统与系统之间、系统和汽车的显示仪表之间、系统和汽车故障诊断系统之间均需要进行数据交换,如此巨大的数据交换量,如仍然采用导线进行点对点连接的传输方式,将会增加大量的电控单元针脚、线束、线束连接器,不但装配复杂而且故障率很高。

因此,为了简化线路,提高各控制单元之间的通信速度,降低故障率,汽车制造商开发设计了新的总线系统即汽车车载网络系统,把众多的电控单元连成网络,其信号通过数据总线的形式传输,可以达到信息资源共享的目的。每个电控单元都只需要引出两条导线共同接在两个节点上,这两条导线就称作数据总线。

CAN 总线具有实用性强、传输距离较远、抗电磁干扰能力强的优点,在汽车动力传动系统和车身舒适系统中获得广泛应用。但随着汽车电气设备和电子控制系统装备的不断扩充,出现了面向低端系统的传输网络——LIN 总线和面向多媒体信息传输的网络标准——MOST 总线等其他网络技术。

汽车车载网络系统出现故障可以导致汽车电控单元不能相互通信,从而引发故障。因此,必须掌握汽车网络系统的故障诊断与修复方法,以便及时发现和排除故障,确保汽车车载网络的正常工作。

主要学习任务

1. CAN数据总线系统的检测

2. LIN数据总线系统的检测

3. MOST数据总线系统的检测

子任务 1　CAN 数据总线系统的检测

任务描述

　　一辆一汽大众的迈腾轿车起动发动机时,仪表板上 ABS 指示灯、安全气囊指示灯、动力转向指示灯、ESP 指示灯均不熄灭,且发动机转速表不动作,打转向盘无转向助力故障检测。

　　连接诊断仪 5051 对该车进行自诊断。首先进行仪表系统检测,发现 5051 无法建立通信;接着进入 ABS,还是不能建立通信。于是对全车计算机进行故障扫描,发现 ABS 控制单元 J104、安全气囊控制单元 J234、转向控制单元 J500、转向柱控制单元 J527 和数据总线控制单元 J533(网关)均无法建立通信,而发动机控制单元内却记录较多故障码,基本含义是驱动数据总线故障及驱动总线上各相关控制单元无通信。

　　现在需要你对 CAN 数据总线系统进行进一步检测。

学习目标

　　(1)认识 CAN 数据总线系统的结构及传输原理;

　　(2)掌握迈腾轿车 CAN 数据总线的组成、各部件的位置及作用;

　　(3)能够初步进行 CAN 数据总线系统的检测;

　　(4)会运用所学知识和经验,为客户提供汽车 CAN 数据总线系统检修的建议;

　　(5)具备信息查询和手册使用的基本能力;

　　(6)能够按照企业 5S 要求和安全生产规范进行操作;

　　(7)能与同学密切合作,规范安全地完成学习活动;

　　(8)养成自主学习的习惯,培养规范操作的工作作风及环保意识。

　　建议学时:6 学时。

知识准备

一、汽车网络系统基础

1. 网络系统信息传输

　　汽车网络系统的信息一般采用多路传输。多路传输是指在同一通道或线路上同时传输多条信息。事实上数据信息是依次传输的,但速度非常快,几乎就是同时传输。多路传输采用划分时间片的方法来轮流接收和处理数据。例如,对一个人来说,0.1s 算是非常快了,但对一台运算速度相对慢的计算机来说,0.1s 却是很长的时间。如果将 0.1s 分成若干时间片,在每一时间片里传输一段数据信息,许多单个的数据都能被传输,这就叫分时多路传输。目前汽车上用的是单线或双线分时多路传输系统。

　　从图 16-1 可以看出,常规线路要比多路传输线路简单得多,但是多路传输系统 ECU 之间所用导线比常规线路系统所用导线少得多。由于多路传输可以通过一根线（数据总线）执行多个指令，因此可以增加许多功能装置。

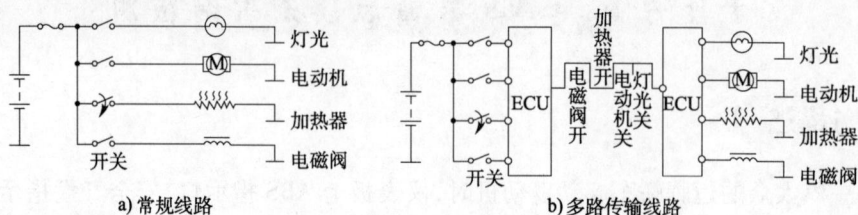

图 16-1　常规线路与多路传输线路原理图

多路传输的优点是线束简单，质量小，成本低，连接器的数量少。可以进行设备之间的通信，功能丰富，能够通过信息共享减少传感器的数量。

2. 数据总线

数据总线（BUS）是模块（如控制单元，智能传感器等）间运行数据的通道，即所谓的信息高速公路，如图 16-2 所示。如果一个控制单元可以通过数据总线发送数据，又可以从数据总线接收数据，则这样的数据总线就称之为双向数据总线。汽车上的信息高速公路实际是一条导线或两条导线。

图 16-2　多个计算机之间利用数据总线进行通信

高速数据总线及网络容易产生电磁干扰，这种干扰会导致数据传输出错。数据总线有多种检错方法，如检测一段特定数据的长度，如果出错，数据将重新传输。为了抗电磁干扰，双线制数据总线的两条线是绞在一起的。

3. 模块（节点）

模块就是一种电子装置。简单的如智能传感器，复杂的如电控单元。在计算机多路传输系统中一些简单的模块称为节点。因此模块相当于信息高速公路上的进口和出口。

4. 网络

为了实现信息共享而把多条数据总线连在一起，或者把数据总线和模块当作一个系统，称为网络。从物理意义上讲，汽车上许多模块和数据总线距离很近，因此被称之为 LAN（局域网）。摩托罗拉公司设计的一种智能车身辅助装置网络，被称为 LIN（局域互联网）。

5. 通信协议

两个实体要想成功地通信，它们必须使用相同的语言，并按既定控制法则来保证相互的配合。具体来说，在通信内容、怎样通信以及何时通信等方面，两个实体要遵从相互可以接受的一组约定和规则。这些约定和规则的集合称为协议。因此协议可定义为在两实体间控制信息交换的规则集合。

通信协议犹如交通规则，包括"交通标志"的制定方法。作为汽车维修人员，并不关心通信协议本身，而真正关心的是它对汽车维修诊断的影响。通信协议本身取决于车辆要传输多少数据，要用多少模块，数据总线的传输速度要多快。大多数通信协议（以及使用它们的数据总线和网络)都是专用的。因此,维修诊断时需要专门的软件。

6. 网关

因为汽车上有这么多总线和网络,所以必须用一种有特殊功能的计算机达到信息共享和不产生协议间的冲突,实现无差错数据传输,这种计算机就称为网关,如图 16-3 所示。

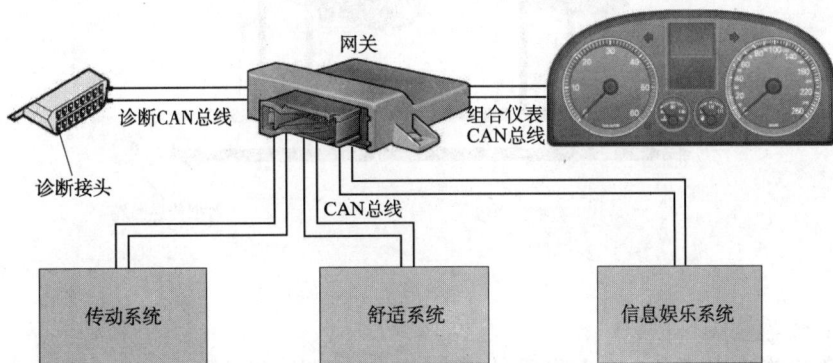

图 16-3　网关与其他计算机的连接示意图

网关是连接异型网络的接口装置,它综合了桥接器和路由器的功能,汽车网关主要对双方不同的协议进行翻译和解释,具备从一个网络协议到另一个协议转换信息的能力。

网关主要有三方面的作用:接收、转换、发送。具体来说就是接收第一个网络送来的信息,将其转换翻译后,向第二个网络传送信息。

二、CAN 数据总线系统

CAN 是 Controller Area Network(控制器局域网络)的缩写,含义是电控单元通过网络进行数据交换。CAN 数据总线具有十分优越的特点,诸如低成本,极高的总线利用率,较远的数据传输距离(可达 10km),较高的数据传输速率(可达 1Mbit/s),可根据信息的 ID 决定接收或屏蔽该信息,可靠的错误处理和检错机制,发送的信息遭到破坏之后可自动重发,各控制单元在错误严重的情况下具有自动退出总线的功能,信息不包含原地址或目标地址,仅用标志符来指示功能信息和优先级信息。

1. CAN 数据总线系统的结构

CAN 数据总线系统由一个控制器,一个收发器,两个数据传输终端以及两条数据总线组成。除了数据总线,其他元件都置于控制单元内部,控制单元功能不变,如图 16-4 所示。

1)CAN 控制器

CAN 控制器的作用是接收控制单元中的微处理器发出的数据,处理数据并传给 CAN 收发器。同时,CAN 控制器也接收 CAN 收发器收到的数据,处理数据并传给控制单元中的微处理器。

2)CAN 收发器

CAN 收发器是一个发送器和接收器的组合,它将 CAN 控制器提供的数据转化为电信号并通过数据总线发送出去,同时它也接收总线数据,并将数据传给 CAN 控制器。

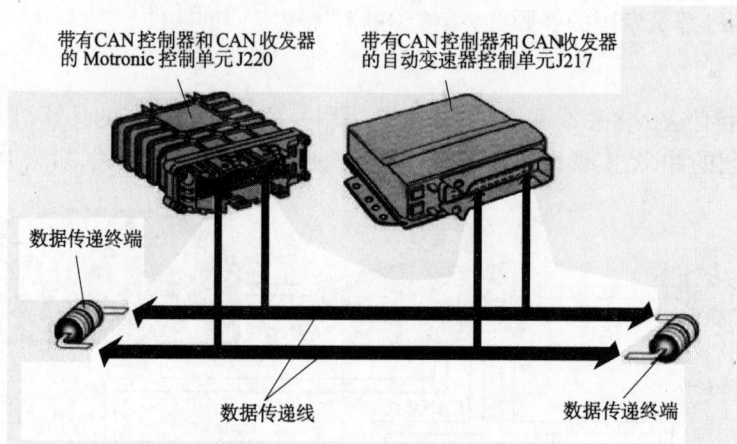

图 16-4　CAN 数据总线系统的组成

3）数据传输终端

数据传输终端实际是一个电阻器，作用是避免数据传输终了反射回来，产生反射波而使数据遭到破坏。

4）数据总线

CAN 数据总线是用于传输数据的双向数据线，分为 CAN 高位（CAN-high）线和 CAN 低位（CAN-low）数据线。数据使用差分电压传送，使 CAN 数据总线系统即使在一条数据线断开或者在噪声极大的环境中也能工作。静态时，两条电压均约为 2.5V，此时状态表示为逻辑"1"，也可以称为"隐形"位；工作时，CAN-H 比 CAN-L 高，表示逻辑"0"，称为"显性"位。为了防止外界电磁波的干扰和向外辐射，CAN 数据总线采用两条线缠绕在一起，两条线上的电位是相反的，如果一条线的电压是 5V，另一条线就是 0V，两条线的电压总和等于常值。通过这种方法，CAN 数据总线得到保护而免受外界电磁场干扰，同时 CAN 数据总线向外辐射也保持中性，即无辐射，如图 16-5 所示。

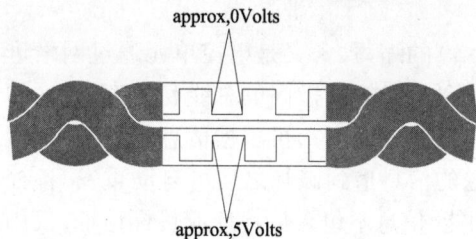

图 16-5　CAN 数据总线

2. CAN 数据总线的传输原理

CAN–BUS 数据总线的数据传输原理在很大程度上类似电话会议的方式，如图 16-6 所示。一个用户（控制单元）向网络中"说出"数据，而其他用户"收听"到这些数据。一些控制单元认为这些数据对它有用，它就接收并且应用这些数据，而其他控制单元也许不会理会这些数据。故数据总线里的数据并没有指定的接收者，而是可以被所有的控制单元接收及计算。

3. CAN 数据总线的数据列

数据列的格式如图 16-7 所示。数据列包括开始域、状态域、检查域、数据域、安全域、确认域、结束域。其各个域的作用如下。

（1）开始域。标志数据列的开始，由 1 位构成。带有大约 5V 电压（由系统决定）的 1 位被送入高位 CAN 线；带有大约 0V 电压的 1 位被送入低位 CAN 线。

（2）状态域。确定数据列的优先级别，由 11 位构成。若两个控制单元都要发送各自的数据列，则具有较高优先权的控制单元优先发送。例如 CAN 驱动装置数据总线系统优先级依次为 ABS/EDL 控制单元、发动机控制单元、自动变速器控制单元。

（3）检查域。用于显示在数据域中所包含的信息项目数，由 6 位构成。该域可以让接收器检查是否已经接收到所传输过来的所有信息。

（4）数据域。传给其他控制单元的信息，最大由 64 位构成。

（5）安全域。检测传递数据中的错误，由 16 位构成。

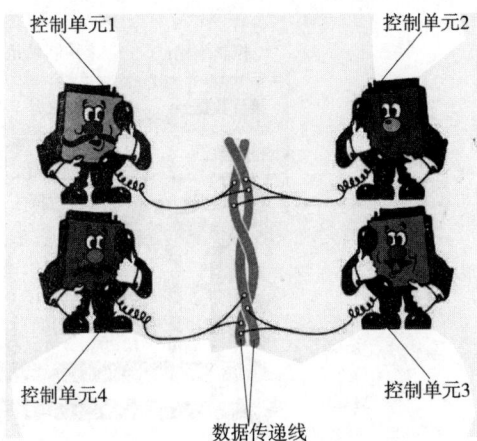

图 16-6　CAN 数据总线的传输原理

（6）确认域。由 2 位构成。接收器发给发送器的信号，用来告知已正确的收到数据列。若检测到有错误，则接收器迅速通知发送器。这样发送器将再次发出该数据列。

（7）结束域。由 7 位构成，标志数据列的结束。这部分是显示错误以得到重新发送的最后一次机会。

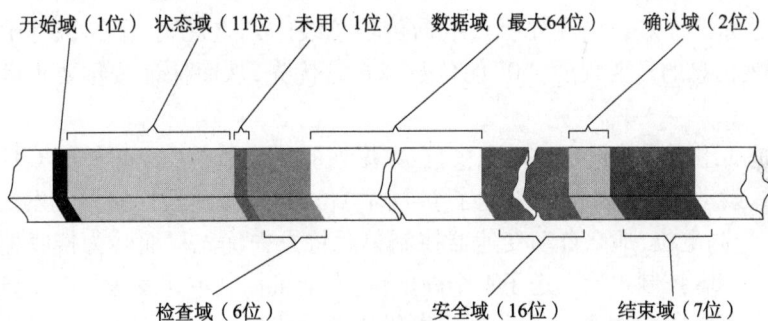

图 16-7　数据列格式

4. CAN 数据总线的传输过程

数据的具体传输过程如图 16-8 所示。

（1）提供数据。控制单元的微处理器向 CAN 控制器提供需要发送的数据。

（2）发送数据。CAN 收发器从 CAN 控制器处接收数据，将其转化为电信号并发送到 CAN – BUS 数据总线上。这些数据以数据列的形式进行传输，数据列是由一长串二进制（高电平与低电平）数字组成。

（3）接收数据。所有与 CAN – BUS 数据总线一起构成网络的控制单元称为接收器，从 CAN – BUS 数据总线上接收数据。

（4）检查数据。控制单元对接收到的数据进行检查，看是否是其功能所需。

（5）接受数据。如果所接收的数据是重要的，它将被认可及处理，反之将其忽略。

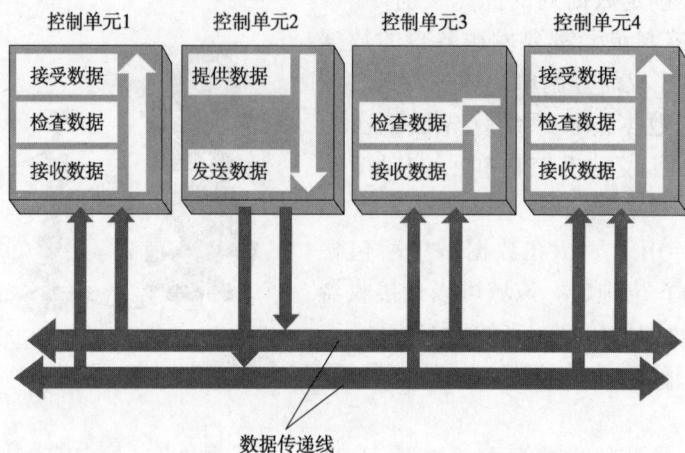

图 16-8　数据的传输过程

5. CAN 数据总线的传输仲裁

如果多个电控单元要同时发送各自的数据列,那么数据总线上就必然会发生数据冲突。为了避免发生这种情况,CAN 数据总线系统就必须决定哪个控制单元的数据列首先进行发送,总线采用传输仲裁,原则是:具有最高优先权的数据首先发送。每个控制单元在发送信息时,通过发送标识符来识别优先级。数据传输总线的调整规则:用标识符中位于前部的"0"的个数代表信息的重要程度,"0"的位数越多越优先,从而保证按重要程度的顺序来发送信息。

表 16-1 是 3 组不同数据列的优先权,在数据列的状态域位 1, ABS/EDL 控制单元发送了 1 个高电位,发动机控制单元也发送了 1 个高电位,自动变速器控制单元发送了 1 个低电位而检测到 1 个高电位,那么自动变速器控制单元将失去优先权而转为接收器。在数据列的状态域位 2, ABS 控制单元发送了 1 个高电位,发动机控制单元发送了 1 个低电位并检测到 1 个高电位,那么,发动机控制单元也失去优先权而转为接收器。在数据列的状态域位 3, ABS 控制单元拥有最高优先权并接收分配的数据,该优先权保证其持续发送数据直至发送终了,ABS 控制单元结束发送数据后,其他控制单元再发送各自的数据。

不同数据列的优先权

表 16-1

优　先　权	数　据　报　告	状　态　域　形　式
1	ABS	001 1010 0000
2	发动机	010 1000 0000
3	自动变速器	100 0100 0000

三、迈腾轿车 CAN 数据总线系统

迈腾轿车总线网络系统包括动力总线、舒适总线、信息娱乐总线、诊断总线、仪表总线几个网络,其拓扑图如图 16-9 所示。

1. 迈腾轿车动力 CAN 总线系统网络

迈腾轿车动力 CAN 总线系统网络的控制单元包括：J623 发动机控制单元；J492 四轮驱动控制单元；J217 自动变速器控制单元；J104 1B5 控制单元；J234 气囊控制单元；J500 助力转向控制单元；J587 换挡杆传感器控制单元；J745 前照灯控制单元；G85 转向角度传感器；J527 转向柱控制单元。

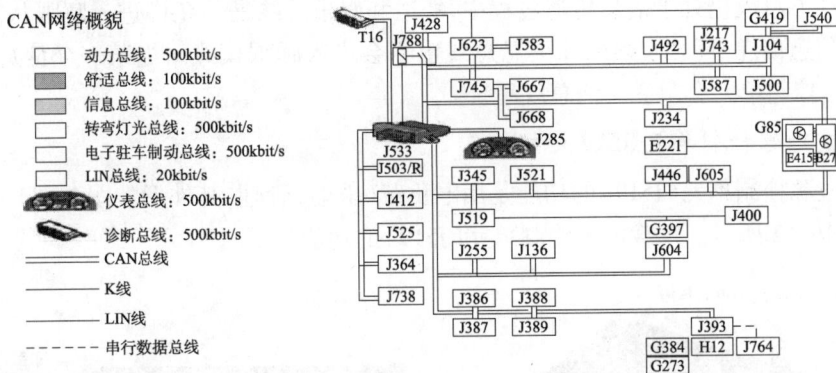

图 16-9　迈腾轿车总线系统拓扑图

2. 迈腾轿车舒适 CAN 总线系统网络

迈腾轿车舒适 CAN 总线系统网络包括：J345 拖车控制单元；J521 副驾驶座椅记忆控制单元；J446 停车辅助控制单元；J605 行李舱盖控制单元；J527 转向柱控制单元；J519 车载电源控制单元；J255 空调控制单元；J136 驾驶人座椅记忆控制单元；J604 驻车加热控制单元；J393 舒适系统控制单元；J386-J389 车门控制单元。

3. 迈腾轿车信息娱乐 CAN 总线系统网络

迈腾轿车信息娱乐 CAN 总线系统网络控制单元包括：J503 收音机（导航控制单元）；J412 电话准备系统控制单元；J525 数字音响控制单元；J364 驻车加热控制单元；J738 电话控制单元。

4. 网关 J533 的功能

在总线网络上有大量的数据需要被传递，为确保无故障地交换数据，需要几条数据总线系统之间相互交换数据，数据总线接口作为网关，将这些数据总线连接进行数据交换。迈腾轿车网关安装在仪表台左下部，加速踏板上部，如图 16-10 所示。

网关具有主控制器功能，控制动力总线的 15 信号运输模式和舒适总线的睡眠和唤醒模式。

1）运输模式

在商品车运输到经销商处之前，为了防止蓄电池过多放电，应当使车辆的电能消耗降到最小，因此有些功能将被关闭。经销商在销售给用户前，必须用 VAS5051 的自诊断功能来进行关闭运输功能。运输模式在低于 150km 时，可以用网关来

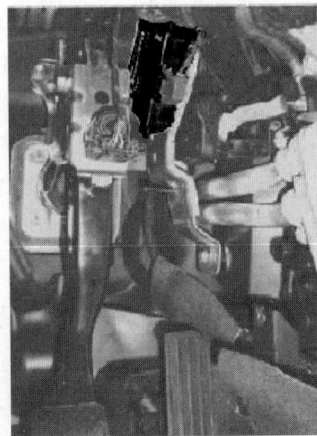

图 16-10　迈腾轿车网关的安装位置

进行切换,当高于此值时,系统自动关闭运输模式。

2)舒适总线的睡眠和唤醒模式

当舒适和娱乐总线处于空闲状态时,控制单元发出睡眠命令,当网关监控到所有的总线都有睡眠要求时,进入睡眠模式。此时总线电压 CAN-Low 为 12 V,CAN-High 线为 0V。

如果动力总线仍处于信息传递过程中,舒适和娱乐总线是不允许进入睡眠状态,当舒适总线处于信息传递过程中,娱乐和信息总线也不会进入睡眠模式。当某一个信息激活相应的总线后,控制单元会激活其他总线系统。

5. 车载电源控制单元 J519 的功能

车载电源控制单元(J519)的功能是用电负载(电能)管理,其外形如图 16-11 所示,安装位置如图 16-12 所示。车载电源控制单元(J519)的功能如下。

图 16-11　车载电源控制单元(J519)的外形结构

图 16-12　车载电源控制单元(J519)的安装位置

1)灯光控制

外部灯控制包括:前照灯、牌照灯,或在组合仪表中以文本的方式显示出来制动灯、尾灯控制,故障将通过白炽灯相应的指示灯显示。

2)刮水器控制

将 CAN 数据总线信号从车载电网控制单元传输到刮水器电动机控制单元。在挂入倒车挡时,后窗刮水器被激活(仅适用于派生车型)。

3)负荷管理

为了确保蓄电池有足够的电能使发动机顺利起动和正常运转。控制单元根据蓄电池电压、发动机转速及发电机的 DFM 信号的相关数据进行评估。在保证安全行驶的前提下,电压低于 11.8V 时,适当地关闭舒适功能的用电设备。

4)端子控制

车载电源控制单元通过 X 触点卸载继电器来控制端子 75x。在电控箱中,通过端子 15 向电压供给继电器控制端子 15。在电控箱中,通过端子 50 电压供给继电器控制端子。

5)燃油泵预供油控制

在打开驾驶人车门时,车载电网控制单元向燃油泵提供电压,在发动机起动之后,发动机控制单元进行供电,如图 16-13 所示。

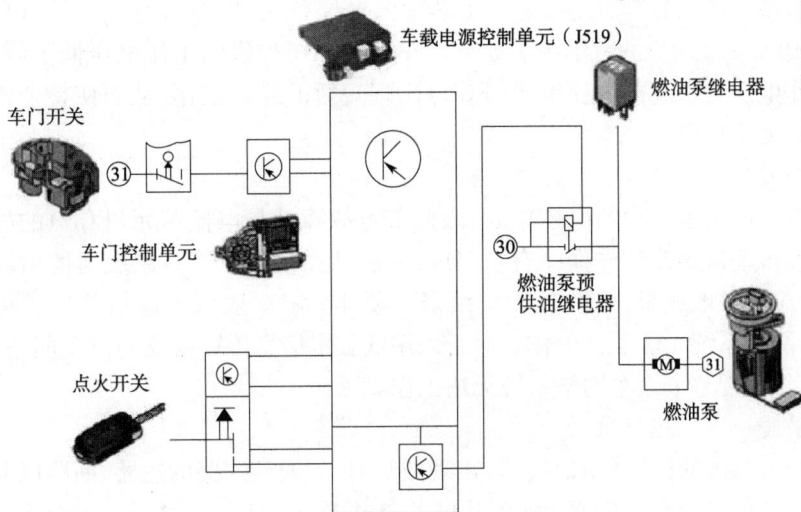

图 16-13　燃油泵预供油控制

操作指引

1. 组织方式

(1)场地设施:举升机 1 台,装有废气抽排系统和消防设施的场地。

(2)设备设施:迈腾轿车。

(3)工量具:常用工具 1 套、VAS5051 诊断仪、万用表等。

(4)耗材:熔断丝、线束等。

2. 操作要点

(1)穿戴干净整洁的工作服。

(2)遵守场地安全规定,注意用电安全。

(3)正确使用万用表、诊断仪等工量具。

(4)在检测 CAN 数据总线时,严禁用力拉扯线束。

任务实施

1. 汽车网络系统的故障类型及检测诊断方法

装有汽车网络系统的车辆出现故障,维修人员应首先检测汽车网络系统是否正常。因为如果汽车网络系统有故障,则整个汽车网络系统中的有些信息将无法传输,接收这些信息的电控单元将无法正常工作,从而为故障诊断带来困难。

对于汽车网络系统故障的维修,应根据汽车网络系统的具体结构和控制回路具体分析。一般说来,引起汽车网络系统故障的原因有三种:一是汽车电源系统引起的故障;二是汽车网络系统的链路故障;三是汽车网络系统的节点故障。

1)汽车电源系统故障

汽车网络系统的核心部分是含有通信芯片的电控单元(ECU),电控单元(ECU)的正常工作电压在 10.5 ~ 15.0V 的范围内。如果汽车电源系统提供的工作电压低于该值,就会造成一些对工作电压要求高的电控单元(ECU)出现短暂的停止工作,从而使整个汽车网络系统出现短暂的无法通信。

2)节点故障

节点是汽车网络系统中的电控单元,因此节点故障就是电控单元(ECU)的故障。它包括软件故障即传输协议或软件程序有缺陷或冲突,从而使汽车网络系统通信出现混乱或无法工作,这种故障一般成批出现,且无法维修。硬件故障一般由于通信芯片或集成电路故障,造成汽车网络系统无法正常工作。对于采用低版本信息传输协议的汽车网络系统,如果有节点故障,将出现整个汽车网络系统无法工作。

3)链路故障

当汽车网络系统的链路(通信线路)出现故障时,如通信线路的短路、断路以及线路物理性质引起的通信信号衰减或失真,都会引起多个电控单元无法工作或电控系统错误动作。判断是否为链路故障时,一般采用示波器或汽车专用光纤诊断仪来观察通信数据信号是否与标准通信数据信号相符。

一般来说,汽车网络系统的诊断步骤为:

(1)了解该车型的汽车网络系统特点(包括:传输介质、几种子网及汽车网络系统的结构形式等)。

(2)汽车网络系统的功能,如:有无唤醒功能和休眠功能等。

(3)检查汽车电源系统是否存在故障,如:交流发电机的输出波形是否正常(若不正常将导致信号干扰等故障)等。

(4)检查汽车网络系统的链路是否存在故障,采用替换法或采用跨线法进行检测。

(5)如果是节点故障,一般采用替换法进行检测。

2. CAN 总线的万用表检测

CAN 数据总线可以采用数字万用表进行测试,以判断数据总线的信号传输是否存在故障,检测方法如图 16-14 所示。

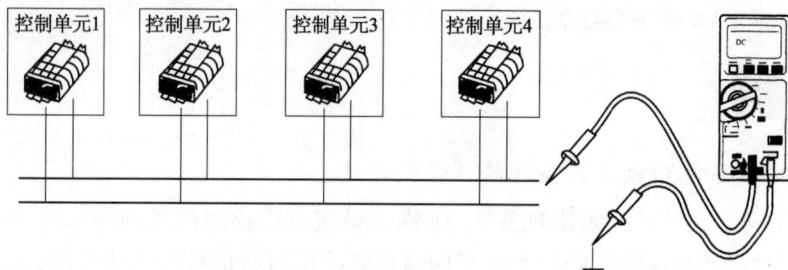

图 16-14 用万用表检测 CAN 总线

1)终端电阻的测量

用万用表电阻挡直接测量 CAN-High 线和 CAN-Low 线之间的电阻,正常情况下应该有一个规定的电阻(电阻大小随车型而异),不应直接导通;用万用表电阻挡测量 CAN-High 线或 CAN-Low 线分别与搭铁或蓄电池正极之间的导通性,正常情况下应不导通。

2）电压测量

（1）用万用表检测动力 CAN 总线。CAN-High 线信号在总线空闲时的电压约为 2.5V，总线上有信号传输时，电压值在 2.5V 和 3.5V 之间高频波动，因此 CAN-High 线的主体电压应是 2.5 V，所以万用表的测量值大于 2.5 V 但靠近 2.5V。

同理，CAN-Low 线信号在总线空闲时的电压约为 2.5V，总线上有信号传输时，总线上的电压值在 2.5V 和 1.5V 之间高频波动，因此 CAN-Low 线的主体电压应是 2.5V，所以万用表的测量值小于 2.5V 但靠近 2.5V。

（2）用万用表检测舒适/信息 CAN 总线。CAN-High 线信号在总线空闲时的电压约为 0V，总线上有信号传输时，总线上的电压值在 0V 和 3.6V 之间高频波动，因此 CAN-High 线的主体电压应为 0V，所以万用表的测量值为 0.35V 左右。

同理，CAN-Low 线信号在总线空闲时的电压约为 5V，总线上有信号传输时，总线上的电压值在 5V 和 1.4V 之间高频波动，因此 CAN-Low 线的主体电压应是 5V，所以万用表的测量值为 4.65 V 左右。

3. CAN 总线的波形检测

CAN 数据总线波形的检测必须采用双通道示波器或检测仪，然后根据故障波形判断故障。波形检测电路连接如图 16-15 所示，图 16-16 为 CAN 总线标准波形。由图可看出，其 CAN-High 和 CAN-Low 线上的电位总是相反的，电压的总和等于常值。下面以大众 CAN 舒适系统总线为例说明常见的故障波形。

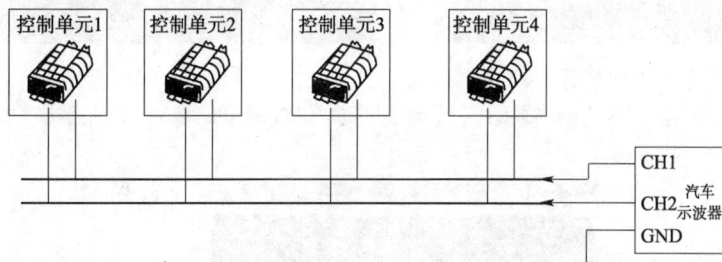

图 16-15　双通道模式检测电路连接

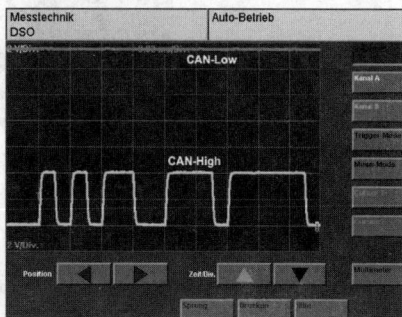

（1）CAN-Low 线对正极短路，此时 CAN-Low 线电压为 12 V，如图 16-17 所示。

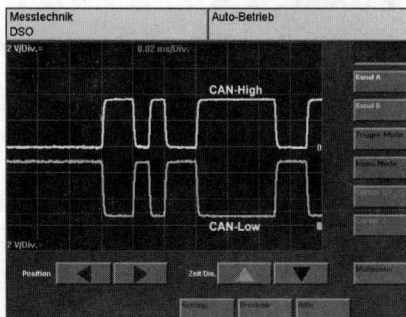

图 16-16　CAN-BUS 数据总线标准波形　　图 16-17　CAN-Low 线对正极短路

（2）CAN-Low 线搭铁短路，此时 CAN-Low 线电压为零，如图 16-18 所示。

（3）CAN-High 线搭铁短路，此时 CAN-High 线电压为零，如图 16-19 所示。

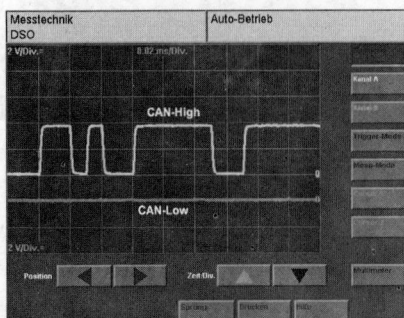

图 16-18　CAN-Low 线对地短路

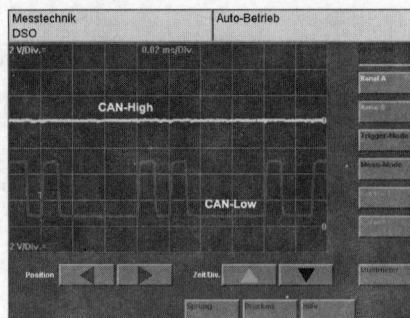

图 16-19　CAN-High 线对地短路

（4）CAN-High 线对正极短路，此时 CAN-High 线电压为 12 V，如图 16-20 所示。

（5）CAN-Low 线断路，此时 CAN-Low 线电压为零，但有一其他控制单元应答信号，如图 16-21 所示。

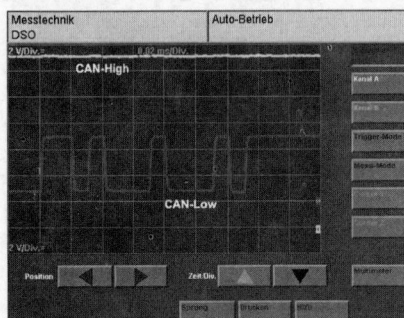

图 16-20　CAN-High 线对正极短路

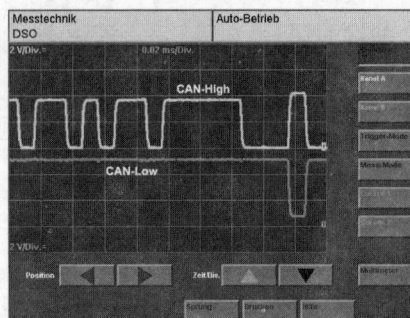

图 16-21　CAN-Low 线断路

（6）CAN-High 线与 CAN-Low 线互相短接，此时 CAN-High 线和 CAN-Low 线波形重叠，如图 16-22 所示。

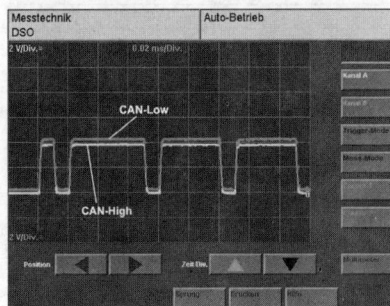

图 16-22　CAN-High 线和 CAN-Low 线互相短接

任务小结

（1）为了简化线路，提高各控制单元之间的通信速度，降低故障率，汽车制造商开发设计了新的总线系统即汽车车载网络系统，把众多的电控单元连成网络，其信号通过数据总线的形式传输，可以达到信息资源共享的目的。

（2）CAN 数据总线系统由一个控制器，一个收发器，两个数据传输终端以及两条数据总线组成。

（3）迈腾轿车总线网络系统包括动力总线、舒适总线、信息娱乐总线、诊断总线、仪表总线几个网络。

（4）引起汽车网络系统故障的原因有三种：一是汽车电源系统引起的故障；二是汽车网络系统的链路故障；三是汽车网络系统的节点故障。

（5）CAN 数据总线常见的故障波形为：

①CAN-Low 线对正极短路。

②CAN-Low 线搭铁短路。

③CAN-High 线搭铁短路。

④CAN-High 线对正极短路。

⑤CAN-Low 线断路。

⑥CAN-High 线与 CAN-Low 线互相短接。

子任务 2　LIN 数据总线系统的检测

任务描述

一辆一汽大众的迈腾轿车刮水器无法正常工作。将刮水器挡位置于间歇挡，刮水器有低速启动动作，如果此时往车窗上进行洒水实验（模拟下雨），间歇挡位刮水器不工作。

检查网关内无故障码，读取 16，刮水器挡位有间歇挡位信号；09 中央电气单元中读取雨量传感器感应信号为 1 至 2 不等，说明 J519 能接收到来至雨量传感器的信号，再读取 16 中第 3 区先显示激活后显示为关闭，也符合刮水器的短时执行动作。

现在需要你对 LIN 数据总线系统进行进一步检测。

学习目标

（1）认识 LIN 数据总线系统的结构及传输原理；

（2）掌握迈腾轿车 LIN 数据总线的组成、各部件的位置及作用；

（3）能够初步进行 LIN 数据总线系统的检测；

（4）会运用所学知识和经验，为客户提供汽车 LIN 数据总线系统检修的建议；

（5）具备信息查询和手册使用的基本能力；

（6）能够按照企业 5S 要求和安全生产规范进行操作；

（7）能与同学密切合作，规范安全地完成学习活动；

（8）养成自主学习的习惯，培养规范操作的工作作风及环保意识。

建议学时：6 学时。

知识准备

LIN 是 Local Interconnect Network 的缩写，其含义是局域互联网络，又称为"局域子系统"。LIN 总线是 CAN 总线网络下的子系统。车上各个 LIN 总线系统之间的数据交换是由控制单元通过 CAN 数据总线实现的。

一、LIN 总线传输特征

LIN 总线是一种低成本的串行通信网络,用于实现汽车中的分布式电子系统控制。LIN 的目标是为现有汽车网络(例如 CAN 总线)提供辅助功能,因此 LIN 总线是一种辅助的总线网络,在不需要 CAN 总线的带宽和多功能的场合,比如智能传感器和制动装置之间的通信使用,LIN 总线可大大节省成本。LIN 总线的主要特征如下:

(1)最大传输率一般为 19.2 kbit/s。

(2)低成本基于通用 UART 接口,几乎所有微控制器都具备 LIN 必需的硬件。

(3)只需要一根数据传输线。

(4)单主控制单元/多从控制单元设备模式,无须仲裁机制,通过单主/多从的原则保证系统安全。如图 16-23 所示,空调控制单元和天窗控制单元就是两个 LIN 主控制单元,前风窗加热器、鼓风机和两个 PTC(正温度系数)辅助加热器是空调 LIN 中的从控制单元;天窗控制电动机则是天窗 LIN 中的从控制单元。

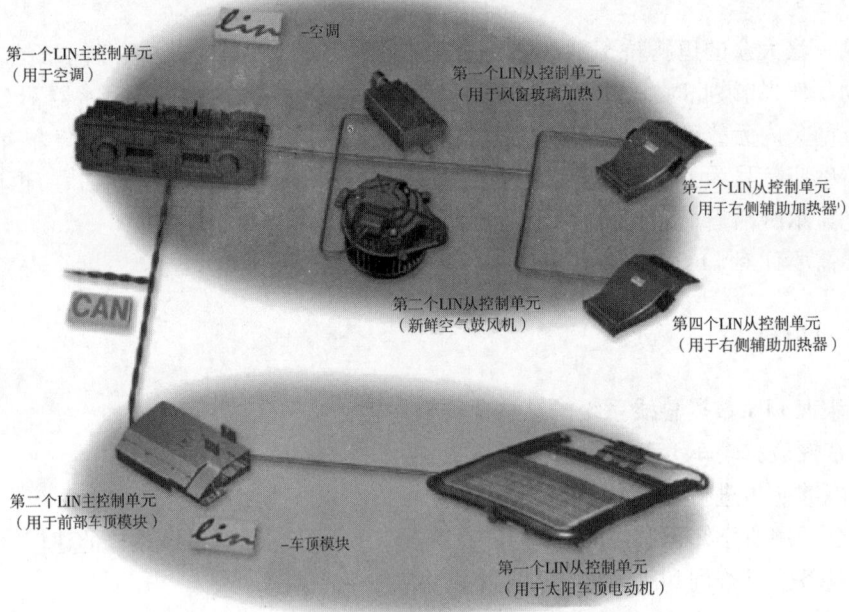

图 16-23　LIN 总线内部组成示意图

(5)从节点不需振荡器就能实现同步,节省了多从控制器部件的硬件成本。

(6)保证信号传输的延迟时间。

(7)不需要改变 LIN 节点上的硬件和软件就可以在网络上增加节点。

(8)通常一个 LIN 网络上节点数目小于 12 个,共有 64 个标识符。

(9)单线式总线,底色是紫色,有标志色,导线横截面积为 0.35 mm²,无须屏蔽。

二、LIN 总线组成和工作原理

1. LIN 总线主控制单元

LIN 总线主控制单元连接在 CAN 总线上，它执行 LIN 的主功能。

LIN 总线主控制单元的主要作用是：监控数据传递和数据传递的速率，发送信息标题；主控制单元的软件内设定了一个周期，这个周期用于决定何时将哪些信息发送到 LIN 数据总线上以及发送多少次；该控制单元在 LIN 总线与 CAN 总线之间起"翻译"作用，它是 LIN 总线系统中唯一与 CAN 数据总线相连的控制单元；通过 LIN 主控制单元进行 LIN 系统的自诊断。

2. LIN 从控制单元

每个 LIN 总线中最多可以连接 16 个从控制单元，从控制单元主要是接收或传送与主控制单元的查询或指定有关的数据，如图 16-24 所示。

从控制单元诊断的内容（测量数据块、执行元件测试、设定、故障存储器查询）在主控制单元地址的帮助下被读出或激活。在几次通信无效的尝试后，主控制单元的故障存储器里会产生一个故障码"控制单元××无信号/通信"。LIN 总线通信在通信断开时（拔下连接器，通信参与者的供电断路），主控制单元里产生一个故障码。

三、LIN 数据总线信号

1. 信号电平

隐性电平：如果无信息发送到 LIN 数据总线上或者发送到 LIN 数据总线上的是一个隐性信号，那么数据总线导线上的电压就是蓄电池电压。

显性电平：为了将显性信号传到 L1N 数据总线上，发送控制单元内的收发器将数据总线导线搭铁，如图 16-25 所示。

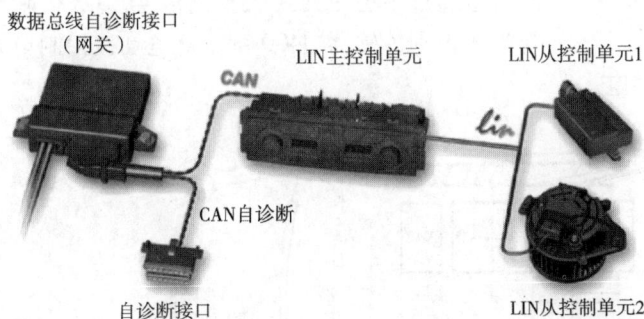

图 16-24　CAN、LIN 与从控制单元示意图

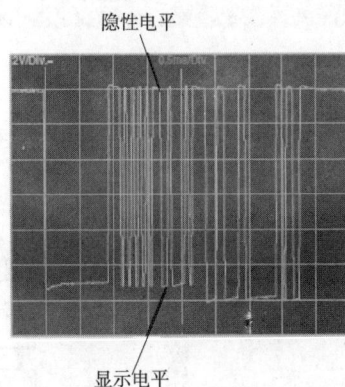

图 16-25　LIN 数据总线的信号电平

2. 信号传递安全性

在隐性电平和显性电平收发时，通过预先设定公差值来保证数据传输的稳定性。发送信号电压必须满足隐性电平大于电源电压的 80%，显性电平小于电源电压的 20%，如

图 16-26a）所示。为了在有干扰辐射的情况下仍能收到有效的信号，允许接收的电压值范围要宽一些，隐性电平大于电源电压的 60%，显性电平小于电源电压的 40%，如图 16-26b）所示，通过这种方式确保 LIN 总线信号传递的安全性。

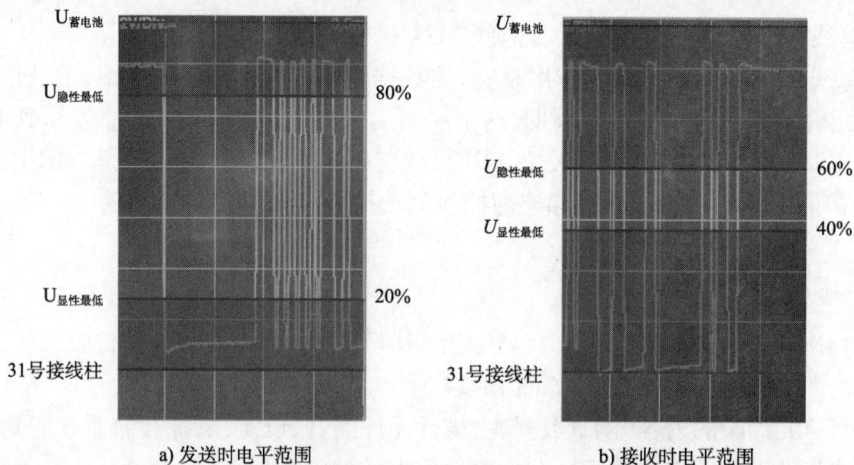

a) 发送时电平范围   b) 接收时电平范围

图 16-26　CAN、LIN 与从控制单元示意图

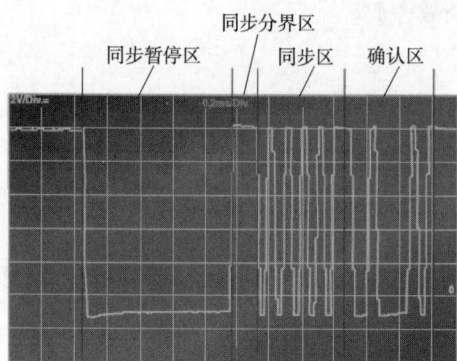

图 16-27　信息标题格式

通过车载电控电网控制单元 J519 供电。

3. 信息标题

信息标题的格式（图 16-27）：①同步暂停区；②同步分界区；③同步区；④确认区。

四、迈腾轿车 LIN 数据总线

迈腾轿车 LIN 数据总线网络如图 16-28 所示，车内监控传感器 6273、车辆侧倾传感器 6384、报警喇叭 H12 通过主控单元（舒适系统中央控制单元 J393）向总线系统发送传感器信号，同时也通过主控单元接收控制信号。G397 晴雨与光线识别传感器、J400 刮水器电动机控制单元

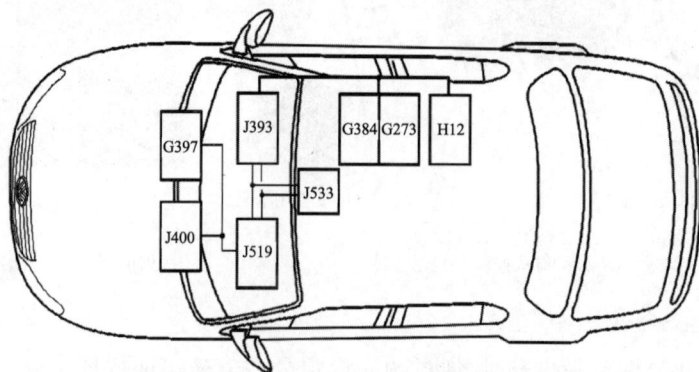

图 16-28　迈腾轿车 LIN 数据总线控制单元

操作指引

1. 组织方式

（1）场地设施：举升机1台，装有废气抽排系统和消防设施的场地。

（2）设备设施：迈腾轿车。

（3）工量具：常用工具1套、VAS5051诊断仪、万用表等。

（4）耗材：熔断丝、线束等。

2. 操作要点

（1）穿戴干净整洁的工作服。

（2）遵守场地安全规定，注意用电安全。

（3）正确使用万用表、诊断仪等工量具。

（4）在检测LIN数据总线时，严禁用力拉扯线束。

任务实施

LIN数据总线的自诊断

对LIN数据总线系统进行自诊断需使用LIN主控制单元的地址码。在LIN从控制单元上可以完成所有的自诊断功能，自诊断数据经LIN总线由LIN从控制单元传至LIN主控制单元。

LIN数据总线故障诊断见表16-2。

LIN数据总线故障诊断　　　　　　　　　　　　　　　　　　　　表16-2

故障位置	故障内容	故障原因
LIN – 从控制单元	无信号/无法通信	在LIN主控制单元内已规定好的时间间隔内LIN从控制单元数据传递有故障： （1）导线断路或短路； （2）LIN从控制单元供电有故障； （3）LIN从控制单元或LIN主控制单元型号错误； （4）LIN从控制单元损坏
LIN – 从控制单元	不可靠信号	校验出错，传递的信息部完整： （1）LIN导线受到电磁干扰； （2）LIN导线的电容和电阻值改变了（例如插头壳体潮湿或脏污）； （3）软件故障（备件型号错误）

任务小结

（1）LIN总线是CAN总线网络下的子系统。汽车上各个LIN总线系统之间的数据交换是由控制单元通过CAN数据总线实现的。

（2）LIN总线的主要特征如下：

①最大传输率一般为 19.2 kbit/s。

②低成本基于通用 UART 接口,几乎所有微控制器都具备 LIN 必需的硬件。

③只需要一根数据传输线。

④单主控制单元/多从控制单元设备模式,无须仲裁机制,通过单主/多从的原则保证系统安全。

(3)LIN 数据总线信号电平分为隐形电平和显性电平,在隐性电平和显性电平收发时,通过预先设定公差值来保证数据传输的稳定性。

(4)对 LIN 数据总线系统进行自诊断需使用 LIN 主控制单元的地址码。在 LIN 从控制单元上可以完成所有的自诊断功能,自诊断数据经 LIN 总线由 LIN 从控制单元传至 LIN 主控制单元。

子任务 3 MOST 数据总线系统的检测

📖 任务描述

车主李先生反映,车载中央显示器系统闪了两下后变成黑屏无法工作了。连接故障诊断仪 VAS5052,对该车网关进行故障诊断,在网关的列表中显示与光纤环路相连接的各个控制单元无法达到。网关 J533 控制单元中有光纤环路断路的故障记录。现在需要你对 MOST 数据总线系统进行进一步检测。

📖 学习目标

(1)认识 MOST 数据总线系统的结构及传输原理;

(2)掌握 MOST 数据总线的组成、各部件的位置及作用;

(3)能够初步进行 MOST 数据总线系统的检测;

(4)会运用所学知识和经验,为客户提供汽车 MOST 数据总线系统检修的建议;

(5)具备信息查询和手册使用的基本能力;

(6)能够按照企业 5S 要求和安全生产规范进行操作;

(7)能与同学密切合作,规范安全地完成学习活动;

(8)养成自主学习的习惯,培养规范操作的工作作风及环保意识。

建议学时:6 学时。

📖 知识准备

MOST(Media Oriented Systems Transport,多媒体定向系统传输)是媒体信息传输的网络标准,MOST 网络用光纤作为物理层的传输介质。

由于当前使用的 CAN 数据总线发送数据的速度不够快,所以不能满足大量数据传送的要求。传送视频和音频信息需要很高的传送率,传送立体声的数字式电视信号需要约

6Mbit/s 的传送率。MOST 总线允许的传送率可达 21.2Mbit/s，CAN 总线系统的最高数据传送率为 1Mbit/s。因此，只能用 CAN 总线系统来传送控制信号。MOST 总线可以在相关的部件之间以数字的形式交换数据。MOST 总线除了使用较少导线和质量较轻之外，光波传送具有极高的数据传送率。与无线电波相比，光波的波长很短，它不仅不产生电磁干扰波，而且对电磁干扰波也不敏感。这些因素使得光波具有很高的数据传送率和高级别的抗干扰性能。

一、MOST 总线的环形结构

MOST 总线系统的显著特点是它的环形结构，如图 16-29 所示。控制单元通过一根光纤把数据传送至环形结构中的下一个控制单元。这个过程一直持续到数据返回至原先传送它们的那个控制单元，由此形成了一个闭合的环路。MOST 总线系统的诊断是借助于数据总线的诊断接头和诊断 CAN 总线进行的。

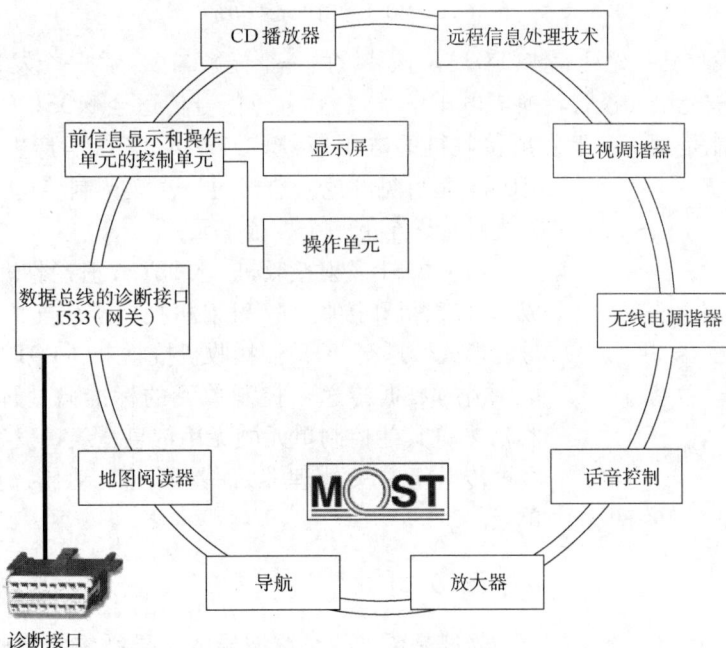

图 16-29　MOST 数据总线的环形结构

二、MOST 总线中控制单元的结构

进 MOST 总线中控制单元的结构如图 16-30 所示，各部分功用如下。

（1）光纤和光导连接器。通过专门的光导连接器，光信号进入控制单元或产生的光信号传送到下一个总线用户。

（2）电气连接器。电气连接器连接电源、环状故障诊断和输入与输出信号。

（3）内部电源模块。由电气连接器输入的电再由内部电源模块分送到各个部件，这样就可单独关闭控制单元内的某个部件，从而降低了静态电流。

（4）微处理器（CPU）。它是控制单元的中央处理器，用于操纵控制单元的所有基本功能。

（5）专用部件。这些部件用于控制某些专用功能，如 CD 播放机、无线电收音机。

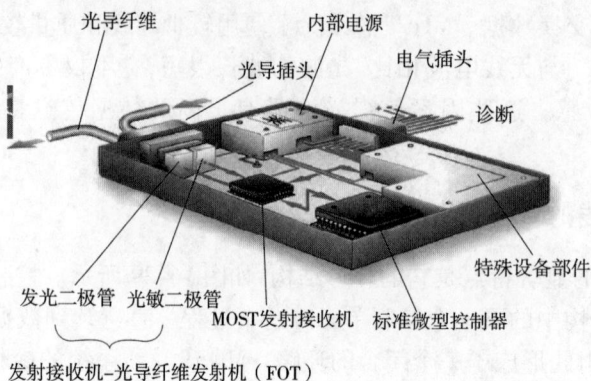

图 16-30　MOST 控制单元结构图

（6）发射接收机 - 光纤导体（FOT）。该装置由一个光敏二极管和一个发光二极管组成。入射的光信号被光敏二极管转换成电压信号，之后电压信号传送至 MOST 发射接收机。发光二极管的功能是把 MOST 发射接收机的电压信号转换成光信号，所产生光波的波长为 650nm，是可见红色。数据通过光波调制传送，调制后的光波经光纤传送至下一个控制单元。

（7）MOST 发射接收机。MOST 发射接收机由两个部件组成，即发射机和接收机。发射机把要被传送的信息以电压信号的形式传送至 FOT，而接收机接收来自 FOT 的电压信号，并把所需的数据传送至控制单元的标准微处理器（中央处理器），来自其他控制单元的无用信息虽经过发射接收机，但不会被传送至中央处理器，而是原封不动传送至下一个控制单元。

三、光纤

光纤是传光的纤维波导或光导纤维的简称，光纤能够把一个控制单元发射机产生的光波传送至另一个控制单元的接收机，如图 16-31 所示。

1. 光纤的结构

光纤由四部分材料组成，如图 16-32 和图 16-33 所示。内芯线是光纤的中心部分，它由聚甲基丙烯酸甲酯组成并且是真正的光导体。由于全反射原理，当光穿过它时，几乎没有任何损耗。反射覆盖层在内芯线外面，使用光学上透明的含氟聚合物，主要用于全反射的需要。黑色覆盖层为黑色聚酚胺，用于保护内芯线，阻止外部光线的射入。彩色覆盖层用于进行识别，防止发生机械损伤并起着热保护的作用。

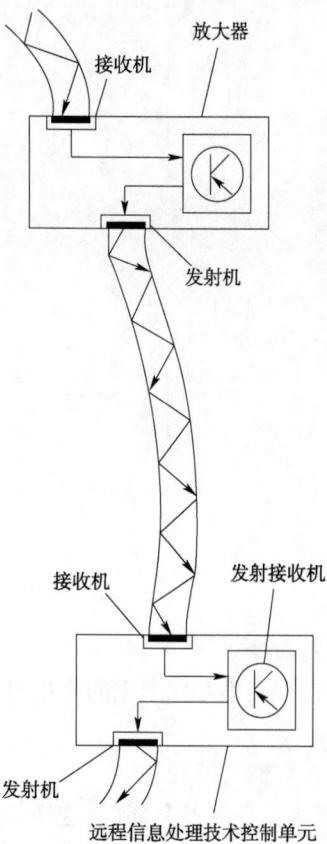

图 16-31　光纤内部光线的传送

2.光纤中光波的传送

光纤以直线方式在内芯线中传导部分光波,并在内芯线的表面产生了全反射,如图 16-34 所示,大多数光波以 Z 字形传送。当通过弯曲的光纤时,发生在内芯线覆盖层边缘的全反射使得光波被反射,从而被传导通过弯曲处,如图 16-35 所示。

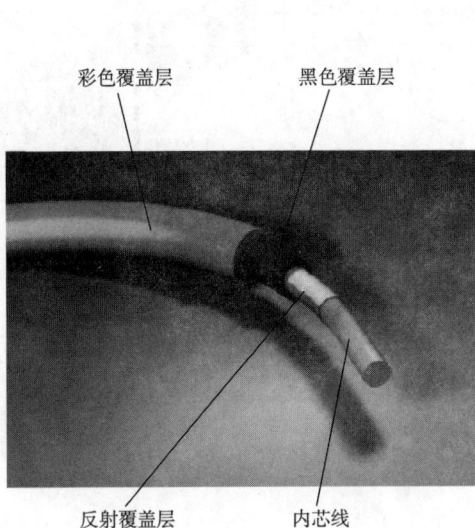

彩色覆盖层　　　黑色覆盖层

反射覆盖层　　　内芯线

图 16-32　光纤的结构

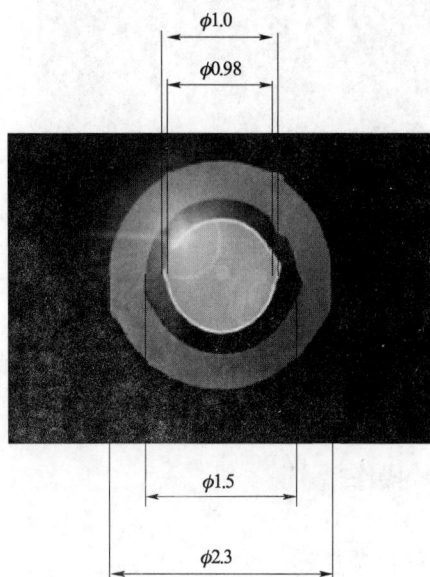

$\phi1.0$

$\phi0.98$

$\phi1.5$

$\phi2.3$

图 16-33　光纤断面结构(单位:μm)

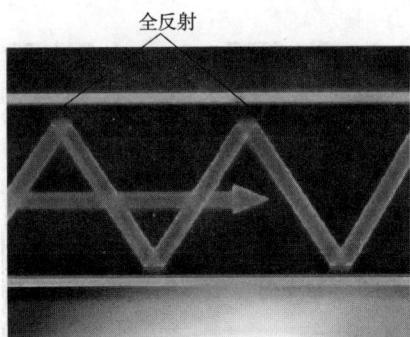

全反射

图 16-34　笔直的光纤

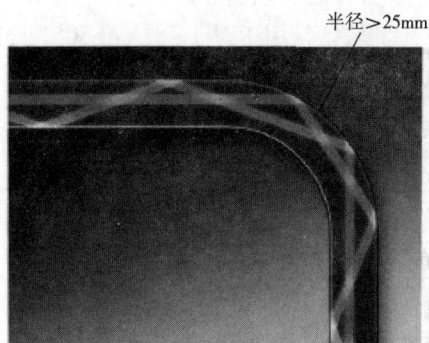

半径>25mm

图 16-35　弯曲的光纤

在一根光纤中,内芯线的折射率比它的覆盖层高,因此内芯线的内部会发生全反射,这一作用取决于从内部撞击边界的光波的角度。如果这个角度太陡峭,光波就离开内芯线并产生很高的损耗;如果光纤被过度弯曲或扭绞,就会发生这种情况,如图 16-36 所示,故光纤的弯曲半径决不能小于 25mm。

四、光导连接器

光纤与控制单元之间的连接采用专门的光导连接器,如图 16-37 所示。连接器上的一个信号方向箭头表明(至接收机的)输入端,连接器外壳形成与控制单元的连接。

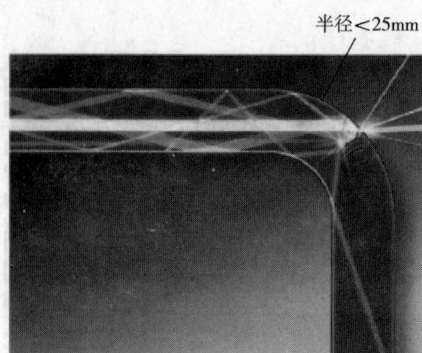

图 16-36 光纤过度弯曲或扭绞

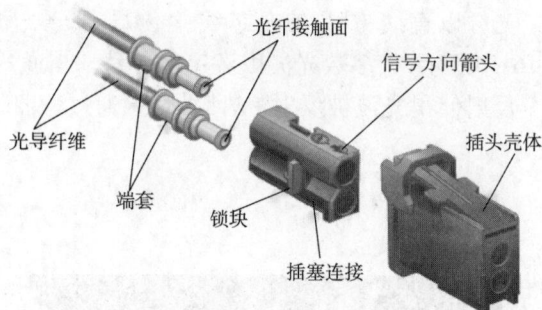

图 16-37 光导连接器

在生产光纤时为了要在连接器外壳上固定光纤,要在光纤尾端利用激光技术焊上塑料套管或者在尾端卡上黄铜材质的套管。

为了最大限度地减小传送损失,光纤的端面必须光滑、垂直和清洁。只有使用专用的切割工具才能达到上述要求,切割面上的污垢和刮痕会产生很高的损耗(衰减)。

操作指引

1. 组织方式

(1)场地设施:举升机 1 台,装有废气抽排系统和消防设施的场地。

(2)设备设施:迈腾轿车。

(3)工量具:常用工具 1 套、VAS5051 诊断仪、万用表等。

(4)耗材:熔断丝、线束等。

2. 操作要点

(1)穿戴干净整洁的工作服。

(2)遵守场地安全规定,注意用电安全。

(3)正确使用万用表、诊断仪等工量具。

(4)在检测 MOST 数据总线时,严禁用力拉扯线束。

任务实施

1. 光纤应用的注意事项

(1)绝不可对其进行热加工或采用锡焊、热压焊等焊接的修理方法。

(2)绝不可使用化学和机械的方法,如黏结和连接。

(3)绝不可把两根光纤导线或一根光纤导线与一根铜线绞合在一起。

(4)避免覆盖层的损坏,如钻孔、切割或挤压,在汽车中进行安装时,不要站在覆盖层上或把物体放在覆盖层上。

(5)避免污染端面,如液体、灰尘或其他介质,只有在进行连接或测试时,才可以极其小心地取下规定的保护性罩盖。

（6）当铺设在汽车中时,应当避免其成环形和打结,更换光纤时,应注意正确的长度。

2. 光纤导线常见故障

光纤导线常见故障如图16-38所示。

3. MOST总线的诊断

由于采用了环形结构,因此某一个MOST数据总线位置上数据传送的中断称为光纤环路断路。光纤环路断路故障的原因有:光纤断路;控制单元供电不良;发射机或接收机控制发生故障等。

光纤环路断路的后果:不能播放音频与视频;不能用多媒体操作单元进行控制和调整;故障存储器中存储故障"光纤数据总线中断"。

1)检测

由于环形结构断路,就不能在MOST总线中进行数据传送,所以要借助于诊断线来执行环形结构的故障诊断。环路断路诊断线由每个控制单元(包括网关)引出,最后相交于一点,呈星形连接,如图16-39所示。

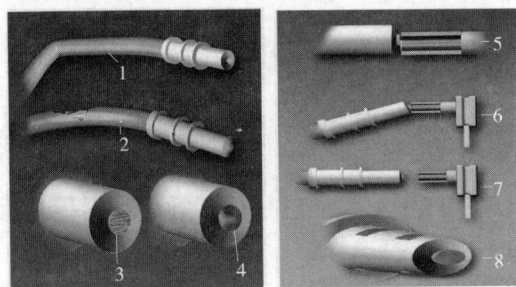

图16-38　光纤导线常见故障
1-弯曲半径不足;2-外壳破损;3-端面刮伤;4-端面变脏;
5-端面错位;6-角度误差;7-两条光纤导线间漏光;8-端
口问题

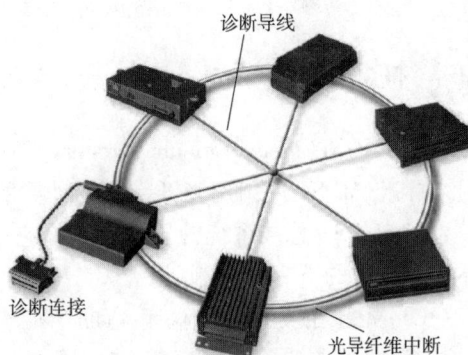

图16-39　环路断路诊断示意图

在网关中有一项诊断功能是专门为检测MOST总线故障设置的,即"光环断点诊断"。该功能通过故障诊断仪VAS505X激活,由网关执行。诊断时,网关依次向各控制单元发送短时脉冲,根据控制单元的反应先判断该控制单元是否存在电气故障,随后判断光学功能是否正常。检测结束后,自动显示不正常的部件名称和故障性质。

根据检测结果,须对故障部件进行进一步检测。应先测其供电、搭铁;如正常,再检查光导连接器是否正常,因为在正常使用的情况下,光纤本身很少会出现问题;最后再怀疑控制单元故障。

若判定控制单元故障,可用奥迪专用的检测仪VAS6186将控制单元替换,如图16-40所示。该仪器相当于光纤的连接装置,将其供电,然后把控制单元的光导连接器插上,即可使光路接通。若此时系统能正常打开,则表明该控制单元已损坏。

2)维修

若光纤本身有故障,如断裂、破损、变形等,须将其更换。更换时需用专用工具进行切割,否则无法保证正常功能。若判定某控制单元已损坏,须将其更换。将新部件装车时,车辆防盗系统会启动"元件保护"功能,限制该新装部件的某些功能而使其无法正常工作。此时必须到经过授权的奥迪特许维修站进行上网在线匹配。

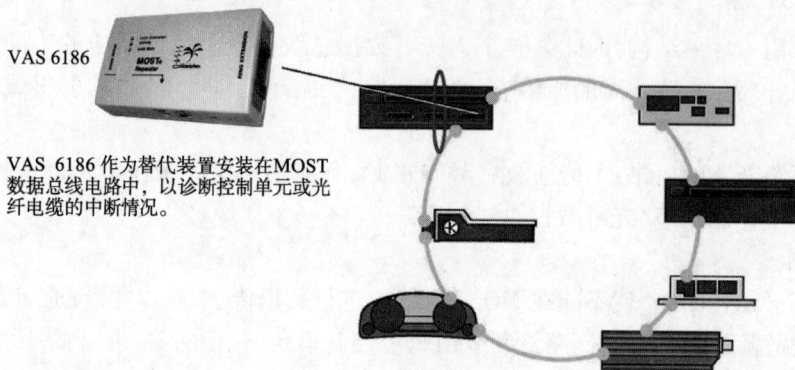

VAS 6186

VAS 6186 作为替代装置安装在MOST数据总线电路中,以诊断控制单元或光纤电缆的中断情况。

图 16-40　使用 VAS 6186 进行环形中断诊断

任务小结

(1) MOST(Media Oriented Systems Transport,多媒体定向系统传输)是媒体信息传输的网络标准,MOST 网络用光纤作为物理层的传输介质。

(2) MOST 总线系统的显著特点是它的环形结构控制单元通过一根光纤把数据传送至环形结构中的下一个控制单元。

(3) 光纤导线常见故障有:弯曲半径不足;外壳破损;端面刮伤;端面变脏;端面错位;角度误差;两条光纤导线间漏光;端口问题。

(4) 在网关中有一项诊断功能是专门为检测 MOST 总线故障设置的,即"光环断点诊断"。该功能通过故障诊断仪 VAS505X 激活,由网关执行。若判定控制单元故障,可用奥迪专用的检测仪 VAS6186 将控制单元替换。该仪器相当于光纤的连接装置,将其供电,然后把控制单元的光导连接器插上,即可使光路接通。若此时系统能正常打开,则表明该控制单元已损坏。

参 考 文 献

[1] 李春明,魏巍. 汽车电气设备与维修[M].西安:西安电子科技大学出版社,2010.

[2] 孙志刚. 汽车电气设备与维修[M].北京:北京理工大学出版社,2011.

[3] James D. Halderman,Chase D. Mitchell. Jr. 汽车电子与电气系统[M].北京:中国劳动社会保障出版社,2005.

[4] 谭善茂,黎亚洲. 汽车电气设备检修一体化项目教程[M].上海:上海交通大学出版社,2012.

[5] 杨志红,廖兵. 汽车电器[M].北京:机械工业出版社,2015.

[6] 闵思鹏,吴纪生. 汽车车身电控系统检修[M].北京:北京邮电大学出版社,2012.

[7] 李晓. 汽车车身电控系统[M].北京:机械工业出版社,2009.

[8] 陈天训. 汽车车身控制与舒适性系统检修[M].北京:机械工业出版社,2013.

[9] 张军. 汽车舒适与安全系统检修[M].北京:人民邮电出版社,2009.

[10] 周晓飞. 一汽大众速腾·迈腾轿车实用维修手册[M].北京:化学工业出版社,2011.

[11] 闵思鹏. 汽车空调构造与维修[M].北京:清华大学出版社,2013.

[12] 岳江. 汽车空调系统检修[M].北京:人民邮电出版社,2003.

[13] 周建平. 汽车电气设备构造与维修(第二版)[M].北京:人民交通出版社,2014.

[14] 孔军. 大众车系电控系统电路图集及维修精要[M].北京:化学工业出版社,2013.

[15] 罗富坤. 汽车车身电控系统检测与修复[M].北京:机械工业出版社,2011.

[16] 毛峰,毛洪艳. 汽车安全与舒适系统检测与修复[M].北京:机械工业出版社,2011.

[17] 董震,席金波. 奥迪A6轿车维修手册[M].北京:机械工业出版社,2003.

[18] 蒋璐璐. 汽车电气系统检修[M].北京:清华大学出版社,2012.

[19] 岑业泉. 汽车车身电控系统检修[M].北京:机械工业出版社,2011.

[20] 张军,董长兴. 汽车总线系统检修[M].北京:北京理工大学出版社,2010.